LUIS MIGUEL
LA HISTORIA

JAVIER LEÓN HERRERA
Con la colaboración de **Juan Manuel Navarro**

LUIS MIGUEL
LA HISTORIA

La verdad sobre la vida del cantante mexicano
más exitoso de todos los tiempos

AGUILAR

Luis Miguel, la historia
La verdad sobre la vida del cantante mexicano
más exitoso de todos los tiempos

Primera edición: abril de 2018
Segunda edición: mayo de 2018

D. R. © 2018, Javier León Herrera

D. R. © 2018, derechos de edición mundiales en lengua castellana:
Penguin Random House Grupo Editorial, S. A. de C. V.
Blvd. Miguel de Cervantes Saavedra núm. 301, 1er piso,
colonia Granada, delegación Miguel Hidalgo, C. P. 11520,
Ciudad de México
© 2018, de la presente edición en lengua castellana:
Penguin Random House Grupo Editorial USA, LLC.,
8950 SW 74th Court, Suite 2010
Miami, FL 33156

www.megustaleerenespanol.com.

D. R. © Penguin Random House, por el diseño de cubierta
D. R. © Getty Images, por la fotografía de portada
D. R. © Fotografía de Javier León Herrera, cortesía del autor
D. R. © Fotografías de interiores: Ilustraciones del libro *Luis mi rey*, cortesía de sus referentes,
archivo del autor y de Juan Manuel Navarro
D. R. © Mariana Alfaro, por el diseño de interiores

ISBN: 978-1-947783-11-9

Impreso en Estados Unidos – *Printed in USA*

Penguin
Random House
Grupo Editorial

Al impagable amor de todas las madres.

A mi madre eterna y a la Virgen de Guadalupe,
su comadre en el reino de Dios, nuestra Madre Celestial,
testigo directo del inicio de esta nueva obra.

A la memoria de Marcela Basteri.

JAVIER

ÍNDICE

Agradecimientos

Como siempre, mi primer y gran agradecimiento es a Dios Padre, por darme salud, lucidez y talento para afrontar esta nueva obra.

Al apoyo constante de mi familia y a las personas que quiero, tanto en la tierra como en el cielo.

A la productora Carla González Vargas y al personal de Gato Grande que tuve ocasión de conocer, por su confianza y amabilidad, deseándoles el mayor de los éxitos en la serie sobre la vida de Luis Miguel.

A Penguin Random House Grupo Editorial, por su apoyo.

Al igual que en *Luis mi rey*, quiero remarcar la colaboración especial de mi colega y hermano Juan Manuel Navarro, coautor de *Adiós eterno*, nuestro libro sobre Juan Gabriel; quien por más de dos décadas ha seguido la trayectoria de Luis Miguel. Y como detrás de cada hombre siempre hay una gran mujer, destacar también y agradecer la amistad de su esposa, quién tambiés es madre Nora Tamez.

Rescato los agradecimientos a tantas personas que me ayudaron en su momento en México, España, Argentina, Brasil, Puerto Rico, Estados

Unidos, Cuba e Italia, pues hicieron posible aquel primer libro y en consecuencia éste.

A Andrés García, otro nombre con mayúsculas del mundo del espectáculo en México y toda América, cuya amistad se gestó con *Luis mi rey* y permanece con el paso de los años.

A mi colega Antonio Montero, un excelente profesional de impecable trayectoria en España, siempre dispuesto a echar una mano.

A mi tierra adoptiva, Colombia, en cuyas verdes montañas del altiplano cundinamarqués y la bella Antioquia escribí buena parte de este relato; a las personas de esa linda tierrita a las que aprecio y quiero desde hace rato, como mis entrañables doctores: Alexandra y Sergio, mis amigas del alma y compañeras: Diana y Angie, nombres a los que añado el de ese gran ser humano que reapareció a la par de esta escritura: Marcela, cuya voz es una alegría constante para mi inspiración y mi alma. Gracias por existir.

A la paz y la energía infinitas de Ayna, mi pueblo en España, conocida como "La Suiza Manchega", así la bautizó mi padre, una verdadera obra maestra de Dios en plena Sierra del Segura, en Castilla—La Mancha, elegida en 2017 en el Top 3 dentro de "Las 7 Maravillas Rurales de España", escenario de mi libro *Ayna inolvidable*, un amor eterno. Allí acabé este libro entre finales de 2017 y principios de 2018.

1

Luis mi rey, el inicio de todo

Siempre fue un gran orgullo. Emprendí el que sería mi primer libro allá por el ya lejano mes de enero del año 1996, como emprendo todo en la vida, a pecho descubierto, con buena voluntad, disciplina, trabajo y el talento que Dios me dio. La historia de Luis Miguel fue por momentos mi propia historia. Me permitió conocer nuevos lugares en el mundo y nuevas personas, algunas de ellas se quedaron para siempre; me ocupó más de un año de mi vida, concretamente 14 meses, solamente la investigación; otros tres largos meses dediqué a la escritura, alguno más a la edición y varios a la promoción. Ha dejado un legado desde el punto de vista profesional imperecedero, una historia rigurosa y vigente. Aquella ardua investigación y aquel trabajo han sido la base para la serie autorizada de televisión sobre la vida del cantante, lo cual para mí es, sin dudar, uno de los mayores motivos de orgullo profesional en mi trayectoria.

Más allá de la imagen pública de muchos artistas se esconde la historia de un ser humano. A veces, como el caso que nos ocupa, es una historia dramática, una historia que tuvo que pasar por medios dantescos para lograr el fin de la riqueza y la fama, incluso sin que el protagonista tuviera poder de decisión sobre los acontecimientos, pues cuando se fraguó el prólogo de esta carrera nuestro personaje apenas era un niño. La oscuridad de algunos episodios provocó una personalidad opaca, inestable emocionalmente, dada a los excesos y las excentricidades, e irremediablemente abocada a sucesos polémicos como los que el artista ha protagonizado en los últimos tiempos. El objetivo es mostrar ese drama humano que enlaza episodios familiares tremendos, transcurriendo de modo paralelo, y la leyenda que se ha forjado en torno al ídolo.

Exactamente 21 años después de aquel arranque, y 20 de la publicación, luego ya de otros 10 libros publicados que sucedieron a mi *ópera prima*, la historia apasionante de Luis Miguel vuelve a llenar mi papel en blanco para convertirse en mi duodécimo libro. Esta nueva biografía del intérprete de "La Incondicional" era un proyecto pendiente que muchas veces habíamos hablado con mi colega y amigo Juan Manuel Navarro, un periodista de pura raza y mejor persona, al que precisamente conocí a raíz del trabajo de campo de *Luis mi rey*, punto de partida de una larga amistad que también ha dado frutos profesionales, primero en mis colaboraciones en el grupo *Reforma*, donde él trabajaba allá por los últimos años del pasado siglo XX, y más recientemente con *Adiós eterno*, el libro que firmamos juntos sobre los últimos días del Divo de Juárez, publicado por Editorial Aguilar, de Penguin Random House.

Ya en aquel primer libro, publicado en 1997, quise hacer una mención especial para Juan Manuel, hoy día corresponsal de Televisa Espectáculos en Los Ángeles desde hace 17 años, amén de otros desempeños profesionales siempre relacionados con el periodismo de espectáculos allá en California, con un prestigio y credibilidad fuera de toda duda. En esta segunda parte su crédito es mucho más pertinente todavía por su valiosa colaboración, pues suyo es fundamentalmente el seguimiento y la información generada por el artista en las dos últimas décadas.

En nuestras pláticas habíamos apuntado al medio siglo de vida del cantante como posible horizonte de esta nueva entrega. No quedaba, de hecho, muy lejos la cosa, en abril de 2020 cumplirá 50 años, pero el destino hizo que nos adelantáramos un poco. Ese destino empezó a actuar a finales del año 2016, concretamente en el mes de octubre. Estaba en una comida de trabajo en un restaurante de Bogotá cuando recibí una llamada vía *messenger* de Juan Manuel. Me dijo que había cierto rumor sobre una posible serie o película sobre la vida del intérprete de "No sé tú". En aquel momento eran sólo rumores pero su instinto le decía que eran mucho más que eso y que sería conveniente repasar la historia y estar preparados por dos cosas, primera, por la posibilidad de que pudieran buscarme como asesor en mi calidad de biógrafo, y segundo, porque de ser así sería el momento de afrontar una especie de *remake* actualizado de la apasionante historia de Luis Miguel.

El instinto de mi colega no iba nada desencaminado. Gracias al trabajo de investigación que en su día plasmé en mi libro *Luis mi rey*, a principios de 2017 fui requerido como asesor para la serie producida por Gato Grande/MGM, división de la célebre Metro Goldwing Mayer para contenido en español. Aquel libro volvió a cobrar plena actualidad. El propio protagonista que le da vida en la pequeña pantalla, el actor Diego Boneta, publicó una foto en las redes sociales con un ejemplar.

Como dije al principio, como escritor fue una gran alegría, y esa coyuntura adelantó el remake de aquella obra, con la historia contada de otra manera y contextualizando cuando es necesario, pues no hay que olvidar que han transcurrido dos décadas desde su publicación. Me parece bueno recordar para empezar cómo empezó todo.

El título *Luis mi rey* nació al segundo mes de haber emprendido la investigación, a bordo de un tren Barcelona—Milán, mientras contemplaba el
paisaje por una ventanilla camino de Massa-Carrara, Italia, para entrevistarme con la familia italiana de Luis Miguel. Minutos antes estuve re-
pasando alguna de la documentación que había recopilado y que siempre
aprovechaba para revisar en los aviones o en este caso en el tren Talgo.
Leyendo detenidamente la crónica de un concierto suyo en México, me di
cuenta que el periodista recogía los gritos de las fans enardecidas, que al
unísono coreaban a su ídolo: "¡Luis mi rey, Luis mi rey, Luis mi rey...!"
Como casi siempre que encuentras el título ideal de tu libro, el flechazo
fue instantáneo. El grito se repitió en el Luna Park de Buenos Aires, tras
la muerte de su padre. Hace poco supe, aunque francamente no sé si tiene
algo que ver con la popularidad que el libro adquirió en México, que no
mucho después de la publicación de mi libro se originó una palabra casi
calcada, el *mirrey*, para definir a una especie de tribu urbana de élite que se
convirtió en todo un fenómeno social y que se extendió en la jerga popular
mexicana a principios del siglo XXI, denotando un determinado perfil de
individuo del que suelen ser Micky y algunos de sus amigos de infancia,
como Roberto Palazuelos, su paradigma. En cualquier caso no dejaría de
ser una mera anécdota filológica.

Luis mi rey se gesta en diciembre del año 1995, aunque el golpe del
destino se remonta a septiembre del año anterior, cuando hice mi primer
viaje a México, un viaje de placer junto a mi querido colega y amigo, el
periodista español Juan Luis Galiacho, que nos llevó de Guanajuato a
Oaxaca y Puerto Escondido, pasando por Huatulco, partiendo de Ciudad
de México y de la excelente hospitalidad de un amigo de la infancia de
mi madre y periodista de renombre, Manuel Rodríguez Mora, entonces
director de la Agencia Efe en México, a quien ya antes le debía mi paso
profesional por la ciudad de Roma, en Italia en 1991, y al que estaré eter-

namente agradecido por la influencia positiva que tuvo en el desempeño de mi carrera y de mi "alma inquieta", como él me bautizó en parecida expresión del acervo popular manchego.

Por increíble que parezca, no hicimos ni una sola fotografía en todo el viaje, Galiacho puede dar fe de ello, así como Carolina Fuentes, una gran amiga a la que conocí en el Hard Rock de Polanco en aquellos días, actualmente en un cargo de responsabilidad del Gobierno mexicano en Corea del Sur, quien me dijo en aquel primer encuentro que los artistas que más se escuchaban en su país eran Luis Miguel y un grupo que daba sus primeros pasos con gran éxito entre la juventud mexicana, del que me regaló una canción. Aquel grupo era Maná. Eran otros tiempos, nada de celulares inteligentes, y la cámara convencional compacta que llevaba se estropeó, sin embargo fue tan fuerte el impacto de México y sus gentes que todas las imágenes y las experiencias de aquel viaje se agolparon en mi retina y en mi vida, de tal modo que un año después regresaría a este país procedente de la Florida para dar inicio a una nueva etapa profesional que había decidido enfrentar en mi carrera, tomando a Miami como punto de referencia.

Me fui impactado de la fuerza de Luis Miguel en América Latina, de hecho yo había empezado a aficionarme con más vigor a su música tras mi primer viaje a la República Dominicana, en julio de 1994, donde sí sonaba mucho en las estaciones románticas. Cuatro años antes, un viejo amigo americano con el que coincidí en el Mundial de Italia me regaló un disco suyo, tras una conversación en la que le confesé mi gusto por la canción melódica romántica italiana. En una época en la que no existía internet, quien no sonaba en la radio o no aparecía en la televisión no existía, así que tuve que esperar a una inolvidable velada en el hotel Jaragua de Santo Domingo para comprobar que el intérprete del disco aquel que me habían dado en Roma era real. Tras la visita a México, dos meses después, no sólo vi que existía, sino que su calado en la sociedad mexicana era equiparable al que tuvo en la estadounidense uno de mis ídolos de juventud, Elvis Presley, de hecho la revista *Amusement Business* lo catalogaba como el tercer artista a nivel mundial en aforo vendido fuera de Estados Unidos y otra publicación, *Performance*, lo colocaba en la segunda plaza del ranking mundial de concentración de público en un auditorio. Recuerdo haber leído una nota en una revista musical, que llevé a España de regreso en aquel septiembre de 1994, en la que se decía que Luis Miguel después de 12 años de carrera había vendido ya 17 millones de discos, había logrado llenar por 16 fechas consecutivas el Auditorio Nacional de la Ciudad de México con un aforo acumulado total de 160,000 personas, lo cual entonces suponía batir su propio récord, que era el artista que más vendía en Argentina y que superaba en ganancias en millones de dólares a nombres de la talla de Michael Jackson o Julio Iglesias, y que con sus discos *Aries* y *Romance* acumulaba 55 discos de platino: ¡Impresionante!

En el segundo semestre de 1995 empecé a trabajar desde América como *freelance* y a publicar en prestigiosos medios españoles, siempre recordaré la portada que dio *Marca* a mi reportaje con Butragueño en Celaya, por el que el mismo Buitre me llamó para agradecerme, o la entrevista improvisada a Enrique Iglesias en una firma de discos en la Zona Rosa con anécdota incluida. El reportaje al hijo de Julio Iglesias, que por entonces daba sus primeros pasos, estaba como tantos otros destinado a las revistas de sociales y espectáculos españolas, la llamada prensa del corazón, en la que publiqué varios contenidos, de ahí que me interesara especialmente en el medio artístico. Me bastó un mes de trabajo en México para darme cuenta, todavía con mayor conocimiento de causa, de la dimensión del fenómeno Luis Miguel, un auténtico desconocido del gran público español en esos momentos, un personaje con fama de inaccesible, algo que comprobé rápidamente al interesarme por una entrevista a través de la agencia Consecuencias, entonces vinculada a su manejo mediático. Era un personaje del que poco se había publicado, convertido en todo un icono y leyenda de los mexicanos y el público latino en general, que disfrutaba del éxito de su disco *Romances II*, publicado el año anterior.

Luis Miguel era México y México era Luis Miguel, de ahí que me impactara profundamente una conversación telefónica con el dueño de Hispanews, la agencia de prensa con la que colaboraba en esos momentos en Madrid. Me aseguraba mi interlocutor que este auténtico fenómeno de masas e ídolo de todo un pueblo era en realidad español. ¿Cómo que español? Aquella afirmación despertó todos mis resortes periodísticos. Mi interlocutor no era otro que el paparazzi Tomás Montiel, al que hace años perdí la pista luego de un grave problema de salud, a quien donde quiera que esté deseo lo mejor.

Tomás, al que fascinaba la provincia de Cádiz, se hizo eco en 1994 de una presunta controversia que se originó en el cementerio de Chiclana con las cenizas de Luisito Rey, gaditano y a la sazón padre de Luis Miguel, y vendió esos reportajes a la revista *Diez Minutos* y más tarde a *TVyNovelas*. Tomás me contaba que todo el lío procedía de un tío del cantante, que no le parecía mucho de fiar, esa fue al menos la primera definición que se le vino a la mente cuando le pregunté. Decía que esa era su conclusión después de que hizo con él algunos reportajes simulados pactados, acusando y denunciando a su sobrino de mala gente y de haber abandonado las cenizas de su padre sin pagar un supuesto mausoleo. La versión de la gente de Luis Miguel era muy distinta, afirmaban que después del funeral de su padre se les dio un dinero a los tíos para que se encargaran de todo eso, pero ellos nunca lo hicieron, y acabaron acusando a la gente que manejaba a su sobrino de no cumplir su palabra, de haber abandonado las cenizas a su suerte camino de una fosa común si alguien no lo remediaba; y al chofer que Luisito tenía cuando murió, Esteban de Merlo, de quedarse con el auto, incluso insinuar que extrajeron dinero de las cuentas bancarias españolas después de la crisis de salud que acabó con sus huesos, primero en el hospital y luego en el cementerio. Esto último nunca pudieron demostrarlo, pero el escándalo estaba servido.

Después de aparecer este reportaje, y muy molesto por ver que tras la muerte del Gallego menor había al menos otro Gallego dispuesto a seguir siendo una piedra en el zapato, Luis Miguel envió a un emisario, un tal Souza, que se hizo cargo de las cenizas depositándolas en un lugar desconocido para evitar que se usaran como munición tendenciosa. También se aseguró de que el abuelo Rafael Gallego estuviera bien atendido en el apartamento de San Fernando y de que su manutención no pasara por las manos del tío, quien no dejaba de criticarlo, decía que lejos de haber cumplido con la construcción del mausoleo, lo que había hecho era secuestrar las cenizas, impidiendo a sus hermanos, es decir, sus tíos, que pudieran siquiera ir a ponerle un ramo de flores y que se cumpliera el deseo de su abuela Matilde, fallecida menos de un año después de su hijo menor, de enterrarla con la urna de Luisito a la altura de su pecho.

Yo mismo, en mi primer viaje a Cádiz, fui al cementerio de Chiclana y me identifiqué para saber del paradero de la urna, se me comunicó que el legítimo heredero, que en el papel aparecía con el nombre de Luis Miguel Gallego Basteri, no autorizaba esa información. La ocultación de las cenizas de su padre estaba más que justificada para evitar que las usaran para generar contenidos amarillistas.

Pero todavía peor, según su tío, el cantante era tan cruel que abandonó a su familia española en la miseria, para lo cual hizo un simulacro de pedir limosna en las calles de Cádiz posando para la cámara del paparazzi. Todo un montaje que, como me reconoció Montiel, no buscaba más que la comisión del dinero fácil que la venta de esos reportajes devengara en la prensa sensacionalista.

A mí todo aquello me llamó mucho la atención, ni en México ni en Miami, donde me encontraba en ese momento, se sabía nada de lo que mi colega español me contaba. Advertí a Tomás que cuando llegara a España en diciembre para las vacaciones de Navidad quería que me facilitara todos aquellos datos para intentar elaborar por mi cuenta un reportaje para los medios latinos, incluso se hablaba también de un posible lanzamiento del cantante en España, por lo que una buena semblanza de agencia podría ser demandada por las revistas españolas.

Así fue. Días antes del 24 de diciembre de 1995, en la oficina madrileña del citado paparazzi, en la plaza de Conde de Casal, me reuní para recabar toda aquella información y preparar un viaje a Cádiz al pasar las fiestas navideñas con el objetivo de documentar y filtrar esos datos a ver qué se podía sacar en claro, pues ya estaba advertido que había mucho de montaje en torno a la figura del hermano de Luis Rey.

Examiné minuciosamente aquella información. Las acusaciones del que se hacía llamar Mario Gallego, cuyo nombre verdadero es Vicente, al que en la familia llamaban Tito, eran muy duras, y así leídas y analizadas sin la suficiente información o contexto hacían mucho daño a la imagen de Luis Miguel. Por puro instinto y después de haber escuchado a Montiel, puse en remojo todas esas denuncias y no mandé ninguna nota a México ni a Miami. Quería personalmente confrontar todo eso viajando a la vuelta de enero a la Tacita de plata, para saber si de verdad era persona tan inhumana aquel intérprete de boleros al que casi nadie conocía en mi país pero que yo hice muy popular entre un grupo de entrañables y lindas amigas en España a las que llamábamos cariñosamente el *Dream Team*, lo mismo que después hice con mis amigos brasileños durante mi época de residente en Londres, gracias a un CD doble titulado *Romances* que incluía el primer y el segundo álbum y que yo había comprado en Madrid, a finales de 1994, poco después de regresar de mi primer viaje a México.

Si no me falla la memoria, era el 10 de enero de 1996 cuando enfilé por la carretera dirección sur hacia Cádiz, en busca de la familia española de un ídolo de masas que yo siempre creí mexicano de pura cepa. Iba por un simple reportaje sin sospechar la sucesión de sorpresas informativas que me esperaban. Como si de una fila de fichas del popular juego se tratara, iría cayendo un asombro detrás de otro en efecto dominó. No lo sabía en aquel momento pero se acercaba el cumplimiento de la profecía que me hizo un amigo inolvidable, que ya descansa junto a su Cristo del Sahúco, Pedro Martínez Bravo, al que confesé un año antes mi anhelo de escribir un libro y plantar un árbol cuando dejara mi anterior trabajo en el fútbol profesional español para buscar la aventura americana. Así lo dejé para la posteridad reflejado en los agradecimientos de *Luis mi rey*.

2

¿Viniste a matarme?

Logré contactar vía telefónica con el tal Mario Gallego gracias a la intermediación de Tomás. En esas primeras comunicaciones telefónicas empecé a notar los primeros síntomas extravagantes en el trato con este personaje, pero en esos momentos no entendía absolutamente nada ni me explicaba a cuento de qué tanto misterio para una simple entrevista. La cita con el tío de Luis Miguel se me empezaba a hacer digna de una película de espionaje. Cada llamada me cambiaba el lugar y la hora, me pedía que lo llamara antes de llegar y una vez en Cádiz acabó cambiando nuevamente el lugar de la cita fijándolo finalmente en el Hotel Atlántico de la ciudad andaluza a las 7 de la tarde, ya noche en esa época del año. Menos mal que ya entonces manejaba el primer teléfono móvil, un pesado ladrillo de la marca NEC operado por MoviLine que nada tiene que ver con los dispositivos actuales. Aquel teléfono ni siquiera tenía identificador de llamada. En la última comunicación me dijo que no iría solo a la cita, que llegaría acompañado de una persona de confianza, a mí desde luego ni me importaba, no le vi sentido al hecho de que me lo comentara como condición necesaria. No sabía en ese momento que aquella compañía, que por cierto luego no llegó, pues se presentó solo a la cita, era para él una precaria medida de seguridad.

Nos encontramos en el lobby de recepción de este lujoso y concurrido hotel, recalco lo de concurrido porque era una de las condiciones que me había puesto, que debíamos vernos en algún sitio donde hubiera mucha gente. Me saludó con tremenda frialdad, me radiografió con la mirada denotando una desconfianza absoluta y me dijo que hasta que no llegara la persona que lo acompañaría no íbamos a hablar de nada. Mi perplejidad iba en aumento.

Una vez en la mesa, antes siquiera de empezar la plática, el mesero preguntó por lo que tomaríamos, yo pedí una infusión de menta poleo, él hizo un chiste malo, algo que con el tiempo descubrí era muy propio del carácter de los hermanos Gallego Sánchez, como parte de su repertorio de encantadores de serpientes. Para justificar su petición, dijo que no era alcohólico anónimo, que era alcohólico declarado, y que quería un whisky. Me tocó recurrir a mi vieja documentación para recordar la marca, era un JB.

Recuerdo que hablamos de cosas triviales como haciendo tiempo para que llegara quién sabe quién, pero nunca llegó. Se acabó el whisky y propuso cambiar de bar camino de lugares que él decía conocer con la condición de que yo pagara todo, porque me advirtió desde un primer momento "que no tenía ni un duro", expresión hispana que significa no tener ni un peso. En cada bar se bebía un nuevo whisky y la ronda de bares no tardó mucho en hacer efecto en su locuacidad. Ahí comenzó a despellejar, verbalmente hablando, a su sobrino. Vocablos irreproducibles y acusaciones que a mí seguían sin cuadrarme, pues implicaban reconocer una crueldad y un mal corazón gratuitos, un riesgo a un escándalo que podría dañar su carrera y un sinfín de cosas sin sentido común alguno. El resentimiento que se desprendía de los ojos de ese hombre era descomunal y yo no hacía más que preguntarme, ¿qué estaba pasando? ¿Realmente podría ser que ese cantante de masas fuera el monstruo que su tío me estaba describiendo?

La cosa me descolocó más cuando, ya visiblemente afectado por la ingesta de alcohol y con los ojos aguados, me espetó una frase que contradecía todo lo que había dicho anteriormente: "Luis Miguel nunca tuvo culpa de nada, él es inocente, siempre tuvo razón." ¿Razón de qué? ¿Inocente de qué?, pregunté, pero ahí se atascaba al tiempo que sus ojos se encharcaban más entre trago y trago hasta que llegó la frase que me dejó completamente atónito. Me miró a los ojos con cara de resignación y, visiblemente embriagado, me soltó: "¿Tú viniste a matarme verdad? Entonces no perdamos más el tiempo."

Imagino que, probablemente al ver mi cara de asombro, se tranquilizó lo suficiente al menos como para no temer más por su integridad física, pero yo no daba crédito. ¿Matarlo? ¿Por qué temía este señor que alguien pudiera ir a matarlo? Ahí empecé a atar cabos respecto a las extravagantes medidas que había tomado para la entrevista pero mi curiosidad periodística se disparó. ¿Sería el whisky?, me pregunté toda la noche, ya que poco después nos separamos, él camino a su casa y yo a mi hotel, citándonos para el día siguiente. Aquello se quedó rondando en mi mente y pasarían varios meses hasta que, conforme avancé en la investigación, entendí que aquella anécdota no había sido fruto del alcohol.

Durante los dos días siguientes me dediqué a hacer mis entrevistas con él mismo, con su esposa Rosa, con su padre y abuelo de Luis Miguel, Rafael; conocí a sus hijos e intenté entrevistar a su hermano, el otro tío del cantante, José Manuel Gallego, más conocido como Pepe, para lo cual me desplacé a comer a su casa en la localidad sevillana de Osuna. Por aquel entonces colaboraba en una emisora de la cadena Cope, si no recuerdo mal en la vecina Estepa, donde hacía valer sus conocimientos como chef dando consejos de cocina. En México contaba que era chef y fuera del país escuché testimonios de que Luisito decía que había sido policía en México. José Manuel decía estar delicado del corazón, no quiso que encendiera mi grabadora, nada de entrevistas, ninguna frase comprometedora. Vi en él un perfil distinto al del hermano, frío, calculador, pero eso sí, sin dejar el gracejo andaluz con los chistes fáciles y las frases evasivas que formaron parte del repertorio embaucador con el que fueron seduciendo a tantas y tantas personas en distintos países de América Latina, que meses más tarde me iban a revelar el auténtico talante de los hermanos Gallego.

Me dejó claro que no quería saber nada de Luis Miguel, ni para bien ni para mal y, más sutilmente que Mario, también dejó entrever que el sobrino era un malvado que se había desentendido completamente de su familia española. Estas mismas palabras las encontré en una carta en internet atribuida a su esposa Elizabeth, fechada el 4 de mayo de 2012. Recriminaba al cantante que "después de tanto como hizo por su sobrino, lo llevó al éxito de su carrera y luego no fue agradecido".

Recalcó varias veces que no daría jamás ninguna entrevista, y con el paso del tiempo entendí perfectamente por qué deseaba mantener un perfil bajo, ya que algunas fuentes muy fiables lo apuntaban a él como autor intelectual de muchas de las tropelías de los Gallego, así como el enlace necesario y oportuno con siniestros personajes que contribuyeron mucho en su día a la subsistencia del clan en tierras americanas. Mucho es lo que tenía que callar y poco lo que ganaría tentando a la suerte hablando con periodistas.

Tal vez el paso de los años fue atenuando su miedo y su rechazo a la exposición pública, probablemente dedujo que después de tanto tiempo poco había ya que temer, de otro modo no se entiende la entrevista, obviamente previo pago de unos buenos euros, que concedió en 2010 al programa de TV *¿Dónde estás corazón?*

En mitad de la tormenta de asombro con la que volví de Cádiz hubo sitio para un último episodio. Hablando por teléfono con la agencia advertí que había un gato encerrado incapaz de descifrar y que teníamos que lograr como fuera confrontar todo eso con el propio Luis Miguel. Antes de regresar a Madrid, donde tenía una nueva cita en Hispanews para valorar qué hacer con todo ese material periodístico, Mario Gallego, que no sabía qué más inventar ni qué más hacer para conseguir dinero fácil, me comentó que tenía en mente escribir un libro sobre su sobrino pero que ninguna editorial le aceptaba el proyecto, cosa lógica, y por lo cual había contactado con un empresario vasco afincado en Sevilla que pretendía fundar una editorial pequeña, con quien él creía tener el suficiente poder de convicción para sacar adelante su proyecto. Y sí, era cierto que esa naciente empresa barajaba publicar este libro, incluso también proyectaba, si no mal recuerdo, la publicación de una novela de la duquesa de Medina Sidonia.

Me contactó con estas personas con el fin de que yo pudiera ayudarle en ese objetivo, en un principio acepté y llegamos a un acuerdo previo, pero cuando puse como condición que su papel en el libro sería el de una mera fuente y que yo investigaría por mi cuenta se negó rotundamente. Visto lo cual, en una posterior reunión en Sevilla con el empresario fui muy contundente y tajante, le dije que no secundaría una obra al dictado de este señor, cuya energía negativa era perceptible por cualquier ser humano mínimamente honesto sin necesidad de mayores pesquisas. Le dejé muy claro que le desaconsejaba por puro instinto periodístico la publicación de cualquier relato personal de Mario Gallego, pues estaría lleno de sesgo y se expondría además a una demanda por difamación de Luis Miguel, muy posiblemente más que justificada, si todas las barbaridades que yo había escuchado se ponían en negro sobre blanco.

La decisión del dueño de la editorial fue apostar por una investigación para hacer una semblanza periodística rigurosa y desmarcarse de

Mario Gallego, decisión en la que influyeron también unas pesquisas que él mismo hizo por su cuenta con conocidos suyos de Cádiz, quienes le contaron de las andanzas y el perfil del tío de Luis Miguel, incluidos algunos episodios truculentos relacionados con el alcohol y las drogas que no puedo reproducir por carecer de pruebas. Lo que está claro es que Tomás Montiel llevaba toda la razón del mundo, Mario Gallego no era de fiar, yo tendría ocasión de comprobarlo mucho después.

Y acepté el reto. Era enero de 1996. Pospuse mi regreso a Miami para meterme de lleno en este trabajo. No habría ningún adelanto de dinero pero me garantizaba la cobertura de los gastos de todo el trabajo de campo y una participación en la editorial. La idea era que esa semblanza se convirtiera en un libro, como así sucedió. Firmamos un contrato de cesión de derechos por 5 años que luego se amplió a 10 y me puse manos a la obra. Así fue como empezó la investigación, o mejor dicho continuó, pues ya contaba con todo el material de las entrevistas a la familia española que apenas era la primera pieza del dominó. Para mi asombro, conforme caía una pieza había detrás otra, y otra más, y parecía que aquello nunca acabaría. Lo que programé para un estimado de cuatro meses máximo y un par de viajes acabó en 14 meses de trabajo de campo y una ardua peregrinación tras la huella nómada llena de fraudes que Luis Gallego había dejado, sobre todo en América Latina, a lo que se unió apenas en el tercer mes de investigación el escándalo sobre la desaparición de la mamá de Luis Miguel, hecho que intensificó también mis viajes a Italia.

Empecé a buscar la entrevista con Luis Miguel, haciendo numerosos intentos, todos fallidos, a través de Hispanews. En realidad su testimonio no era necesario para documentar en sí la historia, como se demostró a la hora de afrontar la serie autorizada de televisión, pues ni siquiera él fue consciente en muchos momentos de las tranzas o las maniobras de su padre que condicionarían su propia biografía. Así acabaron cayendo todas las fichas del dominó para desenredar muchas de las mentiras y dar luz a la verdad. La historia ya estaba armada. Después de 14 meses entendí todo, luego de decenas de entrevistas, innumerables documentos, correspondencia original de algunos personajes, fotografías inéditas, una enorme labor de hemeroteca en México, España, Argentina, Italia y Puerto Rico, y horas interminables frente al computador.

Luis mi rey narró la verdadera historia, la misma que ahora van a leer aumentada y actualizada en este nuevo libro, que como su antecesor conserva su compromiso con la verdad. Una verdad que en modo alguno fue un camino de rosas, todo lo contrario, apasionante pero dramática, que ayuda mucho a entender la personalidad de Luis Miguel y valora más todavía el hecho de haber llegado tan alto y su mantenimiento en la cima. Si muchas personas pasaran por el calvario familiar que le tocó vivir al niño, adolescente y hombre al que todos llamaban Micky, no sabría decir si resistirían. Su dura infancia y turbulenta adolescencia, la desintegración de su familia rematada con el doloroso episodio de la desaparición de su madre, son las causas del forjamiento de una personalidad hermética y desconfiada, y estas son seguramente las menores consecuencias posibles que un ser humano puede tener después de pasar por determinados traumas. Es comprensible que a nadie le guste revivir pasajes de la vida en los que le tocó sufrir, desconozco cómo encajará eso cuando lo vea reflejado en la pequeña pantalla o rememorado nuevamente al releer *Luis mi rey* o este nuevo libro, pero esos acontecimientos son parte de su historia, imposible de contar y entender sin abordarlos.

3

¿Estafa? ¿Cuál estafa?

Mi instinto no me falló. No tardé en darme cuenta de que Luis Miguel no era ese monstruo que me describían sus tíos y que había motivos, y uno especial por encima de todos, que explicaban y justificaban su desconexión con su familia gaditana. Y lo más perverso de todo era que sus tíos sabían que podrían decir cualquier disparate en los medios, que su sobrino no se defendería jamás, que las verdaderas razones por las que nada quiere saber de la familia Gallego son tan tremendas que nunca las iba a usar en su descargo, menos aún públicamente.

El cantante había cortado todo ingreso hacia sus tíos, y el más afectado fue sin duda Vicente, sin oficio ni beneficio, un artista mediocre sin carrera alguna, sin nadie que le diera trabajo con cerca ya de 60 años, sin ningún tipo de subsidio. Desde que Luis Miguel comenzó su carrera siempre subsistió dentro de la manada, por decirlo en plan metafórico, de los Gallego, al ordeno y mando del macho alfa que era su hermano Luisito, obvio sin contrato ni legalización alguna de cuanta actividad era requerido. Fueron muchas las fuentes consultadas en México que señalaron el verdadero papel secundario que desempeñó en aquellos años y que desmentían su reclamación millonaria a su sobrino, aireada en ciertos medios de comunicación en un tono sensacionalista, que en cualquier caso no tenía sustento legal de ninguna naturaleza.

Cuando Luisito murió, Vicente se quedó sin el macho alfa y por ende sin fuente alguna de ingresos. Sabedor tanto Luis Miguel como el difunto Hugo López de información privilegiada sobre su vida, cortaron el grifo. Poco le valieron los insultos y los malos modales característicos para con los interlocutores que designaba su sobrino, él mismo me contó que le arrojó unas monedas a Souza diciendo que era todo lo que tenía una vez que este le confirmó que Luis Miguel no le iba a dar un centavo. La decisión era firme.

Tocaba recurrir nuevamente a la picaresca, pero ahora la cosa ya estaba más complicada para conseguir el dinero fácil, ya no había manada, siguiendo con la metáfora, y él era el lobo más débil. Tanto él como su familia se vieron abocados a la pobreza. La picaresca en todo caso se puso en marcha, no había otra opción, ya fuera fingiendo pedir limosna ante la cámara de un paparazzi, o más tarde aprovechando el boom de los platós de televisión, que quedaron rápidamente amortizados conforme se iba conociendo al personaje.

Hasta tal punto era la desconfianza del artista con sus tíos, que tuvo que contratar a una persona para que manejara la mensualidad que mandaba para mantener a su abuelo Rafael, al que tenía viviendo en un apartamento en San Fernando al cargo de una asistenta que lo cuidaba. Allí fue donde lo entrevisté y fotografié con algunos de los mejores recuerdos que poseía de su famoso nieto. De este modo, a través de un tercero, Luis Miguel evitaba que el dinero pasara por las manos de Mario Gallego. Estaba convencido de que si su tío tenía acceso a la cuenta, el destino de esas entonces pesetas iba a ser otro bien distinto. No se fiaba en lo más mínimo del deshonesto proceder de Mario Gallego, de quien también yo fui víctima. Voy a contar públicamente lo que sólo hasta ahora había contado en privado respecto al mal proceder de Vicente Gallego Sánchez. Y como dice un refrán "no te hace daño quien quiere sino quien puede", al menos aquel trago amargo me sirvió de experiencia para saber cómo la mezquindad mueve los actos de más personas en el mundo de las que desearíamos.

En las entrevistas que le hice en enero de 1996, le pregunté por supuesto por los orígenes de la familia Gallego Sánchez. Aparte de sus declaraciones, donde me habló de las penurias de su familia, del Luisito niño que tuvo que emigrar a la Argentina y de cómo aquel hogar se convirtió en un matriarcado por la fuerte personalidad de su madre Matilde y la minusvalía de su padre Rafael, me dio a modo de documentación unos apuntes donde se daban pelos y señales de todo aquello y que alguien le había redactado para su proyecto de libro sobre su sobrino. Le pregunté si podía hacer uso de esa información libremente y me dijo sí, que los podía usar sin mayor problema, no obstante no me fié, le hice firmar un documento rudimentario que yo mismo redacté a mano sobre un papel, del cual todavía conservo una copia, en el que me autorizaba a reproducir esa información, y lo hice ante la sospecha de que esa gente nunca jugaba limpio, como desafortunadamente pude comprobar después.

Cuando *Luis mi rey* fue publicado, y puesto que carecía de recursos, Mario Gallego convenció a un abogado gaditano, haciéndole creer que obtendría una sustanciosa *Cuota Litis*, un buen dinero fácil, para que interpusiera una demanda contra mi persona y contra la editorial aduciendo que yo lo había plagiado y que tanto yo como los editores lo habían estafado, luego de que, tal y como antes conté, hubiéramos rechazado su propuesta de libro al dictado y haberme decantado por efectuar una rigurosa investigación. Recuerdo que estaba en aquellos días de la primavera de 1998 siguiendo la gira española de presentación de Luis Miguel con la que pretendía abrirse paso en el mercado peninsular. Probó suerte en el Palacio de Congresos que se encuentra en el Paseo de la Castellana, cerca del estadio Santiago Bernabéu, cuyo aforo apenas llega a las 1,000 personas, y viendo que la respuesta del público fue positiva, fue aumentando los aforos y las ciudades apoyado en una buena promoción de cadenas de música en español emergentes como lo era ya en ese momento la Cadena Dial y en su magnífico disco *Mis romances*, tercera entrega de los boleros.

Cubrí dicha gira junto a mi colega Juan Manuel Navarro, él escribía para el grupo *Reforma* y yo lo hacía para la revista de la Editorial Televisa *TVyNovelas*, dirigida en aquellos días por el veterano periodista Chucho Gallegos, que siempre me dio un buen tratamiento y en ocasiones como ésta no dudó en contratarme como *freelance*.

En mitad de esa gira el cantante tuvo que desplazarse a Mónaco tras ser premiado en la edición de aquel 1998 de los World Music Awards. En las calles de Montecarlo andaba yo con Juan Manuel, con Pilar y Susana, dos reconocidas fans con las que coincidimos en la capital monegasca que también se habían desplazado a la Costa Azul tras las huellas de su ídolo, cuando me enteré de la demanda. No sé por qué, o mejor dicho sí, no me sorprendí, y de hecho no me preocupó ni lo más mínimo, el que nada debe nada teme, dice el refrán. Recuerdo que hasta gracia me hizo la acusación de estafa, ¿pero cuál estafa ni qué ocho cuartos? Obvio que no había ninguna estafa. Y respecto a la acusación de haber usado sus textos sin autorización, lo mismo, ¡qué cinismo! Pensé, sabiéndome en poder de mi correspondiente autorización firmada, que lógicamente hice llegar al abogado de la editorial en el momento que se me requirió.

Como era de esperar, los jueces dijeron que no se había producido ninguna estafa y nos absolvieron a todos de semejante infamia, pero no obstante me llevé un disgusto cuando me enteré que encontraban plagio parcial precisamente en los pasajes donde había usado la documentación escrita que el susodicho me había facilitado, para darse una idea, eran exactamente ¡10 páginas de un libro de 338! Debía indemnizarlo con 6,000 euros. Me indigné, pedí explicaciones de cómo era posible que con una autorización firmada el juez le diera, así fuera de modo parcial, la razón a este señor. Mi defensa me explicó que la clave estaba en la interpretación que su Señoría había hecho del literal "material periodístico", que fue la expresión que yo usé al redactar aquel papel, aduciendo que se refería a que era "un material sólo reproducible en medios periodísticos". ¡Por supuesto que no! En absoluto era ese el espíritu del significado de dicha expresión y menos en ese contexto. Así lo comuniqué inmediatamente con el fin que se recurriera aquella sentencia que estimaba del todo injusta. Material periodístico se refería a la naturaleza de su contenido, es una expresión muy al uso en la profesión, quería decir material con valor periodístico, pues se trataba de información, y en absoluto se refería al soporte donde dicha información se fuera a reproducir, en este caso un libro.

Para mi pesar, aquella decisión judicial no se recurrió. Las razones de las personas que me defendían eran que la sentencia no afectaba a la comercialización del libro, que los derechos permanecían íntegros, y que no tenía más consecuencia que pagarle de mi bolsillo la citada cantidad a este señor. Efectivamente la sentencia no afectaba al libro más allá de aquella multa, pero yo quería no considerarla a toda costa por una cuestión de honor. Decidieron no obstante no arriesgar en el recurso para evitar costos y así se quedó la cosa. Visto que la *Cuota Litis* no iba a ser lo que la verborrea de su cliente le había prometido, nunca más tuvimos noticias de aquel abogado ni tan siquiera para reclamar la multa, y menos todavía del tal Mario Gallego, que sin embargo sí tuvo su pequeña ronda televisiva pagada en algunos programas del corazón en España que no se caracterizan precisamente por el rigor de lo que cuentan y sí por el espectáculo a grito pelado para ver qué barbaridad es mayor que la anterior, sin límite en lo grotesco de sus personajes a los que dar silla, unos euros y unos minutos de fama. Tenía claro que no iba a acudir a ningún plató a ponerme a la altura de ese señor.

Sigo pensando que, como dije, no te hace daño quien quiere, pero fue muy desagradable escuchar la versión tergiversada y tendenciosa de lo sucedido en espacios de amplia audiencia, incluso de la boca de periodistas a los que les suponía un cierto rigor, como la conocida Lydia Lozano en el extinto programa *La Tómbola*, que no tuvo el detalle de llamarme para contrastar la versión que de los hechos le dio el tío de Luis Miguel. Yo, con la conciencia tranquila, jamás respondí ni me pronuncié al respecto. Era obvio que aquello no podía en modo alguno enturbiar, y en realidad no lo hizo, un arduo trabajo de investigación periodística que me llevó en España a Madrid, Andalucía y Barcelona; en más de un viaje a Italia; a Puerto Rico en dos ocasiones; una vez a Río de Janeiro en Brasil, donde además conté con la siempre impagable ayuda y amistad de mi hermano Tico Lacerda; al gran Buenos Aires y San Antonio de Areco en Argentina, y por supuesto en innumerables viajes a México desde Miami, incluso a veces directamente desde Madrid.

No hubo un solo medio serio que dudara de la profesionalidad de mi trabajo, como lo prueba el hecho de su vigencia dos décadas después y del reconocimiento del propio Luis Miguel, y no sólo no impidió la consolidación de *Luis mi rey* como uno de los *bestsellers* más recordados de América Latina, sino que me permitió abordar un segundo éxito consecutivo como fue *El consentido de Dios*, la biografía autorizada de Andrés García que publiqué justo después en México, al que siguieron 10 libros más, incluido el presente.

Es ahora, después de 20 años y en la pertinencia de este contexto, la primera vez que me parece interesante dar a conocer aquel episodio al gran público para ayudarles a entender un poco más todo lo que Luis Miguel ha sufrido por causa de su familia andaluza y por los muchos avatares que la vida le puso en el camino. La relación de Luis Miguel con esa familia entró desde aquellos años en un punto de no retorno, sabedor de todas las cosas que sucedieron. Una pista de la gravedad del cisma es que su hermano Alejandro renunció expresamente al apellido Gallego. La más grave, oscura y delicada de todas las desavenencias fue sin duda la desaparición en extrañas circunstancias de su madre, Marcela Basteri, quien jamás volvió a aparecer desde que su familia italiana la vio en la despedida de un aeropuerto en 1986. La verdad sobre estos hechos es desde el punto de vista psicológico un trauma de dantescas dimensiones que explica sin dudas el hermetismo que guarda el cantante sobre su vida privada.

La historia de Luis Miguel es la historia de un hombre marcado por su pasado, un drama humano en la trastienda de una leyenda que conforme avanza el paso de los años siente la desmotivación propia de la inestabilidad emocional que le persigue. Un hombre solo, un ídolo que no confía en nadie y que avanza hacia adelante, forjando y alimentando su leyenda, con un final que nadie sería capaz de aventurar.

En 1997 contamos su apasionante historia en forma de novela, hoy reconstruimos los hechos gracias a testimonios exclusivos de gran valor, muchos de los cuales prefirieron el anonimato. Este libro vuelve a contar esta biografía con nuevos datos y otro estilo. Luis Miguel es ahora mucho más rey que hace 20 años.

4

El bisabuelo gemelo y la pasión de Tarzán

Sergio Basteri era un emigrante italiano que había llegado a Buenos Aires en el año 1947 en busca de una vida mejor. Un tipo fuerte, forjado en los trabajos físicos principalmente como albañil, se ganó el apelativo de *Tarzán* entre sus familiares y conocidos desde muy temprana edad, no era precisamente lo que se dice un hombre de carácter afable. Fue rebelde desde pequeño pues se negaba a ir a la escuela y someterse a la disciplina de sus maestros. Eso de la disciplina no iba con él, no le gustaba que nadie le diera órdenes. Su madre lo alistaba pero él cambiaba la ruta, se deshacía del material escolar y en lugar de ir al colegio se iba a buscar ranas y mariposas al campo. Al regresar a casa buscaba la excusa de que le habían robado, y aunque ya nadie se lo creía, sus padres tiraron la toalla.

En mitad de la consolidación de esa rebeldía, que también le provocó varios incidentes con sus capataces en los primeros trabajos que hizo, le sorprendió la guerra, a la que tuvo que partir muy joven, en plena adolescencia. Sergio luchó en la Segunda Guerra Mundial, al igual que su padre años antes, Ferruccio Basteri, quien guarda un parecido físico asombroso con

Luis Miguel, que combatió con 16 años en la Primera Guerra Mundial. Su bisabuelo Ferruccio y él son dos gotas de agua, parecen hermanos gemelos, en la portada del libro *Luis mi rey* se incluyeron deliberadamente dos fotografías de ambos juntas, cuando Micky tenía más o menos la misma edad de la imagen del bisabuelo, y se puede observar que el intérprete de "Hasta que me olvides" no puede negar sus genes italianos, en los que, como veremos, había buen portento en las cuerdas vocales. Hay otra vieja fotografía del álbum de los Basteri en la que se ve a Ferruccio con sus hermanos vestidos de soldados en la guerra, también ahí se puede apreciar un gran parecido entre Luis Miguel y sus tíos—bisabuelos, si bien no tan espectacular como el que guarda con el abuelo paterno de su mamá.

La historia tal como la conocemos pudo haberse quebrado si Sergio Basteri no hubiera tenido la suerte de esquivar un trágico final durante la guerra y posteriormente durante su regreso a pie, escapando de un campo de concentración, a través de cientos de kilómetros y peligros. Derrotado, en condiciones miserables y flirteando a cada rato con la muerte, recorrió a pie el camino de regreso hasta Italia. A punto de desfallecer y morir de inanición o frío en plenos bosques centroeuropeos, logró salvar su vida gracias a que encontró la casa de unos campesinos toscanos cuando estaba muy próximo a su destino final. Llegó exhausto, con un aspecto deplorable, famélico, con largas y sucias barbas luego de semanas sin afeitarse. Lo acogieron, recuperó fuerzas y de ese modo pudo continuar hasta Castagnola, en la provincia de Massa-Carrara, donde vivía toda su familia y de donde él era oriundo. Con sus playas y su costa, la Marina de Massa y la Marina de Carrara, con los respectivos cascos urbanos de ambas poblaciones, están escoltadas por los Alpes Apuanos, donde se ubican las canteras de mármol que han hecho famosa a esta comarca italiana atrapada entre el mar y la montaña, y muy cercana a las poblaciones de Lucca, Pisa y Florencia, la perla de la Toscana.

El bisabuelo gemelo y la pasión de Tarzán

El día que alcanzó de nuevo su hogar y pudo abrazar a su familia, que no tenía ninguna noticia de él y lo daban por muerto, se produjeron escenas llenas de emoción a las que no pudo resistirse el rudo, tosco, huraño e introvertido Sergio. Hubo celebraciones y cantos de alegría. Los Basteri tenían un gran don en la voz. Ida era una excelente cantante, tenía una voz prodigiosa, y de sus hijos, Franco era el que mejor había heredado el talento de su madre, con la pequeña Adua, a la que un maestro de música escuchó cantar en una ocasión con tal deleite que llegó a proponerle a los padres hacer que su hija hiciera carrera en el canto. La oferta no prosperó y Adua se quedaría para siempre a vivir en Massa-Carrara y, como le profetizó su madre, conoció a un joven y apuesto carabinero, Cosimo, con el que se casó, tuvo hijos y un hogar propio. Luis Miguel lleva en sus genes una herencia vocal por parte de su padre y su madre.

Sergio era uno de los siete hermanos del matrimonio de Ferruccio e Ida. Una unión que con sus hijos perpetuaban la tradición de familias numerosas que los habían precedido. Junto a Sergio criaron a Piero y Carolina, quienes también emigraron a la Argentina, donde echaron raíces y formaron sus respectivas familias, con las que pude entrevistarme en el proceso de elaboración de *Luis mi rey*. Luego estaban Franco y Renato, la más pequeña de las niñas, Adua Basteri, y el benjamín Enzo. Piero era el mayor de los hermanos, nacido en 1919; dos años más tarde nació Carolina, Sergio fue el tercero, nacido en 1924; Franco lo hizo en 1928, Renato en 1933 y cuatro años después Adua, en 1937, tía de Marcela Basteri y tía abuela de Luis Miguel, quien fue la gran impulsora en 1996 de la búsqueda de su sobrina desaparecida. Enzo Basteri fue el menor de todos los hermanos y vino al mundo en las postrimerías de la Segunda Guerra Mundial.

Ferruccio, el bisabuelo gemelo, se ganaba la vida en las canteras de mármol, hablaba el *masense*, uno de los innumerables dialectos que se hablan en toda Italia. Era muy apuesto, ojos claros, cabello rubio, labios carnosos, fornido, muy aficionado al *calcio*, como llaman en el país transalpino al futbol. Después de la guerra las cosas se pusieron muy difíciles, escasez y falta de trabajo obligaron al patriarca a emigrar para mantener la familia, que no podía subsistir de la venta de verduras a la que se dedicaba su esposa Ida.

Así pues, la escasez y la falta de trabajo provocaron que la idea de la emigración fuera una alternativa para que *Tarzán* aprovechara su fuerza natural trabajando y abriéndose camino lejos de su tierra natal. Tuvo también la posibilidad de volver a vestir un uniforme militar, no para luchar en la guerra sino para salir adelante en espera de mejores tiempos. Su destino fue Verona, ciudad internacionalmente famosa por la obra shakesperiana *Romeo y Julieta*, lugar perfecto para encontrar el amor y dejarse clavar las flechas de Cupido.

El arquero romántico soltó el primer flechazo en un bar de aquella célebre provincia del Véneto, que solía ser muy frecuentado por los soldados italianos. Allí trabajaba una joven toscana, Fedora, y hasta allí se desplazaba Vanda Tarrozzo, una señorita muy atractiva con marcado acento veneciano. Vanda esperaba a que su amiga acabara el turno para conversar con ella, pero una noche de luna llena, mientras aguardaba en una mesa, Fedora se sintió con espíritu de Celestina y le contó a su comadre que había un joven soldado muy apuesto que no le quitaba el ojo. Ella miró y sintió como si alguna flecha le hubiera dado en el blanco. *Tarzán* no se lo pensó dos veces, aquella Vanda era su *Jane*. Se acercó hasta su mesa, se conocieron, y las calles de Verona hicieron el resto. Cupido dio en toda la diana.

Sergio y Vanda comenzaron una relación intensa, muy pasional, un enamoramiento de esos profundos, con todos los ingredientes del mítico drama de Shakespeare. Aquí el miedo no era que los amantes fueran a morir, pero sí que se separaran, no eran tiempos en los que la tecnología atenuaba la distancia. Sergio debería volver a Massa-Carrara en poco tiempo,

El bisabuelo gemelo y la pasión de Tarzán

su esperanza era que Fedora también iba a regresar y podía con eso facilitar las cosas para que Vanda se les uniera.

En una de esas lunas llenas, la pasión acabó por concebir un nuevo Basteri. La noticia fue recibida con entusiasmo, el amor era tan intenso que cegaba cualquier obstáculo coyuntural, los amantes vivían extasiados en su nube y un hijo era un regalo de Dios, sin reparar mucho en que no estaban casados y el horizonte inmediato era incierto para ambos. Sergio, eufórico, deseaba llevar consigo a su amada para que, una vez en la Toscana, pudieran casarse y que el niño —pues el soldado estaba convencido de que sería hombre— se llamara Sergio igual que él. Por desgracia no se cumplieron ninguno de sus dos anhelos, ni fue niño ni pudo formar un hogar en su tierra. No contaba con los requiebros del destino ni con la traición de su adorada Vanda, a la que el espíritu de Julieta abandonaría más tarde de la mano de un camionero napolitano.

Cuando Sergio regresó a Castagnola las cosas no habían mejorado, por lo que su padre había tenido que emigrar a Bélgica en busca de recursos. Muchos italianos empezaban a desplazarse en masa a América del Sur, principalmente al Río de la Plata, en busca de una nueva vida lejos de las penurias de una Europa devastada por el delirio nazi.

Detrás de él llegó Vanda, que dejó su Véneto natal para buscar un futuro en la Toscana junto al hombre que amaba, una más en el hogar de los Basteri, y no llegaba sola, en su vientre traía otra futura boca más que alimentar. Se encargó de cuidar al pequeño Enzo y a sus hermanos Adua y Renato, mientras su futura suegra se la pasaba fuera de la casa vendiendo en la calle. Allí no estaba sola, aparte de su nueva familia, su amiga Fedora seguía siendo un gran apoyo.

5

Del abandono en el orfanato al Río de la Plata

El amor entre Sergio y Vanda seguía siendo enorme, pero la preocupación del abuelo de Luis Miguel ante la falta de trabajo iba en aumento y afectando también al semblante de la futura mamá. El 10 de diciembre de 1946, la humilde casa de los Basteri recibió a un nuevo miembro de la familia, una hermosa niña, muy linda, de ojos claros y prominentes, que nació sana con la ayuda de una comadrona y a la que llamaron Marcella. Las oraciones en aquellos momentos pedían a la *Madonna del Carmine* por un futuro próspero para ese hogar y recursos con los que alimentar la enorme alegría que suponía la llegada al mundo de la pequeña Marcella. La virgen, no obstante, se iba a demorar, y sí, Ferruccio regresaría después con el suficiente dinero como para mantener su hogar, pero para entonces su hijo Sergio ya no estuvo en casa y su nieta quedó retenida en una casa de acogida de monjas.

El desenlace se forjó desde la necesidad. Los meses fueron transcurriendo y la situación fue empeorando, al punto que Sergio Basteri no vio otra salida que subirse a uno de los barcos que zarpaban de Génova con destino a Puerto Madero, en la capital argentina. Era una decisión complicada pero forzosa. Él y su cuñado Gianni Degliatorre pusieron rumbo a Sudamérica. Los planes eran encontrar trabajo allí, estabilizarse, y mandar llamar después a su hermana Carolina y a su prometida Vanda junto a la pequeña Marcella para que se reunieran con ellos en la Argentina. El joven *Tarzán* pensaba incluso en casarse por poderes si fuera necesario. El día de la partida fue un mar de lágrimas, atrás dejaba a su amada y a su niñita de apenas 6 meses de edad. El duro y rudo toscano no pudo evitar el llanto.

A Vanda Tarrozzo no le aplicó la letra de aquel célebre bolero que el nieto de su querido Sergio cantó tiempo después en su primer disco de *Romance*. Para ella la distancia sí fue el olvido, y la barca que partió ni volvió ni ella tuvo la paciencia y el coraje de ir tras de ella. Luego de la partida de Sergio, su amiga Fedora le consiguió trabajo como camarera junto a ella y la invitó a mudarse a su casa, lejos de la vigilancia de su suegra, Ida. Un camionero de Nápoles que respondía al nombre de Ciro la conquistó y convenció para que se fuera con él. En la oferta no incluía a la pequeña Marcella, por lo que una vez consumada la traición tuvo que buscar un orfanato donde dejar a su hija antes de abandonar para siempre la Toscana camino del sur. Marcella tenía un año escaso, cuando su madre la entregó a una monja en una casa de acogida de Massa-Carrara cuyo edificio todavía existía en la época de la investigación de *Luis mi rey* y que pude fotografiar en uno de aquellos viajes.

Las versiones que recogí en Italia señalaban a una Vanda destrozada ante la decisión que tomó, sacando a su niña de la cuna de camino al abandono. Además, presuntamente su corazón todavía palpitaba en el recuerdo del fornido padre de su hija, que hacía apenas seis meses de su partida, pero pesó más la seguridad que le ofrecía el camionero que la incertidumbre al otro lado del océano. Cuando Marcella iba a viajar a Argentina años más tarde, su abuela Ida la llevó para que Vanda se uniera a ella, pero ésta se rehusó aduciendo que ya tenía más hijos. El destino acabó pagándole con la misma moneda, según pude averiguar, pues fue abandonada años más tarde por el camionero, que la dejó por otra mujer.

Para el abuelo del intérprete de "O tú o ninguna" fue un golpe muy doloroso, pues llegó a Sudamérica movido por el amor y el anhelo de sacar a los suyos adelante, fundamentalmente para buscarles un porvenir. Desde el principio trabajó muy duro con ese primer y gran objetivo de mandar llamar a su prometida y a su hija, ajeno a lo que pasaba en Italia. La cosa fue incluso más dramática, pues los Basteri descubrieron la deserción de Vanda justo cuando querían comunicarle que Sergio lo había logrado y que mandaba por ellas. Carolina Basteri fue la encargada de recibir tan excelentes noticias para unirse a su esposo Gianni viajando desde Génova junto a la prometida de su hermano y su pequeña sobrina. Ida enfureció cuando se enteró, pero era demasiado tarde. Vanda se había ido al sur, embarazada de otro hombre, y peor todavía, su nieta Marcella estaba en un orfanato. Su abuela quiso inmediatamente sacarla de allí y llevarla a su casa, pero un documento que había dejado firmado la madre lo impedía, por lo que tuvieron que conformarse con las visitas periódicas en espera de acontecimientos. Debía crecer un poco para que su padre la reclamara. Marcella Basteri permaneció bajo el cuidado de las monjas diez años, hasta que en diciembre del año 1957 pudo por fin viajar a la Argentina a reencontrarse con su padre, al que todavía no conocía, pero que según su tía Adua y su abuela Ida era muy guapo y apuesto y la quería mucho. Allí conoció también a sus tíos Carolina y Gianni, a su tío Piero, el hermano mayor que también había emigrado, y a una señora de buen corazón y muy querida que a la postre se convertiría en su madrastra y que respondía al nombre de Catalina.

Catalina Mezin era una joven viuda porteña que regentaba el hotel Broscia enfrente de la estación de Alejandro Korn, en Buenos Aires. El hotel acogía a muchos trabajadores temporales, italianos y españoles principalmente, que llegaban al Río de la Plata en busca de una nueva vida en los duros años de mediados del siglo XX. Sergio se mudó allí en 1952 desde Lanús para estar más cerca de su puesto de trabajo como albañil con el constructor Cortinovi. Después del desengaño amoroso que supuso la traición de Vanda con el camionero napolitano, le costó fijarse en otra mujer.

Con el paso del tiempo Sergio miró a Catalina cada vez con mejores ojos. Acabaron formando pareja, Cata vendió el hotel y decidieron vivir juntos en San Vicente, primero de alquiler y luego en una casa que el propio abuelo de Luis Miguel construiría. Fue en 1956, justo después de la caída de Perón. La consolidación de su relación con Catalina facilitó la llegada de Marcella, quien ya en Argentina, viviendo con su tía Carolina primero y con su padre y su madrasta después, perdió una letra en su nombre, castellanizado como Marcela, y ganó en su madre política una persona de gran apoyo. Catalina tenía sus propios hijos, pero estos ya se ganaban la vida como panaderos y decidieron independizarse, por lo que el nuevo hogar lo conformarían tan solo la pareja y más tarde la joven hija de Sergio, que llegaría a Puerto Madero con 11 años de edad y que por fin, luego de toda una década al cuidado de las monjas y al calor de su tía Adua y su abuela Ida, podía vivir en su propia casa. Recién llegada se quedó en casa de su tía Carolina en Lanús y un año después, cuando su padre acabó la nueva casa, se mudó a San Vicente.

La larga entrevista que mantuve un día entero con Catalina Mezín en su casa de San Vicente fue sin duda un gran aporte en la investigación de *Luis mi rey*. La casa conservaba muchos recuerdos y Catalina mantenía una gran memoria, así como cartas y otros documentos que confirmaban su estrecha relación con Marcela, que perduró hasta el momento de su desaparición en 1986. Entre sus apreciados tesoros sentimentales también había fotos y cuadros de su famoso nieto político, todo un ídolo de enorme popularidad en la Argentina, con los que posaba orgullosa para mi cámara en el mes de abril de 1996.

Marcela era una niña muy dulce y muy guapa. Se integró fácilmente, aprendió rápido el español y conforme creció fue avanzando en las manualidades de la costura y hasta era requerida para modelar en algunos desfiles gracias a la amistad que hizo con la hija del intendente Serigioli, cuya nuera era modista de alta costura. En aquella época la joven Basteri veía su futuro ligado al mundo de la moda, sin embargo sus salidas chocaron frontalmente con la mentalidad misógina del rudo Tarzán, que llevó su educación tradicional a límites extremos, lo cual provocó un duro enfrentamiento con su hermana Carolina y acabó con Marcela nuevamente de regreso a Lanús para evitar que su padre la encerrara con llave en la habitación.

Después las aguas volverían a su cauce y Marcela regresaría a la casa de su padre y de Catalina. Con 18 años era una chica muy atractiva, muy bonita de rostro y con una figura natural envidiable de formas perfectas, de complexión delgada y no muy alta, pero tremendamente fotogénica y con un ángel indudable que percibían cuantos la conocían.

La expresión de los ojos de su tía Carolina o su primo Ángel Degliatorre, por citar dos testimonios de los que mejor recuerdo referidos a esta época, hablaban sin lugar a dudas de la nostalgia del recuerdo de un ser humano extraordinario: "Marcela era una *ragazza* muy buena, muy bella y muy dócil de carácter", repetían constantemente. En 1996 toda la familia argentina que entrevisté coincidía en el hecho de tener sentimientos encontrados, por una parte reconocen que cruzarse con Luisito marcó el destino de Marcela para mal en lo personal, pero al mismo tiempo de no haber sido así no hubiera nacido ese cantante del que todos se sentían tan orgullosos.

¿Cómo actuó el destino para que aquella inocente y bella argentina de origen toscano, discreta, amable y que no tenía más aspiraciones que ser costurera, acabara unida, como una gota de aceite en el agua, con el carácter volcánico de Luisito Rey y la vida nómada, desordenada y plena de vicios de los Gallego? Pues todo empezó de la mano de una familia acomodada dueña de una cadena de electrodomésticos, los Gaggiulo, donde Catalina Mezin trabajaba como empleada y cocinera. Cuando se acercaba el fin de año de 1967, le propusieron a Cata que los acompañara a su residencia veraniega tal como habían hecho en los últimos siete años, que como en el caso de miles de argentinos, se encontraba en la localidad de Mar del Plata. Después de esa estancia temporal en el sudeste de la provincia de Buenos Aires nada sería igual en la vida de la bellísima Marcela Basteri.

6

El niño prodigio de la guitarra

Luis Gallego era un cantante andaluz y un virtuoso intérprete de la guitarra, desconocido del gran público en su tierra española. Decidió probar fortuna en el continente americano, pero la escasa relevancia de sus composiciones, su complicado carácter y su afición a los vicios mundanos lo llevaron de fracaso en fracaso. Siempre de la mano del clan de sus inseparables hermanos mayores, emprendió una vida más propia de granujas que de artistas, llena de engaños y más de una acusación de estafa. Una vida nómada de país en país, saliendo siempre de mala manera y apenas saboreando el éxito en la Argentina con un tema llamado "Frente a una copa de vino". En ese Río de la Plata fue donde dos caminos iban a cruzarse, donde sería concebido un futuro bebé, donde daría comienzo una historia que acabó forjando uno de los más grandes ídolos de masas del público latino.

Luis Gallego Sánchez, nombre verdadero del que artísticamente y para el resto de sus días sería conocido como Luisito Rey, nació en la calle Santo Domingo de la ciudad de Cádiz, el 28 de junio del año 1945. Cádiz es la provincia más meridional de España, antiguo puerto por donde, a través del río Guadalquivir, como rezan las célebres habaneras, entraban y salían desde o hacia Sevilla los galeones que comunicaban la península con las colonias de las por entonces llamadas Indias. El río bético forma la división natural entre la gaditana Sanlúcar de Barrameda y la provincia de Huelva, la cuna del Descubrimiento de América, orgullo de la raza hispana, donde se erige el monumento a Colón y el Muelle de las Carabelas. A la capital gaditana la llaman la Tacita de plata y dentro de su provincia se halla la ciudad más sureña de la Península ibérica, Tarifa, desde la que se divisa África en medio de los enormes vientos del Estrecho de Gibraltar.

Pero más allá de sus peculiaridades geográficas, Cádiz es conocida por ser cuna de arte flamenco en locales de comparsas o rincones donde se mezclan la sangre gitana con la sangre paya entre el vino fino, las guitarras y el humo del tabaco. De San Fernando, sin ir más lejos, donde pasó sus últimos años el abuelo paterno de Luis Miguel, era el mítico cantaor Camarón de la Isla. Cádiz es cantera de talentos creativos donde no falta el gracejo nativo de sus gentes, cuyo ingenio y peculiar manera de hablar son muy seductores y cuyas chanzas son conocidas en toda España, como lo demuestran sus famosas chirigotas carnavaleras.

Este gracejo andaluz, combinado con la picaresca típica de la idiosincrasia hispana, sería en el futuro una de las armas que los Gallego usarían en su deambular latinoamericano para subsistir a costa de terceros. La picaresca y la mentira se instalaron en la vida de Luisito desde el mismo momento que nació y hasta sin querer, su familia no tuvo rubor alguno en reconocer que a pesar de haber nacido un 28 de junio, la fecha falsa que constaría de manera oficial para la posteridad en sus documentos sería la del 2 de julio para verse beneficiados de una ayuda social. Este patrón de comportamiento granuja de los Gallego se calcará al cambiar el lugar de nacimiento de Luis Miguel cuando empezó a cantar. El intérprete de "Ahora te puedes marchar" tuvo también una fecha de cumpleaños equivocada, aunque ese error, como veremos más adelante, no parece fruto de intenciones bribonas sino más bien una cuestión de imprecisión, y una documentación mexicana falsa cuando empezó a cantar. Se le consiguió vía el Negro Durazo un pasaporte mexicano falso en los años 80, con un lugar de nacimiento y una fecha falsa, donde él tenía dos años menos, esa era al menos la versión que sostenían quienes se vieron involucrados en aquella falsificación. No encontré nunca mayor explicación para justificar la manipulación de la edad que adaptar la fecha a la versión que se manejó de que los papeles se habían quemado en un convento o retrasar deliberadamente dos años la mayoría de edad de Luis Miguel.

España no había participado en la Segunda Guerra Mundial pero había peleado su propia Guerra Civil entre 1936 y 1939, y vivía en la década de los 40 años de mucha hambruna y escasez generalizada. Otra posguerra dura y complicada que haría especial mella en el hogar del matrimonio que formaban Rafael Gallego Rey y Matilde Sánchez Repiso, en el que además de al pequeño Luisito había que alimentar a sus dos hermanos mayores, José Manuel, nacido en 1940, y Vicente, tres años mayor que el benjamín. El sueldo como farolero del padre de familia era escaso, la madre intentaba ayudar con trabajos domésticos. La situación y las "fatiguitas", como dicen los andaluces, arreciarían cuando Rafael, el padre, enfermó y perdió el empleo, con una incapacitación perpetua que mermó los ya de por sí limitados ingresos.

El abuelo paterno de Luis Miguel, así como sus ascendientes inmediatos, eran grandes aficionados al cante flamenco como él mismo recordaba en las entrevistas realizadas para *Luis mi rey*. Habían destacado en reuniones familiares y de amigos sin nunca llegar más allá. Esta impronta genética de generosas facultades vocales unida a la de la familia Basteri, harían más tarde de Micky un portento de solista en ciernes con una interesante herencia donde se mezclaba el sentimiento del cante jondo andaluz y la imponente fuerza de la lírica italiana.

Luisito demostró desde muy pequeño que poseía un talento especial para tocar la guitarra y para cantar. En Cádiz empezó a correr de boca en boca su prodigio. Los Gallego contaban que llegó a llamar la atención del ilustre poeta gaditano José María Pemán y que gracias a su arte logró ganar algunas pesetas en concursos radiofónicos. Tal como sucedería años más tarde con el propio Luis Miguel, el genio del niño era visto por sus padres como una tabla en alta mar. Era la época de Joselito, conocido como "El Pequeño Ruiseñor", que había puesto a soñar a miles de niños en toda España con sacar a sus familias de la pobreza a través del cante. De ahí que doña Matilde se entregara en cuerpo y alma a intentar que su hijo triunfara. No sólo no lo conseguiría, sino que daría paso al inicio de una biografía plena de incidentes, turbulencias y sobresaltos.

Con solo 8 años, el menor de los Gallego, cuyo nombre artístico en esos momentos surgió de la contracción de las primeras sílabas de sus apellidos, haciéndose llamar Luisito Gasán, logró grabar un disco sencillo donde se podían escuchar sus habilidades con la guitarra y con el género flamenco. Su madre se lo llevó a Madrid en busca de la fortuna, pero esta nunca llegó. Sobrevivieron con muchísimas penurias, endeudándose y siempre al borde de tirar la toalla y regresar a Cádiz. Lo impidió una joven promesa radiofónica. Según recordaban en la familia, su talento no pasó inadvertido para Encarna Sánchez, una locutora de radio que con el tiempo alcanzaría gran fama e influencia en España con su famosísimo programa *Directamente Encarna*, de hecho los Gallego presumían de su amistad, en algunas fotografías aparecía ella con Luis Miguel siendo niño. Una de esas fotos, tomada durante una estancia en la República Dominicana, apareció publicada por vez primera en *Luis mi rey*. La imagen correspondía a un encuentro que tuvieron años después, en 1975, cuando el clan Gallego andaba de lado a lado por toda América Latina. Coincidieron en Puerto Rico en una edición del festival de la OTI, ellos viajaron desde Venezuela con la expedición de la cantante Mirla

Castellano y ella al parecer estaba en aquella época en una emisora de radio puertorriqueña. De allí pasaron unos días a la vecina Santo Domingo. En ella aparecía junto a Micky su hermano Alejandro.

Tenía pensado hablar con Encarna para ver qué tan cierto era todo aquello y cómo había sido su encuentro con los Gallego, así como saber qué opinaba de Luis Miguel y si tenía alguna relación con él. El acceso me lo facilitaría un buen amigo que trabajaba en su programa, pero desistí cuando supe que desafortunadamente su estado de salud estaba muy deteriorado a causa de la larga enfermedad que acabó con su vida. Encarna falleció en abril de 1996, aquel día yo estaba en Argentina.

Volviendo a esos primeros años, Encarna quedó encandilada con el talento del pequeño niño prodigio gaditano y lo presentó a sus oyentes, entre los cuales estaba la empresaria promotora argentina Herminia López, quien propuso llevarlo a Buenos Aires para lanzarlo a la fama. En realidad lo lanzó a un infierno que forjó más todavía la personalidad en ciernes, dura y anárquica, de un niño de 9 años solo en un país lejano. En aquella época Luisito conoció a un curtidor de pieles de origen andaluz, Apolo Martínez, que según me confesó era muy amigo de la señora Herminia y fue con ella a recibirlo a Ezeiza cuando llegó, cuya amistad se prolongó hasta la época de triunfo pleno de Luis Miguel en la Argentina.

El menor de los Gallego acabó escapándose de la casa donde se alojaba y huyendo del Río de la Plata con la ayuda de Apolo. Regresó a España como polizón en un barco mercante luego de dos años de una tormentosa relación con Herminia López, según él mismo contaba por incumplimiento de la señora y por un trato inhumano; el papá de Luis Miguel declaró que le hacía pasar hambre y no mandaba el dinero prometido a su familia española.

Cuando regresó a España la familia se mudó a Madrid. Se inició en las artes amorosas con la edad de un púber, hecho que se repetiría años más tarde con su hijo mayor. Sus hermanos le iniciaron en su devoción por el sexo femenino y fue habitual entre ellos compartir cama y placer a veces con la misma mujer, chisme que el propio Luisito presumía con todo aquel que se le cruzaba en sus locas noches de guitarra y parranda, cuando los efectos del alcohol y las drogas empezaban a notarse. Unos hábitos un tanto cuestionables si se enfocan desde la moral cristiana, que le acompañarían hasta la misma hora de su muerte en 1992 y que sin duda son el origen del rumor y la duda que han asaltado a lo largo de muchos años a personas del entorno de Luis Miguel, incluso al propio cantante, que cuestionaban la paternidad biológica de Luisito Rey.

He de decir al respecto que, si bien me constan esos rumores, no se puede cuestionar la paternidad de Luisito por cuanto no hay prueba alguna que demuestre lo contrario. En el año 2001 fui invitado al programa de TV de Marta Susana en Miami, en calidad de biógrafo de Luis Miguel a raíz de la polémica que surgió en Puerto Rico, donde un señor llamado José Juan Arias afirmaba ser el padre biológico del cantante y se sometía voluntariamente a la prueba del ADN que obviamente el artista jamás secundó. Según supe después, hasta publicó un libro al respecto al que llamó *Luis Miguel es mi hijo*. Arias se apoyaba en un cierto parecido físico en algunos rasgos de su rostro, porque en corpulencia desde luego no se le parecía en nada, él un boricua muy alto, Micky de estatura mediana. Además en ese presunto parecido facial que él presumía radicaba su primer y grueso error genético. Como hemos visto ya, el intérprete de "Directo al corazón" es un Basteri completo, no hay más que repasar la foto del bisabuelo gemelo. Sea quien sea el padre, el rostro de Luis Miguel tiene una ascendencia genética materna más que evidente.

Pero había más pruebas en su contra. Ya lo dije entonces en directo en el show de Marta Susana hace 17 años, grabado ha de estar, y reitero ahora en este nuevo libro. Con toda seguridad, ese señor no es el padre de

Luis Miguel. No podía afirmar con rotundidad que no hubiera tenido como él decía una aventura con Marcela Basteri, pero desde luego sí desmentí con firmeza que como fruto de aquello se produjera el embarazo por una sencilla razón, Marcela ya estaba embarazada de Luis Miguel cuando llegó a Puerto Rico. Es más, ella misma confesó que salió embarazada de Buenos Aires.

El talento extraordinario de Luisito no iba a sobreponerse jamás a su personalidad conflictiva y muy deshonesta, que le arruinó constantemente cualquier posibilidad de triunfar. Huyó de España siendo apenas un adolescente, se convirtió en prófugo de la Justicia, entró a Francia con un nombre falso resultante de añadir un segundo nombre al primero y una letra al apellido, de ese modo aparecía como Luis Miguel Gallegos. La versión de los hermanos Gallego era que no quería hacer el servicio militar y que lo habían denunciado por presuntas injurias y blasfemias, que en aquella época eran constitutivas de delito, la España de Franco era un estado confesional católico. Sea como fuere, y si hubo o no más razones por las que tuvo que salir clandestinamente de su país, el joven cantautor y guitarrista acabó con sus huesos en París, donde nació una de las muchas milongas propagandísticas que serían una constante en toda la biografía familiar, maña que llevaba denominación de origen de los Gallego Sánchez y que aseguraba que era un artista apadrinado por Picasso.

Me contaban durante las entrevistas hechas en Cádiz en 1996 que el pintor malagueño Pablo Picasso lo había visto actuar en el Olympia y quedó impresionado con la interpretación de su paisano andaluz al grado de decir que era "un escalofrío que se escuchaba". La coincidencia con el artista universal fue convenientemente utilizada por Luisito para intentar abrir puertas, incluso llegaba a exhibir un dibujo hecho a trazo de lápiz, donde se veía su silueta junto a la guitarra y abajo la presunta firma de Picasso. Era un dibujo falsificado como reconoció Mario Gallego en el invierno gaditano de 1996 luego de alguna que otra ronda de bares y dosis de JB. Meses más tarde me lo confirmarían otras fuentes. Luisito también era dado a soltarse de la lengua cuando la sangre empezaba a subir el nivel de alcohol y estupefacientes.

El mayor de los Gallego, José Manuel, al que todo el mundo conocía como Pepe, demostró desde muy joven sus habilidades para moverse como pez en el agua en todo tipo de negocios y ambientes. Se había formado en la universidad de la calle, en los avisperos más pícaros de su Cádiz natal y luego recorriendo el mundo a bordo de un barco en calidad de ayudante de cocina. Era el cerebro que complementaba el genio de su hermano pequeño, al que ayudó para su huida clandestina de España y al que representó en calidad de manager cuando decidieron, luego de la ruina que se les venía encima en París, cruzar nuevamente el charco rumbo a la Argentina para probar fortuna. Pepe presumía de su mucha vida recorrida y sus importantes contactos, sobre todo en México, en aquella comida en su casa de Osuna en enero de 1996 en la que no me permitió grabar una sola palabra de toda la conversación.

Con ese gracejo andaluz y la verborrea innata del embaucador que puede vender una nevera a un esquimal, Pepe me iba envolviendo en su conversación obviamente sin abordar algunos de los asuntos más espinosos que apuntaban directamente a su persona y que en aquel momento yo además desconocía. A Pepe lo señalaban fuentes muy solventes como el enlace en México con negocios de dudosa legalidad en la frontera de El Paso, Texas, como me reconoció el mismo Negro Durazo en el encuentro que tuve con él en el restaurante El Embarcadero de Acapulco, en 1996. Pepe se movía muy bien en las altas esferas de todo tipo. Suyo fue el arreglo para que Luisito viajara a Puerto Rico, suyo el plan para huir después de romper con Herger, suyo el arreglo con el mexicano Juan Pascual para que la familia, con un Micky ya crecido, regresara a México en los ochenta, suyo el mérito de lograr que Luis Miguel cantara en la boda de Paulina López Portillo, y de mover influencias en Televisa por medio de amigos pesados para que la naciente estrella asegurara su éxito. "Hay que tener amigos hasta en el infierno y estar siempre inventando el invento", frases muy típicas de su manera de ser que yo mismo escuché de su viva voz. En otras palabras, la actuación de Pepe Gallego es vital e imprescindible para que el destino acabara desembocando en el fenómeno Luis Miguel.

Pepe Gallego se encargó de intentar abrirle paso a su hermano en Argentina en la década de los 60, donde a pesar de sus continuos incidentes motivados por su pesada personalidad, logró un triunfo relativo y temporal con el tema "Frente a una copa de vino". Sus reuniones sociales, donde no faltaba la paella del mayor de los Gallego y el cante de Luis, abrieron puertas en noches eternas donde el alcohol y las drogas daban paso a continuos amaneceres, incluso en algunos casos a composiciones, él decía que la embriaguez lo inspiraba.

El éxito porteño reunió de nuevo a los tres hermanos. Vicente era otro bohemio polifacético que intentaba abrirse paso como artista con escaso éxito, inventando el invento, como él mismo repetía, siempre dado a los placeres que como vividor empedernido le tentaban con excesiva frecuencia. No tenía ni de lejos la perspicacia, astucia, genio y fuerte personalidad de sus otros dos hermanos, y según él mismo decía, trabajó en la Argentina gracias a la amistad de la familia con el actor Jorge Mistral, una amistad cuya profundidad nunca pude contrastar, debido a que Mistral se suicidó en México en 1972.

El flechazo de "París" y la falsa boda

Fue precisamente en esa época exitosa en Sudamérica, durante unas actuaciones que debía cumplir en la ciudad vacacional veraniega por antonomasia de los bonaerenses, Mar de Plata, cuando Luisito Rey conocería a una joven hija de un emigrante italiano originario de Massa-Carrara. La hizo su compañera, y puesto que ella nada tenía que ver con el medio artístico, inventó una historia. Le hizo creer a la opinión pública argentina que Marcela era lo que no era. Ella, cegada por la pasión, aun con la oposición de su padre, dejó todo y siguió los pasos del cantautor, una decisión que marcaría su trágico destino, iniciado con el encuentro casual de un español y una italiana en una ciudad costeña argentina.

Puesto que el universo ya había conspirado para que años más tarde se forjara la estrella de Luis Miguel, el día D, por decirlo de algún modo, Catalina y las tres jovencitas que la acompañaban, es decir, su nuera, la hija del intendente y su ahijada Marcela, decidieron ir a la cafetería París y no al patio de tangos, que era la otra opción posible. En los días que Marcela vivió en Italia con su familia en 1986, deprimida y muy maltratada por la vida, no dejó de pensar en más de una ocasión, como solía decir en las pláticas con su tía, qué hubiera sido de su vida si le hubiera dicho que sí a Rubén, el joven que la pretendía allá en Buenos Aires, o si aquel día no le hubieran hecho caso a Cata y hubieran ido al patio de tangos de Mar del Plata como ella quería. Pero no, su madrastra quiso cambiar de ambiente para no repetir tangos y lo que en realidad estaba haciendo era cambiando el destino de la bella Marcela, que cada vez que entraba en uno de esos locales acaparaba las miradas de todos los hombres.

La cafetería París era un local de moda en Mar del Plata por el que habían pasado consagrados artistas como Julio Iglesias, Palito Ortega, Sandro o Lola Flores, entre otros muchos. Era un edificio con dos plantas, en la superior se encontraba un casino y en la de abajo estaba la sala de café—conciertos. Ya en 1996, cuando me disponía a viajar a Mar del Plata para conocer ese local, supe que no existía más y lo que obtuve de aquel lugar fue una fotografía de la fachada del edificio que unió las vidas de Luisito y Marcela.

Cuando llegaron al local, eligieron una mesa junto al pasillo por donde subían los artistas al escenario. La mesa la ocuparon las cuatro mujeres y un bebé, el nieto de Cata. En el cartel se anunciaba la actuación ese día del cantante y guitarrista español Luisito Rey, quien en cuanto vio a Marcela, que paseaba al bebé en brazos, sufrió una súbita transformación, uno de esos flechazos de manual de guión. Después de la actuación mandó a su hermano Vicente para pedir permiso y sentarse en la mesa donde estaba aquella joven que le había dejado sin respiración y había sacado su lado más poético durante la interpretación, guitarra en mano, que acababa de ofrecer a su auditorio. La palabrería seductora de Luisito se fue clavando en el corazón de la tímida Marcela, que salió del encuentro tocada por el encanto de aquel artista delgado y bajito, de larga cabellera, que la había bombardeado con piropos.

Capítulo 7

El flechazo de "París" y la falsa boda

Después de aquel encuentro ya nada sería igual para la joven toscana. Catalina no veía con buenos ojos aquel enamoramiento súbito de su ahijada, pero no pudo hacer nada para detenerlo. Luisito las invitó a una fiesta, Marcela acudió y el romance surgió de manera instantánea, dando rienda suelta a una pasión fulgurante al calor del verano de Mar del Plata. Cuando llegó la hora de regresar a San Vicente, la aprendiza de costurera enamorada esperaba un milagro, que sus mariposas en el estómago encontraran respaldo paterno, ya ella le había advertido a Luis que no iba a ser fácil ganarse a su futuro suegro, pero nada más lejos de la realidad. Ya sabía ella cómo era y pensaba su padre.

Menos todavía que Cata, Sergio mostró una oposición frontal a que su hija saliera con ese gallego que le cayó rematadamente mal desde el principio, al que le suponía una vida inestable llena de vicios y mujeres. La peor noticia, que lógicamente nadie sabía en esos instantes, es que el rudo Tarzán llevaba razón. Lo echó de su casa sin fiarse nada de aquellas promesas en un español tan raro que hasta le costaba entender. Luisito le dijo que se casaría con su hija y la haría muy feliz, de hecho falsificaría más tarde esa historia engañando a los Basteri y a toda la opinión pública haciendo creer que habían contraído matrimonio.

En todo caso, el albañil toscano no le creyó una sola palabra y las sensaciones que se desprendían de la energía de aquel hombre de aspecto enclenque no le gustaban nada. Él quería que su hija se casara con el hijo de un médico del barrio, y su madrastra veía con buenos ojos al tal Rubén, un muchacho normal y corriente, apuesto y con un provenir asegurado, que no dejaba de ir detrás de ella. Si había alguna etiqueta que desde luego a Luisito no le encajaba era la de normal y corriente, y menos aún con un porvenir asegurado. Lo único que garantizaban los Gallego con su carácter y modo de vida eran emociones fuertes. La candidez de una jovencita bonita y con la cabeza llena de sueños no sospechó que aquel no era el camino más plácido que podía tomar. El universo sin embargo, ya había conspirado para que un día sonara una portentosa voz en todo el planeta cantando precisamente a su madre una bella melodía: "Yo sé que volverás cuando amanezca…"

Luisito, llevado de la llama del amor por su bella novia, escribió una canción que derritió más todavía el corazón puro de su amada: "Marcela, mi nublado cielo tú lo alumbraste con tu sol." Luego de su fracasado intento de empatizar con Sergio Basteri, se marchó de gira fuera de Argentina. Los Gallego probaron suerte en Lima al frente de un restaurante pero el negocio no funcionó, dejando atrás problemas en el Perú. Luego de unos meses regresó a Buenos Aires y buscó de nuevo a Marcela, prometiéndole regresar, después de ir a los Estados Unidos, para casarse con ella. Cumplió su promesa a medias. Efectivamente regresó a finales de 1968 por su musa para llevársela con él. De un día para otro la joven y bella Basteri dejó su hogar para echarse en brazos de su amado. Ni siquiera pudo despedirse de su padre, y sí lo hizo de una Catalina rota en llanto.

No necesitó mucho tiempo para empezar a descubrir el lado oculto de quien le componía canciones. La otra parte de la promesa no se iba a cumplir. En lugar de boda iba a tener un papel estelar como actriz inventada en un matrimonio imaginario. Ella se llevó una pequeña decepción, sí le hacía ilusión casarse, no quería que se repitiera la historia que su propia madre biológica había protagonizado con su padre. No le quedó otro remedio que obedecer, era lo que había hecho toda la vida, obedecer, ahora las órdenes no tenían acento italiano, sino gaditano. Los argumentos de Luisito para justificar la decisión la dejaron bastante atónita, por el lenguaje y por el tono, dejando ver un mal genio que hasta ese momento no conocía: "No necesitamos firmar ningún papel, gastar plata para que se la ganen los hijos de puta de los políticos o los curas, en el comunismo como en el fascismo los que limpian la mierda siempre son los mismos, ¡no nos hacen falta papeles para vivir juntos y tener hijos!"

La farsa se consumó y se publicó. Nadie dudó. Nadie excepto el tosco Tarzán. Las sospechas del abuelo de Luis Miguel fueron también las mías. Los Gallego me habían contado en Cádiz que la pareja sí se había casado en Buenos Aires en las postrimerías del año 1968, pero no les creí y decidí ahondar en lo que me decía el viejo toscano. Sergio llevaba razón. El presunto matrimonio nunca llegó a realizarse, y para comprobarlo tuve que desplazarme a los archivos de la parroquia de Guadalupe en el barrio bonaerense de Palermo, donde según el cantante español se había dado el "sí quiero" con su bella esposa italiana. Fue una de las muchas revelaciones y mentiras destapadas en *Luis mi rey*.

Había un recorte de hemeroteca que resumía por sí solo la gran milonga, estaba publicado en las páginas de *Canal TV*, y lo ilustraba una foto de la pareja en actitud muy romántica paseando por las calles de Buenos Aires. Marcela, tremendamente fotogénica y con un aspecto muy a la moda yeyé de la época, espectacular en su vestido estampado en flores y sus botas altas, apoyaba su cabeza en el hombro de su supuesto esposo. El artículo se titulaba "Cosa repentina", y decía así:

Hace pocas semanas una noticia cayó como una bomba: Luisito Rey se había casado en Buenos Aires. Algunos lo creyeron, otros no. Pero *Canal TV* tuvo la oportunidad de confirmar esa versión durante el estreno de la película de Sandro *Quiero llenarme de ti*. Allí Luisito concurrió acompañado por una bella muchacha italiana que presentó a todos como "Marcela, mi señora". Y respecto de cómo se conocieron y otros detalles, Rey contó en rueda de amigos: "Todo comenzó el último verano en Mar del Plata. Nos conocimos y al poco tiempo ya

> éramos algo más que amigos… Después partí de gira por La-
> tinoamérica. La distancia nos hizo comprender muchas cosas.
> Nos escribíamos todos los días. A mi regreso resolvimos ca-
> sarnos. Sin barullo. Como dos desconocidos. No quise que se
> tomara esto como algo promocional. Nos queremos y somos
> felices. Es todo."

Pero no era todo. Había más. Otro buen invento con el sello inconfundible de los Gallego, otro buen embuste para hacer creer al mundo artístico de la cosmopolita Buenos Aires primero y al resto del público latino después, ya que el invento perduraría en el tiempo hasta la llegada de la familia a México en 1981: que la esposa de Luisito no era una italiana cualquiera, se trataba de una pariente directa, sobrina para más señas, de Rossana Podestà, una bellísima actriz muy famosa y de una larga trayectoria, cuyo verdadero nombre era Carla Dora Podestà. O sea, que se trataba de una joven actriz en ciernes que había decidido por el momento desoír los consejos de su tía y abandonar su carrera en Italia para formar un hogar junto a él. Eso le contaban los hermanos andaluces a todo el que los quería oír, prensa incluida. La incredulidad aparecía en el hogar de San Vicente cuando a Cata y Sergio les iban con esos chismes que habían escuchado en la televisión o leído en algún periódico o revista.

Pasarían muchos años, necesitaría Luis Miguel alcanzar la fama en Italia con su participación en el festival de San Remo del año 1985, para que le cuestionaran a Rossana Podestà en una entrevista televisiva sobre ese pariente tan guapo que pedía paso en el país de su madre de la mano de Toto Cutugno. Rossana se lo tomó con humor, dijo no saber de dónde había salido esa información, que desde luego era completamente falsa, ella no lo conocía ni lo había visto en su vida, ni a él ni a su presunta sobrina, o sea, su madre, pero que al mismo tiempo no le importaría que hubiera sido cierta, pues se trataba de un *ragazzo* muy atractivo que además cantaba muy bien. Curiosidades del destino, Rossana fallecería en Roma a los 79 años de edad un 10 de diciembre de 2013, precisamente el mismo día que hubiera cumplido 67 años su inventada sobrina Marcela Basteri, quien fue vista con vida la última vez precisamente en Italia, poco antes de cumplir 40 años.

8

Un embrión en pleno vuelo: "estoy embarazada"

En las idas y venidas nómadas de la familia de Luisito, a la que ya se había unido Marcela, los miembros pusieron la vista en el norte del continente pues en el sur el crédito ya se iba agotando. La idea de desembarcar en México y tocar el mercado norteamericano se presentaba como un territorio virgen para probar fortuna en el eco del éxito de "Frente a una copa de vino".

Luis Miguel Gallegos, nombre falso que seguía usando en su documentación por el continente americano, llegó a la Ciudad de México a mediados de 1969 acompañado de su supuesta esposa y de su manager y hermano José Manuel Gallego. Me hubiera gustado preguntarle a Pepe, de haber accedido a una nueva entrevista y con grabadora funcionando, si él también modificó irregularmente su documentación, ya que cualquier avispado podía echar en falta una letra en su apellido o una de sobra en la de su hermano.

No mucho antes de partir, Marcela le había dado la gran noticia a su pareja: estaba embarazada. La buena nueva no tardó mucho en llegar a España y al domicilio de San Vicente, donde Catalina Mezín recibió la carta que leyó a su compañero Sergio. La carta procedía de México, en ella Marcela le cuenta que irían temporalmente al país azteca de la mano de unos contratos de Luis, que el viaje iba bien, que le dio un poco de mal de altura y que se mareaba de vez en cuando como consecuencia del estado de incipiente gestación en el que se encontraba, pero que por lo demás estaba bien.

Este testimonio resultó fundamental a la hora de reconstruir el recorrido nómada de los Gallego y buscar pistas fiables sobre el embarazo del primogénito de la mamá de Luis Miguel. Su madrastra conservaba intacta su memoria y las cartas que su ahijada le mandaba a su padre, por tanto no había duda alguna, el embrión se fecundó en el Río de la Plata poco antes de partir hacia tierra mexicana, y por ende individuos como José Juan Arias no podían ser el papá del cantante, tal y como le dije en el sur de la Florida en el show de Marta Susana.

Como cada vez que se llegaba a un nuevo territorio, el cuentakilómetros del crédito estaba a cero. Luisito empezó a dejar boquiabiertos con sus actuaciones al público y a distinguidos miembros del medio artístico local, con los que tanto él como Pepe hacían contacto a fin de sortear las necesidades con favores. Uno de los grandes amigos del clan Gallego fue el cantante Marco Antonio Muñiz, con el que tuve ocasión de entrevistarme en su domicilio de la Ciudad de México dentro de la ronda de entrevistas y documentación de *Luis mi rey*. Luisito y Marco se conocían de tiempo atrás, en España, cuando el veterano intérprete tapatío de boleros actuaba en el famoso Florida Park del Parque de El Retiro, en Madrid. Los había presentado Emilio Santamaría, padre de otra conocida artista española, Massiel, que entre otros muchos éxitos inmortalizó entre los ibéricos el mítico tema de Juan Gabriel "El Noa Noa".

Marco Antonio estaba fascinado con el talento innato de Luisito para componer y para tocar la guitarra, y apreciaba que no se encasillara en el género flamenco, sino que le diera a sus canciones un aire melódico para conquistar un público más amplio. No dudó en ayudarlo cuando intentaba abrirse paso en México. El día que el menudo cantautor andaluz le comentó que el dinero escaseaba y que el hotel donde se quedaban era muy caro, Marco Antonio le consiguió un departamento para rentar en el edificio donde él vivía con su esposa Jessica, en la calle Insurgentes esquina con Xola. Era el departamento número 4, y en él se forjó una amistad más estrecha no sólo entre los dos cantantes, sino también de sus respectivas mujeres, que se hicieron comadres y acabaron revelándose mutuamente un secreto de familia: ambas estaban embarazadas con una diferencia de escasamente dos meses. Antonio Carlos, más conocido como Toño Muñiz, quien también ha incursionado como cantante, es apenas dos meses mayor que Luis Miguel.

En Insurgentes con Xola se dieron muchos encuentros, con las paellas de Pepe para socializar y la guitarra de Luisito con su inseparable whisky para amenizar las veladas. En aquellas pláticas se repetían con frecuencia que debían dar el salto y buscar contratos en territorio estadounidense, en Nueva York, Miami, incluso Puerto Rico.

Marco Antonio Muñiz llamaba sobrino a Luis Miguel, tanto en público como en privado. A diferencia de la época de elaboración y publicación de mi primer libro sobre la vida del cantante, ahora existe la opción de consultar a través de internet muchas de las cosas, como ésta, que entonces se contaban. En YouTube hay un vídeo que muestra a Marco Antonio Muñiz cantando una canción de Luisito Rey llamada "Éxito" junto al que llama en la introducción su "sobrino", actuación que tuvo lugar en la entrega de los premios de la revista *TVyNovelas* del año 1985.

En aquellos primeros tiempos en México nació otra gran amistad que jugaría un papel determinante en el futuro de los Gallego en la gran Technotitlán y determinante para que Luis Miguel lograra lo que es hoy. Esta amistad no es otra que la del gran Andrés García, al que conocí precisamente a raíz de la investigación de *Luis mi rey* y con el que con el paso del tiempo llegué a desarrollar una buena amistad y una química profesional que me valió su confianza para abordar *El consentido de Dios*, el que sería mi segundo libro publicado, en 1998.

Andrés García y Luisito Rey se conocieron mientras el primero filmaba la película *Los destrampados*. Andrés, cuya memoria para las fechas es un desastre, no recordó el año exacto pero sí se acordaba muy bien de haber visto en esa época que su amigo español tenía una esposa muy guapa y un pequeño bebé que llamaban Micky que, como mucho, me decía, podía tener un año. Andrés le llama así todo el rato, y éste siempre le llamó tío. Los tiempos cuadran perfectamente, ya que la cinta está datada en 1971. Los Gallego ya habían regresado a México después del fiasco de Puerto Rico y de dejar a Alfred D. Herger en la ruina y en el hospital. Luisito trabajaba en cabarets como La Copa de Champán y el Bulerías, conoció a un socio de Andrés, quien se interesó en una canción suya, "Soy como quiero ser", para la banda sonora. La canción le gustó y además no le costaría un peso ya que su autor decidió regalársela. Ya lo decía él, quien regala bien vende. El favor sería retornado con creces.

Las noches del Bulerías iban a ser otro guiño del destino, necesario e imprescindible, para que el mundo descubriera a Luis Miguel. El dueño de aquel célebre local, del número 628 de la avenida Insurgentes Sur, poco podía imaginar en aquellos primeros años 70 que una década después sería víctima del proceder poco ejemplar del cantautor que llenaba de magia su local. Aquel señor no era otro que el español Juan Pascual Grau, un catalán afincado en México que triunfaba promoviendo espectáculos de flamenco y que después abrió el restaurante La Casa de la Paella, donde tuve el honor de ser varias veces invitado en aquellos meses de investigación de la vida del intérprete de "Entrégate".

Juan Pascual sufriría un desfalco a manos de los Gallego y acabó también con sus huesos en el hospital como consecuencia de todo eso, pero como pronto veremos, su intervención fue clave también para el desarrollo de los acontecimientos y de la historia de El Sol de México. Eso sí, al margen de todas las declaraciones que me hizo en innumerables horas de tertulia para la documentación del libro, rescaté de la hemeroteca unas palabras suyas publicadas por la prensa mexicana en las que tachaba a Luis y sus hermanos de "estafadores, pillos…" y anunciaba una demanda para que los metieran en la cárcel.

El tiempo debió aliviar su dolor porque nunca mostró resentimiento en su rostro ante lo sucedido, sino un orgullo tremendo por haber aportado su granito de arena para que aquel niño que se llevó a pasear un día por Acapulco acabara siendo un ídolo de masas en México.

Tampoco vi resentimiento alguno en las muchas horas que conviví en Puerto Rico con Alfred D. Herger, muy buena gente, puertorriqueño de origen español y alemán. Alfred tiene el alma llena de cicatrices por los muchos golpes que le ha dado la vida, que dan desde luego para una biografía propia. Su presencia en la historia de Luis Miguel se debe precisamente a una de esas adversidades. Los hermanos Gallego lo engañaron, lo estafaron, lo dejaron en la ruina, en una época de su vida en la que solamente le quedó un grato recuerdo, asistir al nacimiento de un niño al que años más tarde, dentro del mar de mentiras de la familia, quisieron hacer creer al mundo que había nacido en Veracruz. El último golpe lo recibió hace apenas tres años tras el arresto y encarcelamiento del hijo que lleva su mismo nombre.

Con él hubo una buena empatía surgida a raíz de esta investigación. Conservo con cariño en mi despacho de España los libros de su autoría que me regaló. Con él compartí entrevistas en TV como en el show de Cristina Saralegui en Miami y otras más en San Juan, durante la promoción del libro. Alfred es toda una personalidad muy respetada en Puerto Rico, revolucionó el panorama musical boricua a través de los medios y con el tiempo se volvió un eminente psicólogo, escritor, animador y productor, fue mi propio anfitrión y guía en mis posteriores visitas a la isla y a pesar de que hace años que no nos vemos, no hemos dejado de seguirnos en las redes sociales, desde las cuales sigue promocionando su *Siempre Alfred* en las ondas radiofónicas.

Alfred recordaba que conoció a Marcela Basteri cuando ya se le empezaba a notar su embarazo. Así fue que desembarcó en Puerto Rico con Luisito Rey y el hermano de éste, Tito, justo en el inicio de la década de los años 70. De hecho algunas de las fotografías de aquellos días en la isla caribeña dejan ver claramente el crecimiento de la barriga de la mamá de Luis Miguel. Herger les abrió muchas puertas, él ya era muy conocido. Empezó con una columna que se llamaba "Hit Parade" en el periódico *El Mundo* que alcanzó gran popularidad en una época dorada de los clubs nocturnos boricuas que acogían artistas de la talla de Harry Belafonte, Neil Sedaka, Paul Anka, Sammy Davis y demás ilustres solistas estadounidenses. Le fue tan bien en la promoción de estos artistas como reputado disc—jockey que decidió abrir su propia agencia de artistas, Alfred D. Herger Productions, con la que buscaba talento dentro de la isla. Lo consiguió, tuvo mucho éxito, y de aquel trabajo surgió la llamada Nueva ola puertorriqueña con Lucecita Benítez y Chucho Avellanet.

Un día Alfred se fijó, en una revista musical, en una reseña sobre Luisito Rey referente a un contrato con una disquera argentina que le llamó la atención. Luego se enteró que tenía unas presentaciones en el hotel San Jerónimo Hilton y aprovechó para conocerlo. Quedó impresionado de su interpretación, sobre todo de la guitarra, la voz no le pareció tan espectacular, era como una voz aflamencada que se adaptaba a un estilo más popular pero que tampoco desentonaba del arte sublime que demostraba en el manejo de las cuerdas del instrumento. "No sabía que aquel día fue el inicio de la desgracia para mí, cosa que me era difícil de sospechar cuando fui a saludarlo para conocerlo al final del show", decía Herger por aquel entonces. Se encontraron después del concierto y no solamente hablaron de la posibilidad de promocionarlo como cantante en Puerto Rico, sino que ese mismo día se les unió un publicista estadounidense que se había deslumbrado también con el espectáculo y que decía tener los contactos para llevarlo a actuar en el club de *La Maisonette* del mítico y lujoso hotel St. Regis Sheraton de la Quinta Avenida neoyorquina, allá donde Peter Duchin había amenizado las veladas con su orquesta desde los años 60. Alfred tuvo que hacer de improvisado intérprete porque Luisito no hablaba ni una palabra de inglés, y el menudo cantautor español se entusiasmaba a cada minuto entre whisky y whisky viendo que aquel promotor podía ser la oportunidad que había estado buscando para que triunfara en Estados Unidos, ya que su hermano Pepe no hablaba inglés tampoco y fracasaba en los intentos de ir más arriba de Río Grande.

Luisito vio otra veta virgen por explotar. Habló con su hermano Pepe y le dijo que debían planear la entrada de Alfred D. Herger, que al parecer tenía dinero, como nuevo manager. Para ello iban a encontrarse en Miami, aprovechando que él se presentaría en una sala llamada Prila's; según constaba en mis anotaciones, debió ser algún local conocido en aquellos primeros años 70 puesto que después no pude dar con ningún local con ese nombre en la capital del sur de la Florida. Para promocionarse entre los latinos no se le ocurrió otra cosa que abundar en el uso de los medios de comunicación para inventar cualquier fábula que le hiciera parecer lo que no era. Le pidieron ayuda a Herger con los contactos que él tenía. El nuevo manager cumplió su papel a la perfección.

El montaje que Luisito puso en marcha para promocionarse en Miami fue una obra maestra de la mentira y el cinismo, negando al periodista Manuel Carvajal las mismas afirmaciones que realizó tiempo atrás a la prensa argentina. Los Gallego no se caracterizaban precisamente por el pudor a la hora de ejercer de atrevidos sin vergüenza. Resultó que no, que no se había casado, que Marcela era poco menos que un romance pasajero, que estaba con la luz verde como los taxis libres y que esa modelo espectacular con la que lucía en el reportaje fotográfico de la revista *Romances*, que firmaba el fotógrafo Gregory Phelan, no era italiana ni nada que se le pareciera, se llamaba Carol. Desde luego el cénit de la desfachatez en la entrevista, ante el que solté una carcajada, es cuando declaró que había conocido a Marcela cuando rodaba su última película, en la que supuestamente ella trabajaba…

La nota se ambientaba en una distinguida joya arquitectónica de Miami, el Palacio de Vizcaya. Aparecía en ella Lissete Álvarez, la cantante, compositora y actriz puertorriqueña, de la que se despedía en actitud de confianza amistosa. Esta es la transcripción de la conversación publicada en aquel entonces desde la primera respuesta del artista:

—¡No! Yo no me he casado, todo es una fantasía.

—¿La Columbia es la compañía para la que trabajas?

—Sí, desde luego.

—Pues he leído una nota de la Columbia donde afirma que te casaste en Buenos Aires con una modelo llamada Marcela.

—No, no es cierto. Todo comenzó cuando hice mi última película, ella trabajaba en la misma y…

—Pero una compañía de la seriedad de la CBS no manda una información a la prensa que no es cierta.

—Pero no lo es, yo no soy casado.

—La joven con la que paseas por los jardines de Vizcaya es muy guapa.

—Es modelo.

—¿Es Marcela?

—No, es Carol, es americana.

—Lo único que te falta es tu guitarra.

—Nunca llevo conmigo la guitarra, trato de apartarme un poco de esa imagen. Desde niño, en toda Europa y ahora en América, estoy unido a mi guitarra y no quiero que se me conozca como un concertista, yo soy un compositor y un cantante, e interpreto mis canciones.

Herger recordaba que si no se vivía directamente, era muy difícil explicar la frialdad y la naturalidad que tenían los Gallego para mentir: "Era increíble la habilidad de convencerte de muchas cosas que a veces uno mismo sabía que no podían ser verdad, eran unos auténticos encantadores de serpientes podríamos decir, yo creo que de cien veces que me hubiera pedido Luis lo que me pidió, las cien veces se lo hubiera dado, las cien veces hubiera vendido el apartamento y mi parte de la agencia, ese talento embaucador era casi tan grande o más como el que tenía frente a una guitarra. Él decía que Frank Sinatra le había grabado dos canciones y que Picasso le había hecho un dibujo y me lo creí, me lo creí hasta el día que él mismo me dijo que todo eso era mentira, y te hacía quedar mal a ti."

Y es que realmente Alfred decidió poner todos sus huevos en la canasta de su nuevo artista. Una auténtica barbaridad. Una vez que cerraron el acuerdo en Miami, el productor boricua se iba a convertir en realidad en una financiera de la familia Gallego. Como Max Muñiz, su socio en la agencia, no confió en el cantautor español, Herger decidió venderle su parte. Ese dinero, con el que obtuvo de la venta de un apartamento en la zona de Miramar, sería suficiente para sufragar la nueva aventura. Debía hacerse cargo de todos los gastos, primero Luisito iría como de avanzadilla, a supervisar todo, transporte, residencia y vicios por cuenta de los viáticos, después, una vez que diera el OK, traería a su compañera, que necesitaba una casa con todas las comodidades pues estaba embarazada, le decía. Herger debía solucionar también el papeleo, poner todas las cosas a su propio nombre, así se lo habían exigido, y tramitar la visa de trabajo. Lo hacía todo en la convicción de que esa inversión se le iba a rentabilizar antes de que acabara 1970, año que él marcó en el calendario como el de la eclosión definitiva y el salto de Luisito Rey a la conquista del público caribeño y estadounidense. De hecho no tardó mucho en lograr un contrato en el hotel Flamboyán que sirvió como mínimo para amortizar parte de la inversión y recopiló todo el material que había elaborado para mandarlo al publicista de Nueva York con la esperanza de tener buenas noticias.

El manager cumplió con todo lo acordado. Consiguió una muy buena casa en la urbanización Altamira muy cerca de donde él vivía y de la emisora de televisión WAPA, un automóvil convertible y mandó los pasajes de avión. Los Gallego aterrizaban en San Juan con unos meses de manutención a buen nivel asegurado y un buen contrato de trabajo. Lo único que debía hacer para triunfar era cumplirlo y seguir las directrices de su nuevo manager para que ese proyecto fuera rentable para ellos y para el mecenas que se jugó todo su patrimonio a la ruleta de su talento. El problema fue el de siempre, el ADN de ese clan liderado por el menudo intérprete y compositor. Era sólo cuestión de tiempo una vez más para ver hasta donde alcanzaba el crédito antes de que sus obras les forzaran a salir huyendo de la isla.

9

Una fecha de cumpleaños equivocada

La familia italiana recordaba, en alguna de las infinitas conversaciones que tuvimos allá por 1996, que Marcela estaba convencida que su primer hijo nacería en México, como sólo lo hizo el menor, Sergio. Pero de un día para otro los planes cambiaron y arrancaron para Puerto Rico. Se acostumbró al nomadismo, a una vida muy diferente de la que le ofrecía en el gran Buenos Aires aquel pretendiente con el que su padre quería verla casada.

El principio de Luisito en la isla parecía prometedor. Herger era un buen manager, recogió las pistas de las 15 mejores canciones, regrabó la voz, y logró que la CBS, aprovechando un contacto suyo en Nueva York, lanzara ese disco, en el que se usó el boceto del dibujo que decía le había hecho Picasso. El célebre pintor malagueño, que fallecería tres años después, nunca debió enterarse de la falsedad del asunto. Hoy en día eso sería inviable, la comunicación inmediata que facilita internet no demoraría en revelar un uso indebido de la imagen de un genio de tamaña magnitud y la disquera se vería abocada a una descomunal demanda. Eran otros tiempos.

El disco con el falso boceto de Picasso funcionó. Herger sacó partido publicitario al asunto convencido de la historia que le habían contado los Gallego, por lo que había que descargarlo a él de engañar a la prensa. Más adelante el propio Luisito le confesó el fraude de aquel dibujo, algo que no le hizo ninguna gracia. Las presentaciones en el Flamboyán arrancaron bien, parecía que todo iba viento en popa.

El primer gran disgusto se lo llevó el bueno de Alfred cuando un día apareció Pepe Gallego diciendo que había apalabrado una gira de su hermano por Centroamérica, con shows en Guatemala, Costa Rica, Panamá y El Salvador, y otros más en Colombia. Se indignó, con toda la razón del mundo, pues se violaba la exclusiva que él había firmado y se generaba un dinero extra. Exigió en balde que se le participara de una comisión sobre la gira. Encima de eso tenía que sufragar el ritmo de vida del cantautor en la isla, con restaurantes caros e interminables veladas plenas de derroches de todo tipo. Para colmo de males, Luisito no le pagaba las comisiones acordadas, le pedía continuamente aplazamientos con la excusa de llevar a su madre para que compartiera con ellos en la isla el nacimiento de su nieto. Aquello no auguraba un final feliz. El manager albergaba la esperanza de que la inminente paternidad apaciguara el carácter de su representado, pero lejos de eso, el nacimiento de su primogénito no sirvió sino para que inventaran la enésima excusa para defraudarle más dinero. Fingieron un robo, hecho que encontré publicado el mismo día que se informaba del nacimiento de Luis Miguel.

El otro gran disgusto que recordaba Alfred D. Herger fue al desaprovechar la gran oportunidad que se presentó de triunfar en Nueva York. Las gestiones con el publicista dieron resultado, se le consiguió un contrato en el St. Regis de la Quinta Avenida. Las actuaciones fueron un éxito y merced a un oportuno contacto se logró hasta una reseña en el New York Times que firmó John S. Wilson, un reputado crítico musical, especializado en jazz, que falleció en 1989. De aquellas veladas lograron la admiración de un grupo de empresarios con mucho dinero y propiedades en las Bahamas que los invitaron a pasar una semana en Nassau por todo lo alto en un yate de lujo, a cambio de que el pequeño cantautor amenizara las largas jornadas caribeñas repletas de mundanos placeres.

Así lo recordaba en mitad de un plácido almuerzo que tuvimos en un delicioso restaurante de El Condado, después de bromear sobre un huracán que había pasado por San Juan dos días antes y del que recuerdo haberme unido a decenas de personas en un refugio enorme en los sótanos del hotel donde me estaba quedando. A aquel huracán le llamaron *Bertha*, y cuando estábamos hablando sobre él, Herger hizo un buen chiste, me dijo entre risas que para huracán devastador el peor que él había conocido no había sido este *Bertha*, sino el *Luisito*: "Después de lo de Nueva York estábamos convencidos de que lograríamos hacer algo grande, llegó una oportunidad en el Carnegie Hall de Manhattan, una de las salas de conciertos más ilustres del mundo. Teníamos además el apoyo de un columnista del New York Times que era amigo del publicista y que nos ayudaría. Era una oportunidad única, sólo que ellos querían un determinado show, les había maravillado especialmente el duende que tenía tocando la guitarra, en *La Maisonette* fue impresionante cómo aplaudía la gente, pero entonces cuando fui todo feliz y eufórico a darle la noticia su reacción me dejó estupefacto. Estaba fuera de sí, con ese genio exacerbado que se le ponía como fuera de control, insultando y hablando muy grosero, yo creo andaba bebido, ya le había conocido de hecho esa faceta. Dijo que los gringos de mierda no le iban a decir a él lo que tenía que hacer, que si se creían que él era un payaso, etcétera. Todo porque querían que saliera con un determinado vestuario de motivos andaluces. Yo traté de convencerle que era una excelente oportunidad de darse a conocer, que no importaba la puesta en escena, que podía arrancarse a cantar también y que de ahí podían salir muchas más cosas, pero cada vez estaba más alterado, hasta que acabó levantándose y se fue dando un portazo que casi tira la puerta abajo."

Tras el fracaso en el intento por abrirse paso en el mercado norteamericano, ya con un Herger un tanto receloso y temeroso del final de aquella aventura a la que le apostó todo su patrimonio, Luisito se fue a Centroamérica con la promesa incluida de que a su regreso le pagaría todo el dinero que ya se iba acumulando y que le debía a su manager, al que siempre daba largas para pagar. La gira tuvo que interrumpirla porque Marcela daría a luz. Alfred habló con un primo suyo que era un gran ginecólogo, el doctor Charles F. Llenza, al que también tuve oportunidad de entrevistar en San Juan. Llenza había asistido el parto de dos de los hijos de Alfred y le hizo el favor de atender a la mujer de Luisito.

Marcela Basteri rompió aguas en su casa a las 5 de la tarde del sábado 18 de abril después de dos días de contracciones. Los astros estaban bajo el signo de Aries. Un día en el que la prensa hablaba del final feliz de la azarosa expedición espacial del Apolo XIII que había logrado regresar satisfactoriamente a la tierra procedente del espacio estelar, justo a donde se dirigiría en el futuro el destino de la criatura que estaba a punto de nacer en San Juan de Puerto Rico.

A las 10 de la noche, y luego de examinar a la mamá en el Hospital San Jorge de Santurce, el doctor Llenza diagnosticó que el niño venía de nalgas, por lo que debían preparar todo rápidamente para realizar una cesárea. La intervención fue todo un éxito y Luis Miguel nació exactamente a las 11:30PM del sábado 18 de abril en el mencionado hospital boricua. En la visita que realicé a dicho centro hospitalario, donde debo reconocer y agradecer todo tipo de facilidades para la investigación que estaba llevando a cabo, accedí a la habitación 315, en la que vino al mundo el intérprete de "Suave", donde además hay una placa conmemorativa de tal evento. También tuve acceso al expediente médico que firmó el propio

Charles F. Llenza donde se recoge el dato anteriormente citado de la hora exacta del natalicio, las 23:30 horas, es decir, Luis Miguel, como bien dije en aquellos años de promoción, ha celebrado toda su vida su cumpleaños en el día equivocado, él nació el 18 y no el 19 de abril. No encontré en este caso una explicación para que constara siempre el día siguiente como fecha de nacimiento en los papeles legales que se tramitaron al respecto. Los Gallego, como hemos visto, eran muy dados a las tranzas y la manipulación de fechas por motivos muy concretos y siempre para un beneficio, pero en este caso no pude ver qué diferencia había entre inscribir la fecha exacta del nacimiento del niño en el día que sucedió y la del día siguiente.

En el certificado de nacimiento de Luis Miguel, que fue inscrito en el registro civil puertorriqueño el 9 de julio de 1970, consta la fecha equivocada, el 19 de abril. La inscripción en el Registro Demográfico del Estado Libre Asociado de Puerto Rico, lo que convertía al niño inmediatamente en ciudadano de los Estados Unidos de América, se produjo días antes de que toda la familia saliera de la isla acuciada por los problemas camino de nuevo a México, donde volverían en aquel mismo mes de julio del año 1970. Tampoco encuentro explicación a la otra falsedad en documento público que aparece en la copia expedida el 15 de julio de 1992 a la que tuve acceso, solicitada precisamente a raíz del escándalo que se formó al descubrir el verdadero lugar de nacimiento de Luis Miguel que no era Veracruz, como había inventado su padre. En esa copia se aprecia cómo Luisito incurre en dicha falsedad al mentir también al funcionario en el momento de la inscripción sobre el lugar de nacimiento de la madre, afirmando que Marcela Basteri había nacido en España y no en Italia. Él, sin embargo, que se movía por América Latina con la identidad falsa de Luis Miguel Gallegos, sí usa su verdadero nombre ante este trámite. El bebé se aseguraba de este modo la doble nacionalidad, la estadounidense y la española. Ahí fue donde por primera vez me acordé de la frase de mi colega madrileño cuando vía telefónica a finales de 1995 me había dicho que aquel mexicano del que yo tanto le hablaba era español.

El expediente número 34,523 de partos del Hospital San Jorge hace constar la venida al mundo de un varón por cesárea, con un 10 sobre 10 en el coeficiente APGAR, lo que equivalía a decir que el niño había nacido sano y en perfectas condiciones. Luis Miguel pesó al nacer 3,864 gramos, 8.7 libras, y medía 53 centímetros. A las 7:30 horas de la mañana del domingo 19 de abril el pediatra Manuel Gómez Disdier hizo el primer reconocimiento al bebé en la habitación 315. Hubo una curiosa anécdota. Como el niño no paraba de llorar con fuerza, el pediatra quiso tener una ocurrencia con el padre y le dijo que seguro seguiría sus pasos como cantante porque no había sino ver la fuerza de esa garganta en pleno berrido. No imaginaba la fuerza de la profecía. Marcela estuvo en el hospital hasta el jueves 23 de abril, lo abandonó a las 10 de la mañana.

Alfred avisó a un fotógrafo, Ed. Fernández, para que inmortalizara aquellos momentos y sacar notas en la prensa. De este modo pudimos más tarde rescatar las imágenes de los papás con el bebé en la cama de la habitación 315 y otra mucho más curiosa y que obedecía a una especie de ritual, con los hombres haciendo piña juntando sus puros. Ahí estaban Luisito, Tito y Alfred en tan peculiar pose. Y hubo una fotografía más, esta de no tan buen recuerdo para el exmanager del papá de Luis Miguel: "Luisito se tomó una foto como sacando las manos de los bolsillos vacíos para que en la prensa se publicara que le habían robado. El cuento era que me había dicho que entraron a su casa y le robaron el dinero que traía de la gira y con el que supuestamente me tenía que pagar. Con esa misma excusa le dijo a mi primo Charles que luego le pagaría los gastos del hospital, y me puso a mí como garantía. Como luego no pagó, eso ni nada, también acabaron por reclamarme a mí ese dinero."

Tal como me dijo Alfred, en la hemeroteca encontré una publicación de la revista *Vea* de su número 42 correspondiente al 31 de mayo de 1970, cuyo titular era: "Roban 5,000 dólares a Luisito Rey." Ahí estaban las fotos del recién nacido con sus felices papás y la de los puros unidos en las bocas de los hermanos Gallego y de Alfred D. Herger, con una imagen muy distinta, mucho más joven, con pelo y sin la particular perilla canosa que le ha caracterizado en los últimos años.

Marcela mandó un telegrama a la casa de su padre y de Cata en San Vicente. La madrastra todavía lo conservaba: "Marcela tuvo hermoso bebé, varón, Luis Miguel. Mandaremos fotos, saludos desde Puerto Rico", se podía leer con nitidez. Cuando lo recibieron fue una inmensa alegría, a pesar del ceño fruncido del rudo Tarzán. Claro que la alegría no era tan absoluta en Puerto Rico, donde Luisito ya preparaba la huida con la ayuda de su hermano Pepe para regresar a México. El punto de todo aquel ruido mediático del robo, como me contaba el propio afectado, es que la Policía llegó a la conclusión de que todo había sido fingido, y presuntamente formaba parte de la estrategia defraudadora del clan Gallego.

La credibilidad se le había agotado y su nivel de endeudamiento no aguantaba una excusa más. Tuvo otra horrible discusión que Herger recordaba cuando le echó en cara que las pesquisas que había hecho un detective sobre el robo que denunció apuntaban a una simulación: "Ahí lo vi otra vez en ese estado histérico tan suyo, ya estaba acorralado, y yo estaba desesperado, empecé a tener problemas con mi esposa y veía que iba directo a la ruina." No se equivocó en su fatal presentimiento. Fue la ruina de su economía, de su salud y de su matrimonio. Todo se dio de manera simultánea en el torbellino de los problemas cada vez mayores que tenía.

Su esposa Bárbara lo dejó. A ella la fue desgastando el hecho de que luego de haber dejado la agencia y tomado la representación del cantante español, las ausencias y las trasnochadas eran cada vez más frecuentes.

Luego, cuando más abrumado estaba con la situación, sin saber cómo, alguien fue con el chisme de que la vida que Alfred compartía con su representado incluía vicios de toda naturaleza y mujeres sin límite, dando detalles de algunas de las escapadas supuestamente profesionales como la que hicieron a las Bahamas después de ser invitados en Nueva York. Con el paso de los años, y dando algún que otro suspiro como de no entender la presunta maldad de ciertos actos, Herger me confesó que la única persona que pudo haber ido con aquellos chascarrillos a su mujer era Luisito: "La verdad que llegó un momento que acababas completamente enloquecido del proceder tan maquiavélico de esta gente, porque tuvieron que ser ellos mismos los que envenenaron la mente de Bárbara, los detalles de las mujeres por ejemplo allá en el yate de las Bahamas sólo los sabían ellos, no pudo ser de otra manera. Con el paso del tiempo y después que logré salir de aquel terrible bache pude analizar fríamente las cosas y me di cuenta de todo, ellos jugaron al ajedrez conmigo, lo tenían todo perfectamente calculado, además era un patrón de comportamiento que repitieron más veces y que ya habían hecho antes de que yo los conociera. Por eso Luisito nunca triunfó y seguramente por cosas así fue que acabó su hijo dejándolo según pude saber más tarde. Yo los perdoné, una de las mayores virtudes del ser humano es el perdón."

Sobre este episodio recuerdo la falta de escrúpulos de Vicente Gallego, quien alardeaba de que otra de las causas de la crisis matrimonial de Herger con su esposa fue, siempre según su versión, que ella le había sido infiel con él mismo aprovechando los viajes que Alfred y su hermano hacían fuera de la isla. Afortunadamente, luego que el huracán "Luisito" pasó por la isla, Herger pudo reconciliarse con su esposa.

Los Gallego se fueron sin avisar de la casa y dejaron todas las cuentas sin pagar, desde la más grande a la más chiquita, como los 55 dólares del fotógrafo Ed. Fernández, que acabó reclamándolos al manager. Todo estaba

Una fecha de cumpleaños equivocada

a nombre de Alfred D. Herger, el hospital, la renta, los muebles... absolutamente todo. Además los muebles, que estaban sin pagar, se los habían llevado. Luisito puso a su hermano Tito en la tarea de transportarlos hasta el puerto de Veracruz en barco. La depresión que se le vino encima fue a más hasta que se derrumbó, no solo no recuperaría la inversión, sino que quedaría en la ruina más absoluta.

Después de mucho buscar los encontró en un apartamento que arrendaron en Ocean Park antes de prácticamente huir de la isla. Allí se produjo una discusión muy violenta y subida de tono, con Marcela y el pequeño bebé como testigos mudos. En la histeria, Herger llevaba las de perder. Él, un hombre serio y normalmente pausado, frente a alguien que se desenvolvía en la zozobra, la pelea y la grosería como pez en el agua. Luisito lo echó de allí de malas maneras y con feas amenazas. No resistió tanto golpe simultáneo. Él mismo me confesó que tuvo que pedir ayuda al verse invadido por ideas suicidas ante la angustia y la gravedad del momento. Se veía completamente acabado. La única lectura positiva de todo aquello es que ese fue uno de los muchos reveses que la vida le dio que forjaron al gran psicólogo en el que se convirtió más tarde.

10

Bautizo chilango, Confirmación regiomontana

Pepe Gallego ya se había encargado de arreglar todo para el regreso de su hermano a México luego de la tormentosa aventura caribeña. Sin embargo, no es eso lo que cuenta a la gente del medio, ni menos todavía a los periodistas en la rueda de prensa improvisada que le organizaron a su llegada el 30 de julio de 1970. Los fotografiaron saliendo del avión como si se tratara de la llegada de una celebridad. Luisito sale de la mano de una Marcela que luce radiante, y con ellos llega un precioso bebé vestido con sus ropitas blancas con el que posa el artista orgulloso. La CBS iba a apostar nuevamente por él con el disco *El lavaplatos*, cuya dirección artística corrió a cargo de Jaime Ortiz Pino, otra de las personas importantes en el desarrollo de los acontecimientos al que también tuve ocasión de entrevistar para la elaboración de la biografía de Luis Miguel y al que nos volveremos a referir más tarde en el regreso de Luisito a México en 1980, cuando Ortiz trabajaba para la disquera EMI.

Todavía había personas en México que recordaban aquella presentación y cómo el artista, cuando le preguntaron por su bebé y le felicitaron por la paternidad, decía que se llamaba Luis Miguel en homenaje a su paisano el célebre torero Luis Miguel Dominguín, su gran ídolo, y añadía sin ningún rubor que había nacido en el transcurso de la gira que hizo por Nueva York en la que dijo tuvo un éxito arrollador en *La Maisonette*, para lo cual mostraba el recorte del New York Times que así lo demostraba. Nadie dudó de sus palabras. No eran tiempos en los que la comunicación internacional tuviera la fluidez de hoy en día con la aldea global de internet.

Los medios publicaron que era la segunda vez que el cantante llegaba a México y que esta vez era ya para radicar definitivamente allí. Él usó frases como "me quedo por la gran hospitalidad que encontré aquí" y otras menos brillantes: "El tequila me abre el apetito." Anunció que México sería su centro de operaciones aunque saldría puntualmente al extranjero.

Era otra nueva oportunidad, otra vez el reloj en marcha con la cuenta regresiva hasta que el crédito se agotara, y el crédito se agotaría pronto, apenas en año y medio. Una reconocida actriz que quería abrirse paso en el mundo de la música le confió la producción de su disco y le adelantó para ello una cantidad que algunas fuentes cifraron en 10,000 dólares de 1970. Luisito se quedó con el dinero, no hizo el disco y fue demandado por estafa con amenaza de cárcel y restricción para no salir del país. Antes de que eso pasara, los Gallego no desperdiciaban cualquier ocasión para jugar sus cartas debidamente, en las reuniones sociales eran diestros en captar a gentes que les ayudaran de cualquier manera. El pequeño Luis Miguel tenía que ser bautizado y luego confirmado, dos excelentes ocasiones para mover los hilos de las relaciones públicas, este tipo de ceremonias era normal que se organizaran con esos fines, ya de hecho antes de salir de Puerto Rico estaban pensando en organizar algo parecido que no cuajó porque a Herger le pareció horrible el detalle de sustituir a su esposa, que iba a ser la madrina, por la señora de un amigo cubano del entorno de Pepe Gallego que según me decía "era mala gente, de negocios sucios y de algunos pasatiempos de ellos que yo no compartía".

Luisito no quería saber nada de curas, de iglesias ni de religiones, mostraba a veces, incluso de manera obscena, su rechazo y hasta odio a todo ello, pero estaba dispuesto a cumplir los sacramentos con el niño porque podían traducirse en algún tipo de beneficio con sus contactos. De este modo, el 21 de agosto de 1970, cuando el bebé tenía exactamente cuatro meses y tres días, se organizó un bautizo por todo lo alto, con selecta elección de invitados y sobre todo de los padrinos. Guillermo Núñez de Cáceres, un hombre fuerte y con influencia en Televisa, fue elegido como padrino, y Yolanda Sasea, la esposa de Jaime Ortiz Pino, otra persona de mucho peso en este caso en los medios de comunicación y en la disquera CBS, fue la madrina. La ceremonia religiosa se celebró en la parroquia del Purísimo Corazón de María, en la calle Gabriel Mancera de la colonia del Valle de la Ciudad de México. La ofició el párroco Constantino Armendáriz y entre los asistentes estaba también el cantante José José.

Después de la ceremonia religiosa todos los invitados se trasladaron al departamento al que habían regresado los Gallego en la calle Insurgentes con Xola, donde nuevamente hubo paella española cocinada por Pepe y donde la noche se haría muy larga con la guitarra de Luisito y los bailes de Mauricio Garcés. Veladas interminables típicas de una bohemia en las que se vio envuelto sin querer Micky. Este entorno y este tipo de ambientes pueden afectar a la personalidad futura del individuo. El bebé no podía aislarse de la algarabía que le rodeaba. Según han demostrado estudios científicos que fueron publicados en la prestigiosa revista *Science*, los mismos neuromarcadores de consciencia encontrados en adultos pueden ser encontrados en bebés de cinco meses de edad. Con esto resulta fácil imaginarse cómo pudieron influir en el crecimiento del niño las constantes fiestas que se organizaban en las diferentes casas por las que fue peregrinando desde su mismo nacimiento y el pesado ambiente en el que se crió, donde había alcohol, drogas y promiscuidad. No debe extrañar por tanto su precocidad en tantas cosas que irán aconteciendo según vayan pasando los años. Hasta que cumplió la mayoría de edad Luis Miguel no fue dueño de su propio destino, y para ese entonces ya había vivido demasiado, ya su ser se había encallecido, fortalecido y blindado de tal manera que hoy en día, cerca de cumplir los 50 años, sigue siendo un muro infranqueable e imprevisible que desde luego hay que comprender y respetar a tenor de los acontecimientos que le rodearon.

La partida de bautismo número 1,545 asentada en el libro 34 de la mencionada Parroquia del Purísimo Corazón de María es una de las obras maestras del arte falsificador de los Gallego. Un documento al que tuve acceso en 1996 durante mi investigación y que cualquiera puede consultar. En el libro consta Nueva York como la ciudad de nacimiento del pequeño Luis Miguel. Obviamente tenía que sostener la mentira que iba contando a todo el mundo sobre su gira neoyorquina. Y hay otro dato que llama la atención, es el apellido del bautizado, puesto que Luisito se movía con su falso nombre compuesto y su apellido modificado, el apellido de su hijo aparece igualmente falsificado. En dicha partida, el futuro cantante aparece como Luis Miguel Gallegos.

Pero Luisito se superó a sí mismo en el arte del embuste y el cinismo apenas un año después, cuando con motivo de la Confirmación, que tuvo lugar en Monterrey, vuelve a cambiar la historia. Entonces ya el niño no había nacido en Nueva York sino en Veracruz, una versión que se retomaría una década después cuando lo lanzaron como cantante. Antes de llegar a la Sultana del Norte, el cantautor andaluz emprendió una gira por todo México acompañado de su familia. En algunas de las estaciones de aquel nomadismo quedarían huellas para la posteridad del hermoso bebé que el destino había señalado ya para reinar en aquella tierra de mariachis. Un periódico de Jalisco publicó una curiosa imagen del pequeño con un sombrero charro que decía le habían regalado sus papás.

El fin de año de aquel 1970 lo pasaron en Acapulco, y el único documento que da una pista de lo que estaba pasando es una postal que Marcela envió al domicilio de su padre y su madrastra, que esta última conservaba. El literal de la misma decía lo siguiente:

> *Estoy en Acapulco, pero dentro de una semana voy a estar en casa. Luis Miguel ya tiene un dientito, si lo vieras que hermoso que es. Mira está tan grande que parece mentira que tenga ocho meses. (...) Luis chocó, compramos un Mercedes, menos mal que yo no fui con él, si no me hubiera matado. Espero que hayáis pasado bien las fiestas.*

El día del primer cumpleaños de Luis Miguel se volvió a organizar una fiesta en el departamento de Insurgentes con Xola del que quedó constancia fotográfica. Ahí estaban las comadres Marcela y Jessica, la esposa de Marco Antonio Muñiz, con los dos pequeños, Toño Muñiz, dos meses mayor, y el cumpleañero Luis Miguel, al que todos llamaban Micky, al que su tío Pepe sostiene en brazos. En la reunión se ve también al actor Jorge Mistral, de cuya amistad los Gallego presumían. Según la versión de ellos, fue Jorge el que logró que el niño diera su primer paso.

La siguiente estación iba a ser Monterrey. El empresario José Cervantes lo contrató por medio de Pepe Jara para que actuara en el Casino Michoacano. Cervantes, que fue a recogerlos al aeropuerto Mariano Escobedo, acabaría dando posada en su casa de la calle Hermosillo, en la zona de Mitras Centro, a todo el clan Gallego, pues poco después le cayeron los hermanos Pepe y Tito y hasta la madre de todos ellos, Matilde, abuela de Luis Miguel. Marcela no tuvo nunca buena química con su suegra Matilde, de ahí que durante aquel tiempo con quien acabara compartiendo conversaciones fuera con Rosa María Correa, la esposa de Cervantes, con quien se desahogaba en las quejas de la vida bohemia que llevaban.

La convivencia provocó que el matrimonio Cervantes fuera involuntario testigo de los roces de la pareja, en la que el talante autoritario del temperamental andaluz dejaba siempre por debajo a la resignada Marcela, actitud que se repetía en cuanto tenía una discrepancia con Matilde Sánchez, Luisito siempre defendía a su madre y humillaba a su compañera. Así sería durante todo el tiempo, y este testimonio se repetirá hasta la época de la desaparición de Marcela Basteri en 1986, no sin antes haber contado a sus familiares toscanos el maltrato al que se veía sometida dentro del clan Gallego y su complicada convivencia con la madre de Luisito.

Para sostener convenientemente aquella manutención a costa de los Cervantes, los Gallego volvieron a recurrir a un sacramento donde dar protagonismo al matrimonio. Organizarían la Confirmación de Luis Miguel, Rosa María y José fungirían de padrinos. Así fue como el 31 de octubre de 1971 se celebró la ceremonia en la iglesia de San Juan Bosco de la capital regiomontana, oficiada por el arzobispo Alfonso Espino y Silva. Los protagonistas recordaban que era un día soleado, típico del clima de Nuevo León, y que el niño, cuyo comportamiento fue exquisito en todo momento, se encaprichó al ver un señor vendiendo globos a la salida de la iglesia, por lo que le compraron su globito y se puso todo feliz. El acto religioso quedó registrado en el libro 38 del archivo de la Curia, donde nuevamente el apellido del pequeño debía concordar con el falsificado de su padre, por lo que en dicho documento aparece como confirmado el niño Luis Miguel, hijo de Luis Gallegos. Así lo pude comprobar en la copia que me expidieron el 12 de junio de 1996 durante mi estadía en Monterrey para la investigación.

11

El cantautor nómada y fugitivo

El crédito se agotó una vez más. El disco que se había lanzado con el título de *El lavaplatos* tuvo una aceptación discreta y Luisito siguió haciendo de las suyas. Pude averiguar que estuvo a punto de ser detenido y enviado a la cárcel debido a la demanda por estafa por el disco que le pagaron y que nunca produjo. Para evitarlo tuvo que huir precipitadamente de México. Otro lamentable episodio con el que engordar la lista de fechorías que tuvo a aquella actriz como protagonista, quedándose sin lana y sin disco. Entonces el pequeño granuja andaluz echó mano de un conocido amigo para que le ayudara a escapar y a salir de México antes que la policía lo capturara.

La persona que lo ayudó a huir me pidió expresamente durante la elaboración de mi primer libro que no le citara en la anécdota, ya que al fin y al cabo había colaborado a que se fugase de la justicia mexicana, lo cual en su momento pudo perjudicarle a él también y a su carrera, puesto que se trataba de un personaje muy conocido. Aseguraba mi fuente haber hecho aquello por amistad y sobre todo porque le dio mucho pesar ver a Marcela y a ese niño de apenas dos añitos, que no tenían culpa ninguna del desastre y el pícaro proceder del cabeza de familia.

Con este episodio, Luisito ya era prófugo al menos de dos países, España y México, sin contar la felonía de Puerto Rico, de allí tuvo que salir igual por la puerta de atrás luego de lo que hicieron con Alfred D. Herger, pero no me constaba que hubiera también algún proceso legal de por medio. A lo anterior se sumó otra denuncia por estafa que tuvo de una empresaria colombiana que respondía al nombre de Fanny Arenas y que le provocó que lo detuvieran en el hotel donde se hospedaba. Eso fue antes de que naciera Luis Miguel, provocó una salida apresurada de Colombia, país al que dijo entonces que no regresaría jamás, temeroso de que las personas a las que perjudicó decidieran tomarse la justicia por su mano, poniendo de ese modo en peligro su integridad física.

La escena de la huida en el aeropuerto, tal como me la contó uno de sus protagonistas, en más de una ocasión por cierto, era propia de una película de humor surrealista. Imaginemos por un momento a aquel Luisito enardecido con el mal genio que le caracterizaba intentando pasar a un avión mientras un empleado no le dejaba acceder asegurando que ese señor tenía prohibida la salida del país, estaba denunciado y retenido. Así lo recordaba mi fuente, quien era capaz de reproducir la misma cara de asombro de aquel día: "Yo no me creía lo que estaba viendo, resulta que tenía que intentar entrar de manera discreta al avión y acabó armando una pelea del carajo. Me pidió que le ayudara, que dijera que el niño, o sea Micky, era mío, y eso fue lo que hice, además se había publicado hace poco el nacimiento de mi hijo, por lo que me cargué de razón, pero cuando el funcionario dijo que ese señor era Luisito Rey y que no podía salir del país, en lugar de dejarme a mí actuar se puso a gritar y a insultar, aquello era como dicen ustedes un esperpento, pensé que con ese temperamento suyo lo que iba a provocar es que llegara la policía y se lo llevara preso, por la pelea y por el intento de fuga. Lo metí empujándolo y al niño casi se lo lanzo literalmente."

Mientras el cantautor no dejaba de gritar diciendo al empleado que él no era Luisito Rey, su amigo lo mandó callar para que le dejara hablar a él, quien en un tono más conciliador pidió que lo disculpara y le aseguraba que no era Luisito, que lo dejara pasar. El empleado no daba su brazo a torcer y para cargarse de razón señalaba a Luis Miguel como diciendo que ahí estaba su hijo, entonces fue cuando el amigo le contestó diciendo que el niño era suyo y no del pasajero, que se iba con él a pasar unas vacaciones. Puesto que él era una persona muy conocida, le dijo al señor que si no había leído los periódicos, puesto que efectivamente también era padre. Esto empezó a confundir al empleado, y mientras este discutía con el amigo, hizo una seña a Marcela, que estiró de la chaqueta de Luisito camino a la aeronave. "Yo entonces me di cuenta, mientras seguía convenciendo al tipo del aeropuerto para que dejara la cosa así, que ellos iban para adentro y se dejaban a Micky, entonces tuve que tomarlo y prácticamente casi lo lanzo hacia la puerta de embarque, hasta hice una gracia diciendo que les iba a salir piloto. Lo gracioso de la escena, mi fama y el hecho de que el señor ya dudó de si el pequeño era mío o de Luisito, hizo que entraran, la puerta se cerró y pudieron salir del país. Yo di un suspiro de alivio pero maldecía el carácter de Luisito, la verdad tenía siempre una energía muy pesada, allá por donde iba todo era un puro pedo."

Aquel conocido personaje me contó también que el lío por presunta estafa con la actriz no era el único que tenía en México: "Luisito era un desastre, se tuvo que ir porque medio país iba detrás de él por las puras tranzas, a todo el mundo le pedía, todo lo tomaba y nada que devolvía la lana ni pagaba a nadie. La cosa era tal que a mí me pasó otra anécdota con él, me ofreció venderme una sala comedor cuando se iba a ir, y la verdad que era una sala bonita y cara y le dije que sí, pero luego resultó que me enteré que no había pagado esos muebles, que todavía los debía y lo andaban persiguiendo, entonces ahí sí lo agarré y le dije qué onda cabrón, ¿cómo me quieres vender esto si no lo has pagado? Todo con él era así, y los hermanos que andaban con él igual, a mí me daba la sensación que actuaban juntos como en manada."

La huida de México del clan Gallego en esta ocasión era el comienzo de una caída en picada hacia la pobreza, sobreviviendo de país en país, inventando siempre el invento como ellos decían. La primera escala tras la abrupta salida de México fue Nueva York, donde intentaron sin éxito una vez más abrirse paso en el negocio de la hostelería.

Contaban los Gallego que en aquella época hubo un incidente que pudo acabar en tragedia. El pequeño Luis Miguel casi se cae desde el quinto piso del apartamento que compartían en Brooklyn. Al escuchar a su padre, que llamaba desde la calle a su tío Pepe para que bajara, el niño se acercó a la ventana, que estaba abierta, desde la que procedía la voz, ajeno al peligro. Afortunadamente la cosa quedó sólo en un tremendo susto.

Las cosas nunca arrancaron, y si ya las dificultades arreciaban, una boca más que alimentar estaba en camino. Marcela estaba nuevamente embarazada. Luisito decidió mandarla junto a su madre y el pequeño Luis Miguel a Cádiz para evitar los elevados gastos hospitalarios estadounidenses y que el parto fuera atendido por la sanidad pública española. Micky conocería a tan corta edad por vez primera tierra española y a su abuelo Rafael. Alejandro Gallego Basteri, al que toda la familia llamaría Alex desde un principio, quien años más tarde prescindiría deliberadamente de su primer apellido, nacería en agosto en el Hospital Mora de Cádiz. Después que nació Alex se regresaron a Nueva York, de aquella época, cerca del fin de año, hay otra comunicación postal de Marcela con su familia. La había dirigido a Italia, puesto que su padre se había regresado ya a Massa-Carrara, sin embargo Catalina todavía no, Catalina Mezín se trasladaría a Italia para reunirse con Sergio Basteri en febrero de 1973. El literal de aquella carta de Marcela era el siguiente:

> *Querido papá y todos los demás: Estoy en Nueva York, ¿cómo estáis? Nosotros y los niños estamos bien, ahora estamos en este hotel pero en un par de días regresamos a casa. Escribidme a la dirección que tenéis. ¿La Cata está con vosotros o está todavía en Argentina? Dímelo porque le he mandado una felicitación por las fiestas y no he tenido respuesta. Un beso muy grande papá y otro para la tía Adua, los niños, la abuela... Os quiero mucho a todos. Besos de vuestra hija, Marcella.*

> *(Junto a su firma escribe de puño y letra los nombres de Luisito, Alex y "Miki", tal cual.)*

De Nueva York acabarían mudándose a Miami sin que pasara absolutamente nada, la misma historia de siempre, un nuevo intento de grabar otro disco que acabaría sin pena ni gloria, con otro viaje clandestino a España que casi le cuesta caro porque coincidió con el atentado a Carrero Blanco, lo cual extremó la seguridad, y él, que andaba con papeles falsos, tuvo que salir huyendo rápidamente por Portugal.

En Miami se les unió Tito, quien se hacía llamar por esa época Mario Rocco, y se ganaba la vida como podía actuando en Costa Rica. Él también manejaba la técnica de las milongas y los embustes para promocionarse, y hay desde luego una nota publicada en aquella época en la revista *Vanidades Continental* que es otro paradigma de la fabulación más asombrosa, al punto que leída en contexto resulta hilarante. La firmó un periodista, Manuel Carvajal, que decía ser amigo del tal Mario, a la sazón hermano de Luisito Rey, en aquella nota se rumoraba que tenía un romance con Liz

Taylor o Geraldine Chaplin, a las que desde luego no les habría dirigido la palabra jamás en su vida, entre otras elementales razones de sentido común, porque no hablaba ni una palabra de inglés.

Luego de no conseguir nada en el sur de la Florida, el clan decidió reunirse de nuevo en Centroamérica. Micky ya iba dando en esos primeros años muestras del portento vocal que atesoraba y además no hacía sino repetir todo el rato que iba a ser cantante como su papá. Fue por eso, según contaba su tío, que durante una actuación suya en el Hotel Colonial de Puntarenas, en Costa Rica, invitó a su hermano a subir al escenario, y que tras él arrancó Luis Miguel sorprendiendo a todo el auditorio y reclamando que quería cantar como su padre. Entonó un fragmento de "Hay un algo", uno de los temas de Luisito que ya se sabía de memoria, y dejó atónitos a cuantos le escucharon. Tenía 4 años de edad. Mario Gallego me dio a entender en las entrevistas e innumerables conversaciones que tuve con él en enero de 1996 que la escena no había sido tan improvisada como parecía, se habían dado cuenta de las condiciones vocales y escénicas del primogénito y cómo su presencia era un reclamo tremendo en el espectáculo.

En Costa Rica el crédito escaseó nuevamente, entonces se fueron a la vecina Panamá. Desde allí los Gallego planearon regresar a uno de los pocos lugares donde creían había todavía oportunidades y no tenían el crédito amortizado. En Venezuela lo recordaban todavía de su único éxito, "Frente a una copa de vino", y hasta allá se fueron Luisito como artista y Pepe como manager con el mismo patrón de comportamiento de siempre, incluidas unas entrevistas de presentación que ya eran una película repetida. El lunes 25 de febrero de 1975 apareció en la prensa local diciendo: "Me quedo en Caracas, me gusta el calor de aquí, y no precisamente el del sol..." Estas son otras de las respuestas que pude encontrar en la hemeroteca:

—¿Cuál es tu última composición?

—"Mi pueblo ya no es mi pueblo."

—¿Por qué?

—Yo nací en Cádiz y estuve como diez años sin ir. No hace mucho volví a sus calles y la encontré muy cambiada, llena de automóviles y enormes edificios, la gente…

En esta época Vicente, el mediano del clan, conoció a Rosa Barbarito, una venezolana viuda de origen italiano, con la que vivió ya desde aquellos tiempos en Venezuela, según ellos mismos me dijeron, y que todavía permanecía a su lado. A Rosa también la entrevisté en la humilde casa en la que vivían de la gaditana calle Columela en enero de 1996. Con Rosa tuvo dos hijos. La encontré muy desmejorada físicamente, seguramente por la situación precaria en la que se hallaban, ella seguía los argumentos victimistas del tío de Luis Miguel en el sentido de preguntarse por qué se portaba así con ellos: "Si no te hemos hecho nada quillo…" repetía usando la jerga andaluza, reforzando la idea de lo malo que era el sobrino por permitir con todo el dinero que tenía que ellos pasaran todas esas "fatiguitas". No me pareció su mirada la de la mala gente, solamente una mujer vencida por los duros avatares que le tocó lidiar en la vida, que rompía a llorar cada dos por tres al mostrar la situación en la que tenían que vivir y que fotografié con mi propia cámara. Era la viva imagen del resultado de convivir con la losa de la pesada energía de los Gallego.

Rosa tenía una estrecha relación con Marcela Basteri, me hubiera gustado verla nuevamente y preguntarle, mirándola a los ojos, si conocía cuál había sido el final de aquella buena mujer.

Dos niños españoles en su madre patria

La muerte del general Franco el 20 de noviembre de 1975 supuso un punto de inflexión en la historia de España. Fue el comienzo de la transición a la democracia y del nacimiento de la Constitución de 1978 que abrió uno de los períodos de paz y prosperidad más longevos de los últimos tiempos para todos los españoles. España salió completamente de su aislamiento político, y de la mano de su ingreso a la Unión Europea en 1986 logró un impulso de desarrollo espectacular, poniéndose a la altura en infraestructuras y calidad de vida con las potencias hegemónicas del viejo continente. El cambio político generó muchas amnistías, regreso de exiliados y nuevos tiempos para una de las naciones más antiguas de Europa. Esta coyuntura afectó también al transcurso de la biografía de Luis Miguel.

Luisito vio que era su hora. Libre, merced a la amnistía, del expediente que le reclamaba el ajuste de cuentas con la Justicia, se benefició de la coyuntura política para entrar sin reparo de nuevo en su país. Luego de una década de fracasos, de huidas constantes y de deambular por medio continente americano, creía que llegaba el momento de volver a probar fortuna en la madre patria. Su plan era mandar primero a Marcela con los hijos a Massa-Carrara, donde estaban su padre y Catalina. Luego él iría a España junto a sus hermanos.

De aquel encuentro de 1976 la familia italiana guardaba muy gratos recuerdos. Una de las primeras anécdotas fue rememorar cómo a Sergio Basteri, incluso a Catalina, que obviamente hablaban el idioma, les costaba mucho entender el español que hablaban los nietos, tanto Micky como Alex. Era un español con acento andaluz y algunas aisladas influencias latinas. También le costó un regaño a Marcela, pues su padre le recriminó no hablarles en italiano a los niños para que se fueran soltando en otra lengua.

Luis Miguel estaba muy entusiasmado con su abuelo Tarzán y fascinado con el hecho en general de que su familia italiana fuera una familia de buenos cantantes. El niño empatizaba perfectamente con su voz portentosa, y pasaba horas y horas con sus imitaciones de Elvis Presley, que siempre hizo en su infancia. El desparpajo de Micky en sus show improvisados tenía absortos a sus primos italianos. Era un niño alegre, jovial, soñador y muy activo. Y era muy gracioso, él mismo montaba la tarima del escenario subido a una mesa. Imitaba a un supuesto presentador que daba paso al rey del rock and roll. Entonces empezaba la imitación de los ademanes y la voz de Elvis con una letra en inglés completamente inventada. Algunas veces parecía que la mesa se iba a derrumbar por los movimientos del niño encima de ella. Aquello era en verdad todo un show.

Fueron días de muchas emociones. Adua Basteri y sus hijos estaban felices con aquellos invitados y con su sobrina, a la que había visto por última vez siendo una niña que partía hacia la Argentina. Poco después llegaron los Gallego, Luisito y Tito. Contaban que antes de ir a Massa-Carrara habían viajado a Roma, fue un intento de lanzar a Luisito en Italia como artista pero no fructificó. Una vez en la Toscana, la escasa empatía que había entre Sergio y el supuesto marido de su hija, quedó en un segundo plano. Los Gallego se guardaron muy bien de dar algún motivo para crear un mal ambiente, y tan bien se portaron en esos días que la primera impresión que de ellos recordaban los Basteri era buena, simpáticos, muy pendientes de los niños y de Marcela. Pensaron que ahora que se iban a estabilizar en España podrían echar raíces y se verían más a menudo. Los sueños de la familia italiana se quedarían en eso, en puros sueños.

El lustro que se venía por delante sería más de lo mismo. Un nuevo peregrinar, esta vez dentro de la Península Ibérica, para acabar en Cádiz sin dinero y con la necesidad de volver a poner la mirada en México, donde el tiempo también iba a prescribir las cuentas pendientes.

Y es que todos los intentos de despegar, todas las nuevas oportunidades que se presentaban, acababan estrellándose en el muro de la retorcida personalidad de Luis Gallego. Una de ellas fue a raíz del programa *Cantares* del reconocido Lauren Postigo, un andaluz de la provincia de Huelva que dio un enorme impulso al género de la canción española en la década de los 70 desde el legendario Corral de la Pacheca. Su enorme audiencia e influencia eran un trampolín para cuanto artista tenía la oportunidad de demostrar su valía en aquel tablao por donde acababan de pasar Rocío Jurado, Lola Flores o Isabel Pantoja, entre otros muchos. Luisito tuvo una noche soberbia, de esas donde afloraba su enorme talento. Su interpretación de "Soy como quiero ser", acompañado de su guitarra, con un exacerbado histrionismo y un solo de guitarra punteado al final, levantó a todo el público de sus asientos mientras detrás del escenario salían jóvenes con enormes ramos de flores que le entregaban una a una hasta dejar todo el escenario hecho casi un jardín.

Después de aquella exitosa participación televisiva logró que el afamado crítico musical intercediera por él con la compañía Philipps, pero finalmente todo quedó en nada por las extravagancias, la escasa seriedad y la ausencia de honestidad a la hora de ejecutar los proyectos. Cuando dijo en Madrid que Picasso le había pintado un cuadro, que Frank Sinatra y Sammy Davis Jr. habían grabado sus canciones, que había rodado películas con papeles protagónicos y que había participado en el festival de la OTI, fue cuando empezó a descubrir que los ejecutivos españoles poco crédito iban a dar a un personaje tan fanfarrón como cínico.

La salida fue emigrar a Barcelona, buscar los bolos, como se dice en España, es decir, las pequeñas presentaciones en las salas de fiestas que explotaban el boom del turismo. Cataluña y las Islas Baleares eran lugares que en los meses de verano garantizaban mucho trabajo. Luisito y Tito lo convirtieron en su medio de vida. De aquellos momentos conseguí otra correspondencia de Marcela a su padre en Italia, donde le explica incluso que en el traslado de Madrid a Barcelona tuvieron que hacer dos viajes, ya que en el primero no encontraron donde quedarse y les tocó volver a la capital de España. La breve misiva decía así:

> *Querido papá y Cata: He llegado a Madrid hace tres días porque no hemos encontrado departamento en Barcelona, así que escribidme a la misma dirección de Madrid. Nosotros estamos muy bien, los niños van ya al colegio el próximo día 15. (…) Pepe está en Barcelona y Mario trabajando, en noviembre estará con nosotros.*

Finalmente sí consiguieron un piso, según decía Vicente, fue en la avenida Roma, en pleno Ensanche barcelonés, desde donde se buscaban la vida en aquella Cataluña que retomaba su autonomía de la mano del inolvidable presidente Josep Tarradellas. Allí pasaban los días y las horas Marcela y Rosa con los niños, mientras los hombres de la casa se la pasaban fuera continuamente entregados a la vida nocturna y al trabajo, tantas veces mezclados. Recordaba que les regalaron dos perros pekineses, una hembra para Luisito y un macho para él. Según su testimonio, Luis Miguel se encariñó enormemente con aquella perrita a la que llamaron Gheisa.

La alusión de Marcela al colegio de sus hijos sirve para recordar que la educación de Luis Miguel fue muy complicada, como puede fácilmente deducirse del ritmo de vida que llevaba su familia, nunca estable en un mismo sitio. Los continuos cambios, que perduraron luego en México, unido a la precocidad de su carrera musical, impedirán que pudiera llegar muy lejos. No obstante tampoco era un estudiante brillante, esta faceta la pude documentar muy bien en Cádiz, visitando la que fue su aula durante el curso escolar 1979—1980, justo inmediatamente antes de su emigración definitiva a México en septiembre de ese año, por lo que quedó anulada su preinscripción para el curso 1980—81 en el que de no mejorar las notas se hubiera podido ver abocado a repetir curso, de hecho así consta en las anotaciones de uno de los últimos boletines de notas que se recibieron en su casa.

El Liceo Sagrado Corazón, situado en la localidad gaditana de San Fernando, donde pasó también sus últimos días el abuelo paterno de Luis Miguel, es uno de los colegios que dan fe del perfil bajo de Micky como estudiante de cuarto curso de la entonces llamada Educación General Básica en España, el equivalente a la Primaria. Su aula, que pude ver y fotografiar, era la 241. A pesar de que estaba en el curso que correspondía a su edad, suspendía todas las asignaturas excepto las Ciencias Naturales y el área de Dinámica, como consta del testimonio de los profesores y de su expediente académico. En los boletines de calificación a los que tuve acceso los profesores dejaban bien claro que el alumno demostraba una inteligencia superior a sus resultados académicos, que rendía por debajo de sus posibilidades, algo que es muy fácil de entender debido a la tremenda inestabilidad del ambiente en el que se estaba criando y su peregrinar por las aulas de diferentes ciudades, existe incluso un testimonio de su paso efímero por Ciudad Juárez, de la época en que comenzaba a cantar en público.

Ya en aquellos años, estamos en el final de la década de los 70 y principios de los 80, Marcela daba pistas de la soledad que muchas veces sufría. En otra carta que le escribe a Catalina a finales de 1978 dice textualmente:

> *Nos vamos a Palma a pasar las navidades, Luis ha alquilado allí pisos para cuando vaya gente, así es que si vienes tú me dices y yo te voy a buscar. Vente que estoy sola y aburrida y de paso me engordas que he rebajado otra vez, tú sabes que cuando estoy sola no como.*

No habla, sin embargo, del otro sufrimiento, que confesaría después a su familia italiana. El de tener que asumir las continuas infidelidades de Luisito, su vida desordenada, nocturna, con ausencias prolongadas. Algo que fue mermando en su salud, además de su adicción al tabaco y al alcohol. Las delicias que cocinaba Catalina y su compañía eran vistas por la mamá de Luis Miguel como una vía de escape de aquella soledad. Su fama culinaria era sabida en toda la familia, al punto que llegó a emplearse como cocinera en la Marina de Massa. Cata todavía estaba en Italia. Después se regresaría a la Argentina un tanto decepcionada con Sergio, que le había prometido que se casarían en Massa-Carrara pero nunca cumplió. En el verano de 1979 tomó la decisión y se fue. Primero quiso atender la llamada de su ahijada y se marchó un tiempo a Barcelona para acompañar a Marcela, quien estaba feliz por tenerla allí pero triste porque de allí se iba a Buenos Aires, dando por fracasada definitivamente su relación con el viejo y rudo Tarzán, que según contaba seguía peleando con los patrones, por lo que no conseguía estabilidad laboral.

Marcela le contó a Catalina que la relación con su suegra Matilde no había logrado enderezarse con el paso de los años y que aquello era todo un tormento para ella. Le dijo sin embargo que la relación con su concuña Rosa era buena, pero no impedía que tuviera muchos momentos de profunda soledad. Entre las confidencias que se hicieron estuvo la de la verdadera situación de la familia, su ahijada reconoce que nunca acaba de saber bien en qué anda Luisito, que siempre están al límite, que el negocio de una sala de fiestas en Palma fracasó y que parece que los días en Barcelona se estaban acabando, que seguramente tendrán que irse al sur a la provincia de Cádiz para subsistir.

Catalina recordaba dos cosas de aquel niño inquieto: "Le gustaba mucho cantar, siempre estaba haciendo actuaciones por toda la casa, y siempre me pedía que les hiciera lasaña, no se cansaban de comer lasaña y me decían que yo hacía la mejor lasaña del mundo. Él bebía mucha agua, Marcela decía que transpiraba mucho en la noche, y se bebía una jarra entera de agua. Otra de las cosas que recuerdo de los días que viví con ellos era que a su padre le hacían mucho caso, él era muy severo con ellos, tenía un tono de decirles las cosas muy autoritario, y ellos obedecían inmediatamente, daba la sensación de que le temían, a mí personalmente no me gustaba ese trato tan estricto pero yo no podía decir nada, alguna vez se lo dije a mi ahijada por separado, pero ella no tenía valor para llevarle la contraria."

13

El "Tío Juan": huyendo de la pobreza

Las cosas acabaron tal y como Marcela le anticipó a su madrastra. La familia no pudo sostenerse económicamente en Barcelona y debió retroceder. Tuvieron que mudarse a Cádiz, buscando la protección de la tierra madre, replegando filas hacia sus propios orígenes como un ejército que recula en retirada hacia el búnker de su cuartel general, derrotados una vez más por una vida llena de desórdenes, por un temperamento insoportable que solapó siempre el enorme talento innato de Luisito Rey, al que el fracaso continuo de los malos negocios y sus continuos engaños lo llevaban a ese pueblo que él decía que ya no era su pueblo, pero él sí seguía siendo él.

El tío de Luis Miguel reconoció que fueron tiempos duros, de los peores que les tocó vivir hasta ese momento, habitando una muy humilde casa del barrio de La Ardila en San Fernando, muy cerca de la Tacita de plata y, según él, tenían dificultades a veces hasta para comer. De hecho su testimonio sobre la Primera Comunión que Luis Miguel tomó en el Liceo Sagrado Corazón de San Fernando el 25 de mayo de 1980 era el de la celebración de una familia pobre. Afirmaba que habían tenido que empeñar un reloj de oro, de las pocas cosas que todavía les quedaban, para pagar el traje de Comunión de un niño cuyo semblante en las fotografías de aquel día no denotaba ninguna alegría, más bien un halo de cierta melancolía en una pose inexpresiva con aquel cabello largo y lacio que caía sobre su cabeza.

El párroco que le dio la primera Eucaristía me atendió amablemente junto al altar de la iglesia en la que se celebró el sacramento aquel lejano día de primavera. Su memoria estaba intacta allá por 1996, recordaba incluso haber intercambiado quizá alguna palabra con Marcela respecto al mucho mundo que ya llevaban recorrido las criaturas, que se conocían media América.

Luisito no estaba dispuesto a aguantarse esas penurias y no tardó en hablar con su hermano Pepe para que de nuevo regresaran a América Latina fuera como fuera. Luego de hacer algunas averiguaciones, creyeron que se podía hacer algún dinero en la República Dominicana mientras se apuntaba al gran mercado latinoamericano: el mexicano. Ellos ya se habían movido con personas de confianza para comprobar que había pasado el suficiente tiempo como para regresar a México, o al menos intentarlo. Echando cabeza de los contactos que todavía quedaban de una década atrás, lo que había que hacer era encontrar a quien de entre todos ellos estuviera dispuesto y tuviera los recursos suficientes para tragarse el cuento y confiar en volver a financiar el enésimo, en este caso sí sería el último, relanzamiento de Luisito Rey en territorio azteca.

Los Gallego hicieron algún que otro intento infructuoso hasta que por fin dieron con la tecla. Pepe se puso rápidamente en contacto con su hermano para hacerle saber que ya tenían el perfil indicado. Se trataba de un español arraigado en México que lo había contratado en su primera época para actuar en el Bulerías, que se había deslumbrado con su talento y había sido testigo de cómo el público respondía entregado a sus interpretaciones. Era además un hombre de carácter bonachón y tenía el dinero. Al parecer era el hombre ideal. Su nombre era Juan Pascual Grau.

Las artes seductoras de Pepe Gallego se pusieron en marcha. Los encantadores de serpientes usaron toda la artillería a su disposición. Pepe se presentó sin avisar fingiendo un encuentro casual en el Bulerías y consiguió una cita para cenar con el empresario para contarle el interés de su hermano Luis en rememorar los éxitos de antaño, para lo cual le preguntó convenientemente si recordaba cómo el bailarín Antonio Gades había quedado absorto con el arte de Luisito.

Pepe logró cita para cenar con Juan Pascual y le contó algunas viejas milongas como la historia de Picasso y el supuesto éxito apoteósico que reflejaba la vieja reseña del New York Times, y añadió nuevas y convenientes invenciones sobre la "exitosa" gira caribeña que tenía a Luisito triunfando en República Dominicana, con llenos todas las noches en la famosa sala *Maunaloa*, así como de los últimos años en España, de su íntima amistad con Lauren Postigo y Encarna Sánchez, a los que agregó otros conocidos artistas, sin olvidar mencionar que vivían en Barcelona y el público catalán se le había entregado, hecho que conmovió la nostalgia de Juan, tantos años alejado ya de su Tarragona natal. Lo más chistoso de aquella cena, que tuvo lugar en El Patio, donde actuaba José José aquella noche, es que Juan contaba que pudo ver las mañas de Pepe ahí mismo, cuando fue a pagar no tenía dinero y llevaba una tarjeta que no funcionaba. Los dejaron ir porque a él sí lo conocían y lo respetaban, y dijo que al día siguiente mandaba a pagar la cuenta. El dueño de El Patio dijo que conocía al mayor de los Gallego y que tuviera mucho cuidado con él porque no era de fiar. Juan Pascual no le hizo mucho caso y restó importancia a la anécdota en ese momento.

Después de varios encuentros más y de poner sobre la mesa un documento que según él era el nuevo contrato discográfico para lanzar un nuevo disco con la EMI, para lo cual le habló de la amistad que ellos tenían con Jaime Ortiz Pino, logró convencerle para que se convirtiera en el representante y promotor de Luisito Rey en México, y primero de todo eso, en el fiador. De entrada Pepe le pidió dinero con la excusa de financiar los gastos de desplazamiento de Luisito y los trámites para llegar a México. Era el principio de un saco sin fondo en el que el rey de las paellas iría metiendo los pesos de las ganancias de sus negocios hasta descubrir la sutileza de la trampa. También era el principio del fenómeno Luis Miguel. Sin "El Tío Juan" jamás hubieran vuelto a México.

En todo el relato que me hizo el veterano restaurador había siempre un trasfondo en su mirada de resignación y satisfacción mezcladas, pues el éxito de Luis Miguel pareciera reconfortarlo y ayudarlo a olvidar todo lo que pasó. Juan Pascual Grau nació en el año 1923 en España, en la ciudad que los romanos llamaron la imperial Tarraco, uno de sus principales baluartes en Hispania, hoy convertida en la industrial Tarragona al sur de Cataluña. Emigró a México. De la mano del empresario mexicano Jorge Pasquel hizo carrera en Acapulco como jefe de meseros en el Hotel Mirador, en una edad dorada de la famosa ciudad costera de Guerrero.

A una edad muy temprana se convirtió en empresario de la hostelería, fundando *Casa Juan* en 1952, el tradicional restaurante de la calle Insurgentes Sur, 628, por el rumbo de Barranca del Muerto, en el que siempre me encontraba con él, tanto antes como después de la publicación de *Luis mi rey*, pues como con tantos otros personajes de esta historia, hubo un trato personal siempre exquisito, un poco más allá de las meras entrevistas. Recuerdo que hablaba orgulloso del sitio que era referencia de la paella en Ciudad de México, de hecho a él le llamaban "El Rey de la paella". Según él mismo decía, su menú pretendía rendir homenaje a la cocina mexicana y española. Me hablaba del proyecto de abrir otro restaurante coincidiendo precisamente con el año de publicación de mi libro. Según he podido comprobar luego, ese restaurante debía ser el *Fideua,* y afortunadamente para él parece ser que el negocio siguió creciendo en los años siguientes con la apertura de nuevos locales en Ciudad de México y Cuernavaca.

Nueve años más tarde de inaugurar *Casa Juan,* en 1962, abrió *Bulerías,* la sala de espectáculos que reivindicaba y fomentaba el género español en México por el cual habían pasado muchos artistas y era frecuentado por celebridades como María Félix, Raphael o Lola Beltrán, entre los que anoté en mi cuaderno de campo. En la lista que él citaba de memoria de los que allí se habían presentado me llamaba la atención que aparte de recordar mucho las presentaciones del humorista Gila, las de Pedrito Rico o Juan Legudo, siempre incluía a Luisito Rey, prueba del escaso rencor que anidaba en su corazón.

Se le alumbraban los ojos cuando hablaba del *Bulerías* y las mil y una historias alrededor del medio artístico. Su discurso siempre hablaba de concordia, de paz entre los pueblos, del duende de los grandes artistas y del sabor de las largas tertulias de sobremesa o de la bohemia de las trasnochadas. Mencionaba a veteranos periodistas mexicanos de cuya amistad presumía, entre ellos Bob Logar o Enrique Castillo Pesado. Con las tertulias avanzadas, iba dando paso a rememorar el mal hacer que con él tuvieron los Gallego, aquel disgusto, aquella decepción, aquel fraude que casi lo pone de camino al otro mundo. Pero aquella víctima, pues así hay que calificar al bueno del "Tío Juan" tras el papel que acabó desempeñando, era tan buena gente que siempre le vi en capacidad de perdonar todo cuanto le sucedió por obra y cuenta del clan Gallego. Lo del tío venía dado por las instrucciones que Luisito le había dado a sus hijos, para que lo trataran como tío: "A mí me daba gusto que me dijeran tío, una vez me dijo Micky que me decían así porque su tío Pepe le había dicho que yo me estaba encargando de cuidarlos y mantenerlos y que por eso él y su hermano debían llamarme tío."

Juan Pascual había conocido a Luisito en la primera época de éste en México, a comienzo de los años 70. Se lo presentó Ricardo Liaño sin sospechar que una década después se convertiría en su tabla de salvación, una tabla con la que él mismo casi se ahoga. El 30 de julio de 1980, exactamente diez años después de aquel recibimiento que le había hecho la prensa en el aeropuerto de la Ciudad México con su supuesta esposa y su bebé, también supuestamente nacido en Nueva York, como declaró aquel día, se repetía la escena.

Su nuevo manager se encargó de prepararle un recibimiento por todo lo alto con medios de comunicación y ruido suficiente. Allí estaban en el aeropuerto para recibirlo Juan Pascual y Jaime Ortiz Pino. Luisito llegó en el vuelo 977 de Mexicana procedente de Santo Domingo. El titular que usó algún periodista era el mismo del disco que la EMI iba a poner en circulación, y que no podía ser más elocuente respecto a lo que estaba pasando: Luisito Rey "Vive y está aquí". Una nueva oportunidad en la que participaron el ya conocido compadre Jaime Ortiz Pino en la dirección artística y Peque Rossino en los arreglos. Lo lanzarían con una canción en dueto con la cantante Arianne, pero el disco tuvo un discreto recorrido. A Jaime Ortiz lo conocían de la primera época, hay que recordar que su esposa fue la madrina en el bautizo de Luis Miguel. Jaime Ortiz Pino había pasado de la CBS a la EMI después de haber sido locutor, productor y conductor de radio y televisión en México. Poseía una voz muy peculiar, era la voz oficial de Walt Disney y la del famoso eslogan de la XEW: "XEW, la voz de la América Latina, desde México." Jaime Ortiz falleció en Ciudad de México en enero del año 2015.

La arrogancia del pequeño cantautor no demoró en empezar a comerse con papas, como coloquialmente suele decirse, a su padrino. El ritmo de vida que le exigía era altísimo, incluido carro y chofer, con la excusa de que un artista de su categoría no podía llegar en taxi a Televisa. En el Bulerías tenía mesa propia y barra libre con whisky interminable para cuanta reunión social se le antojara, y se le antojaban muchas. Juan le pasaba una cantidad fija semanal y además de eso tenía que darle dinero a Pepe cuando se lo pedía. Un pozo sin fondo con el agravante de que no le pagaban y encima hacían galas por fuera del contrato sin reportarle un peso: "Yo hacía la vista gorda, ellos creían que no me enteraba, y me enteraba de todo, se escapaban a República Dominicana por su cuenta y un fin de año fueron a Puerto Vallarta y le pagaron 250,000 pesos." Solamente en dinero entregado, además en moneda extranjera porque así lo exigía, Juan Pascual estima que en los aproximadamente cinco meses que lo mantuvo le entregó alrededor de 25.000 dólares mensuales, súmese a eso los gastos elevadísimos de su ritmo de vida, el chofer que le pidió, los giros cuando andaban en el extranjero, los pasajes y el dinero que le daba a Pepe. "Además no pagaba nada, primero los tuve en el hotel Vermunt, luego le puse un departamento a Luis en la colonia Nápoles y a Pepe en la del Valle, pero no pagaban ni los muebles ni el arriendo."

De la mano de Juan Pascual la red de contactos influyentes aumentó. Como ocurrió muchas otras veces a lo largo de su carrera, de haberse dejado aconsejar y tener otra personalidad seguramente habría acabado imponiendo su talento y triunfando, pero ese no era él. Una de las muchas personas que conoció de la mano de su representante fue Mario de la Piedra, un hombre fuerte de Televisa, quien le hizo una muy buena oferta para el Marrakech, que la televisora apoyaría convenientemente en el Canal de las Estrellas. Lo que parecía una excelente noticia se convirtió en un quebranto. Juan Pascual recordaba aquella como una de las primeras discusiones con Luisito: "Se ponía como loco, gritaba, decía que no iba a aceptar aquello porque no se le pagaba lo mismo que a José José, lo cual era completamente lógico, yo traté de convencerle de que habían pasado muchos años y la gente lo había olvidado, tenía que volver a empezar y seguro que si lo hacía lograríamos muy pronto un gran éxito y de ese modo exigir un mayor caché, pero nada, él no se atenía a razones. Se volvía muy agresivo y no había nada que hacer. Era muy difícil de entender y asimilar todo aquello, hubo gente luego que me decía que a él le daba igual, que lo que le importaba era sacarme el dinero hasta donde pudiera. No sabría qué pensar, era un personaje muy conflictivo y complicado, tremendamente irresponsable, no pagaba las cuotas de la ANDA después que yo le arreglé eso. Una vez se negó a ir a cantar en un evento benéfico que yo organicé para que figurara como que él daba una donación, que desde luego no dio, el dinero lo puse yo, lo único que tenía que hacer aquel día era cantar una canción, y no se presentó. Todo el rato se la pasaban pidiendo dinero, con excusas y con promesas. Cuando ya no sabía que más inventar y yo estaba por tirar la toalla para no perder más de lo que había perdido hasta ese momento fue cuando me vino con lo de la familia."

Efectivamente, como él mismo recordaba, Luisito se dio cuenta que no había pasado un mes y ya había cometido bastantes despropósitos como para que su mentor dejara de financiar aquel ritmo de vida que por otro lado no le estaba reportando nada. Fue entonces cuando le puso la excusa de que no se centraba y andaba en tanta parranda porque le faltaban su esposa y sus dos hijos. Si le ayudaba y los traía a México pronto empezaría a pagarle y devolverle cuanto estaba haciendo por él. En el momento que Juan Pascual asintió debemos hacer un subrayado como uno de los momentos clave y determinantes para que Luis Miguel lograra lo que es hoy.

Tuve incluso acceso a la factura de la agencia Viajes Peral S.A. que él todavía conservaba de los boletos de Marcela Basteri y los niños Luis Miguel y Alejandro, tal como quedó publicada en *Luis mi rey*. Por cierto los menores figuran como Gallegos en el apellido que se ve en dicho documento, lo cual invita a pensar que Luisito seguía manejando documentación falsa en la identidad. El total de la factura era de 2,581 dólares, 1,126 costaba el de la mamá de adulto y 563 cada uno de los dos boletos de los niños.

El martes 2 de septiembre, Luis Miguel Gallego Basteri, en ese momento ya con 10 años, volvía a pisar tierra mexicana con su madre y su hermano menor. El recibimiento a Marcela fue apoteósico, digno de una celebridad, y quedó perfectamente reflejado en la hemeroteca que consulté a tales efectos. Para la prensa mexicana se trataba de hecho de una celebridad, la maquinaria propagandística de los Gallego seguía funcionando a la perfección, inventando el invento, y no había sino echar un vistazo a los titulares de prensa para comprobarlo: "Llegó la ex—actriz Marcela Bastedo", decía el recorte, apellido errado incluido.

La presencia, fotogenia y belleza de la mamá de Luis Miguel, todavía muy atractiva a sus 34 años de entonces, ayudaba a que todos creyeran los embustes. El literal de lo que la prensa decía de aquel día en una nota publicada el 4 de septiembre de 1980 es impresionante. La densidad de mentiras del texto, de las que obviamente hay que disculpar a su redactor, llega a producir cierta hilaridad imaginando a su autor en pleno descaro ante el periodista. Este recorte en concreto fue enviado por la propia Marcela a su padre en Italia, anotando de su puño y letra en italiano, en el borde del papel, dos frases, en la primera decía "aquí se creen que soy la hermana pequeña de Rossana Podestá", y seguidamente, en la segunda, añadió otro comentario para justificar el error en el apellido: "Papá, siempre se equivocan con nuestro apellido." Parte del texto de la nota de *Cine Mundial* era este:

Fue recibida Marcela Bastedo, la esposa de Luisito Rey, que ha sido actriz, de teatro y televisión. Marcela llegó acompañada de sus hijos, Luis Miguel y Alejandro, de 10 y 7 años respectivamente. En principio sólo estarán un par de semanas en nuestro país, en las cuales se dedicará a recorrer algunos lugares de la provincia. La rubia de ojos verdes es hermana de la famosa actriz italiana Rossana Podestá. Luisito la conoció durante la estancia de ambos en Buenos Aires, posteriormente se volvieron a encontrar en Roma, donde comenzaron su noviazgo de tres meses que terminó en matrimonio, mismo que ha durado hasta la fecha, once años. "Mi mujer sigue siendo tan dulce, tierna y amorosa que no le importó dejar su carrera por mí."

Un mariachi le dio la bienvenida al son del que fuera gran éxito de Luisito, "Frente a una copa de vino". Ramos de flores y muchos curiosos rodeaban la escena, en la que dos niños con cara de asombro contemplaban toda la parafernalia. El mayor, que se mostraba más risueño y natural frente a las cámaras, se antojó de un sombrero charro y fue rápidamente complacido.

14

Retorno frustrado: la vida en "blanco" y "negro"

Como era lógico y previsible, la llegada de la familia a México no cambió un ápice la manera de comportarse de Luisito Rey, quien seguía abusando de la buena voluntad de Juan Pascual sin ningún tipo de rubor, mientras con su hermano Pepe seguía entrando y saliendo de la ciudad. Estamos en la época en la que las amistades de los Gallego van ampliando horizontes de muy diferente naturaleza. El actor Andrés García, otra persona clave en que los acontecimientos permitieran que Luis Miguel se convirtiera en estrella, al que entrevisté varias veces y como es sabido llegué a escribir más tarde su propia biografía, les presentó a Arturo "El Negro" Durazo, al que se agarraron como a un clavo ardiendo para sobrevivir.

Para dar una muestra de la catadura moral del personaje y de hasta dónde estaba dispuesto a llegar en la huida hacia delante de la supervivencia, puedo decir algo que ya se mencionaba en *Luis mi rey*, y es que El Negro me confirmó delante de un testigo, todavía vivo, lo que muchas personas en el medio en México sabían, que Luisito no tuvo ningún reparo en ofrecerle la compañía de su pareja como moneda de pago a cambio de

ciertos favores. Crucé los dedos a la hora de saber si El Negro había aceptado la moneda y si Marcela fue obligada a tamaña barbaridad. Él me dijo
que no. Quiero creer que así fue.

En esta época empiezan los continuos viajes al punto fronterizo de
Ciudad Juárez y El Paso, Texas. La versión de los Gallego era que allí se ganaban el dinero con la compraventa de ropa. Yo tuve otras versiones, pero
como siempre la responsabilidad de no afirmar abiertamente lo que sólo se
sostiene en testimonios y no en procesos legales abiertos, me invita a ser
prudente a la hora de redactar a qué se dedicaban en realidad y qué tipo de
contactos frecuentaban en la frontera con los Estados Unidos.

La amistad con Durazo va a incrementar la tendencia de Luis Gallego a la vida de excesos, cocaína y noches interminables. En 2011 Canana y
Canal Once produjeron un documental, *Verdaderamente Durazo*, dirigido
por Mauricio Katz, que confirma el perfil que recabé del personaje. Ahí se
describe a El Negro como mujeriego, parrandero, hedonista, megalómano
y adicto desde sus tiempos en la policía judicial al alcohol y la cocaína.
Anillo al dedo con el autor de la canción de la copa de vino y su hermano
Pepe. Él les consiguió todo y por momentos parecía uno más de la familia
Gallego en la época de San Bernabé, del mismo modo que Micky iba a cantar cada dos por tres a la casa del general porque a su mujer le encantaba
cómo cantaba el niño.

Hay una anécdota posterior a *Luis mi rey* pero que confirma lo que
allí se contaba. En octubre de 2002, en el programa *Big Brother México*,
Roberto Palazuelos contó que, cuando era niño, Durazo les regalaba ame-
tralladoras a Luis Miguel, a él y a sus otros amigos de "Los Vampiros",
incluido el actor Héctor Suárez Gomís. Palazuelos lo llamaba "el general",
y contó que les enseñaba a disparar y que además era muy espléndido, les
obsequiaba con fajos de billetes de 1,000 dólares. Roberto fue contundente
al afirmar en aquel programa "fue mi general quien en realidad descubrió

a Luis Miguel". Descubrirlo estrictamente no, pero financiar y posibilitar su lanzamiento y ascenso, sin duda.

En una de las múltiples ausencias de Luisito, Juan Pascual se decidió a hacer una visita a Marcela. Cuando me entrevisté con él recuerda perfectamente todo lo que estaba pasando y los muchos rumores que había en la ciudad sobre el proceder del cantautor andaluz: "Sí, mucha gente hablaba de que Luisito usaba a Marcela de una manera poco moral por decirlo de alguna forma, y había quien decía que yo los estaba ayudando precisamente por eso mismo, pero todo eso es falso, a mí Marcela jamás se me insinuó, siempre se comportó como una señora, pero a mí sí me daba mucho pesar porque Luisito peleaba mucho con ella, le voceaba, y eso no me gustaba. Donde quiera que esté para mí siempre será una santa por haber tenido que soportar todo aquello con ese marido. Ella era una mujer amorosa y abnegada. Yo les ayudaba al final ya por voluntad propia, por ella y por los niños, que estaban todo el rato en la casa sin hacer nada. Para mí eran unos paisanos en dificultades. Después de cuatro meses transcurridos me di cuenta que ni me pagaban nada ni iba a hacer carrera ninguna con Luisito. Casi todos los días les mandábamos comida al departamento, paellas, fabadas y otros guisos típicos españoles o platillos mexicanos, un encargado que se llamaba Eliut se lo llevaba y a veces hasta se lo llevaba yo personalmente, y allí sólo estaba Marcela y los hijos. Ellos no iban a la escuela, estaban perdiendo el curso escolar, se la pasaban en casa todo el rato con la mamá. Yo iba a pagarles un colegio privado bilingüe e iba a comprar un departamento para ellos y pagarlo en diez años, esas dos cosas no las hice, si no hubiera sido mayor todavía el desfalco que me hicieron."

Juan Pascual me contó una de aquellas visitas, cuando acudió acompañado por otra persona a buscar al cantautor y como casi siempre no estaba. La mamá de Luis Miguel se esmeraba en ser amable y disimular como podía la tremenda pena que le daba la situación. Recordaba el fundador de

Casa Juan que ella era buena cocinera, aquel día tras insistir para que se quedaran a comer con ella y con los niños, le ofreció unas habas frescas y una tortilla española.

Una de las anécdotas de aquella época que retratan como pocas la personalidad pícara del andaluz errante se produjo a raíz de la invitación que hizo la disquera EMI a Luisito para visitar Acapulco en la convención que organizaron en el hotel Ritz de la célebre ciudad de Guerrero. Aprovechando la ocasión, Juan Pascual quiso tener un detalle e invitó a su familia y a la de Luisito para que pudieran pasar una semana relajados por su cuenta en el Marriot. De aquellos días, en los que disfrutaron mucho, tenía buenos recuerdos y entrañables fotografías donde se ve a Luis Miguel en Acapulco con 10 años y a su hermano Alejandro, así como a su mamá, en compañía de la familia Pascual, con su esposa Margarita y una de sus hijas. El empresario alquiló un yate y pasearon por toda la bahía, fueron a Puerto Marqués, comieron mariscos, disfrutaron del sol y entre los recuerdos de mi anfitrión frente a un plato de paella estaban también las enormes borracheras que los Gallego agarraban en el yate y donde fuera sin freno ni pudor: "Ellos hacían auténticas barbaridades, se emborrachaban muy feo y tomaban drogas... algunas cosas mejor no quiero recordar; así se la pasaban todo el rato. Nosotros nos llevábamos a los niños para tenerlos alejados de todo eso, de ahí son las fotos por ejemplo en el restaurante La Perla."

Él recordaba mucho la fascinación de Luis Miguel con Acapulco: "No tengo dudas de que el amor que tomó por Acapulco nació en aquel viaje, él andaba feliz en el barco, con el mar, el sol, la comida y todo. Luego ha ido muchas veces más, ya como cantante famoso y compró su casa allá donde se la pasa casi todo el rato (es bueno saber que estas declaraciones son de 1996). Una noche mi esposa Margarita y yo nos lo llevamos a cenar al restaurante La Perla junto a la famosa Quebrada para sacarlo del ambiente pesado y él estaba feliz."

La semana fue tan buena que Luisito le dijo a su representante que se quedaran una semana más, que esa iba por cuenta suya, para devolverle el favor, él los invitaba. Juan Pascual dijo que le agradecía mucho el detalle pero no podía quedarse más días porque tenía que atender los negocios en la Ciudad de México. Luisito insistió una y otra vez. "Yo le dije que sí para que se callara, pero no podía quedarme. Al día siguiente me fui y dejé dicho que le comunicaran que me había llamado mi secretaria Yolanda y que había tenido que salir de urgencia. Cuando llegué a México me llamó por teléfono, que cómo le despreciaba la invitación, que regresara. Yo hice lo mismo, le dije que en un par de días volvía para que todos nos regresáramos juntos a México pero lógico yo no podía moverme de mis negocios. No entendía tanta insistencia hasta que a los tres o cuatro días me llama el gerente del hotel Marriot diciendo que ahí estaba Luisito Rey con él, que le estaba diciendo que yo me había ido sin dejarle dinero para pagar la cuenta y que yo era su representante y me iba a hacer cargo de los elevados gastos que había generado. Era el colmo del cinismo y de la desfachatez, cuando estaba diciendo que esa cuenta iba por su parte y que él mismo me había dicho que invitaba. Resultó que estaba escuchando la conversación y entonces le arrebató el teléfono al gerente y se puso él, gritando y hablando grosero como solía hacerlo, diciendo encima que cómo le había hecho eso. ¡Qué caradura! Le dije. Pero la cosa no acabó ahí, al poco tiempo me llamó el dueño del yate que habíamos alquilado. Él lo había vuelto a alquilar una semana más y lo dejó sin pagar diciendo que yo lo haría. El tipo estaba furioso. El gerente del Marriot no lo dejaba salir si no pagaba, a mi esposa sí pero a él no. Al final tuve que mandar a un encargado mío a Acapulco, un tal Amor, para pagar todas las cuentas y permitir que pudieran regresar a México. Además ni siquiera me dio las gracias, lejos de eso volvió a quejarse de cómo le podía yo hacer eso. Era inaudito, yo me indigné, y poco a poco se me fue acumulando todo hasta enfermar. Haciendo un cálculo así por encima del agujero que me ocasionó Luisito en todo el tiempo que duró la relación con ellos yo creo que estamos hablando de unos 250,000 dólares más o menos que lógicamente jamás recuperé. Pero además del dinero me costó la salud."

Un buen día los Gallego desaparecieron sin dejar rastro del departamento dejando una deuda enorme de la renta y de los muebles. A Juan Pascual empezaron a aparecerle acreedores por todos lados a cuenta de Luisito, y los informes de sus colaboradores decían que estaba al borde de la ruina y que deberían arriesgarse a perder el Bulerías. No lo aguantó. Debió ser hospitalizado en el Hospital Español de la Ciudad de México y recibir tratamiento psiquiátrico durante semanas. Nadie de la familia Gallego fue a visitarle. Cuando se recuperó tuvo que vender algunas propiedades y viajar a España para reponerse.

Por inaudito que parezca, la cosa no acabó ahí. Con un Juan Pascual convaleciente y mirando cómo salvar su restaurante, un día se le apareció como un fantasma un Luisito acabado. Iba en busca del último abuso. Fue otro de los momentos en los que el destino conspiró, porque de haberse salido con la suya aquel día, no estaríamos hoy día ante el fenómeno Luis Miguel: "Luego de todo lo que me hizo, incluidos por cierto unos encendedores Dupont de oro que se llevó sin que nunca me los devolviera, un día se me presentó para decirme que lo perdonara y que le ayudara con un boleto de regreso a España para él y para su familia porque ya nadie quería ayudarlos. Lo vi desesperado y desahuciado, no daba crédito a mis ojos que luego de todo lo que me hizo pudiera presentarse así con su bigote y su melena como si tal cosa. Entonces le dije que cuando le pagué el viaje a él y a la familia los boletos eran redondos, que por qué no los usaba, y resultó que había vendido el regreso no sé de qué manera. Ahí sí le dije que no, y menos mal, porque donde le hubiera dicho que sí el niño Micky se habría vuelto a España y no habría llegado a ser cantante nunca. A decir verdad dudé, casi me convence por enésima vez, hasta recuerdo que acabó llevándose unas botellas de vodka para una fiesta que decía había organizado. ¡Qué personaje! Espero que Dios se haya apiadado de él."

Al que seguro Dios sí reservó silla para una larga tertulia en el cielo fue al bueno de Juan Pascual, que repito, a pesar de haber sido engañado de aquella manera, jamás vi en él un resquicio de rencor y sí mucho de perdón.

Luis mi rey, la investigación en la que se basa la serie de Luis Miguel, cuya historia se cuenta en este libro.

La familia italiana de Massa-Carrara, en 1997, con el libro y los reportajes del grupo *Reforma*.

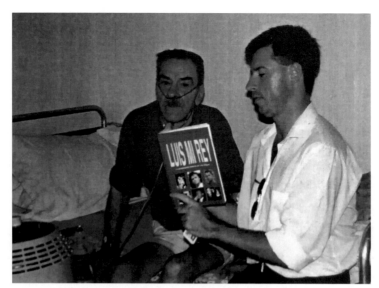

El autor con el abuelo Sergio Basteri en julio de 1997,
cuando le hizo entrega del libro.

Javier León Herrera y Alfred D. Herger intercambian libros
en Puerto Rico. Herger presenció el nacimiento de Luis Miguel.

Ferruccio Basteri, bisabuelo de Luis Miguel, la foto que está en su tumba puede dar una pista del aspecto del cantante con 60 años, son dos gotas de agua.

El orfanato en el que la mamá de Marcela la abandonó de pequeña y una imagen de la niña en aquellos años.

Marcela Basteri en Mar del Plata, dos veranos antes
de conocer a Luisito Rey.

RECIENTE CASAMIENTO. Mientras Sandro
firma autógrafos, Luisito Rey y Marcela,
su esposa, observaban.

Luisito y Marcela, completamente enamorados, en Argentina.
Un recorte de prensa de aquella época anunciaba lo que en realidad
era una falsa noticia, no se casaron.

Marcela embarazada de 8 meses y medio en Puerto Rico junto a Vicente,
hermano de Luisito, en el reverso de la imagen le cuenta a su padre
que tuvieron que salir de Puerto Rico "deprisa y corriendo"
por lo que no pudieron llevarse el auto en el que posan.

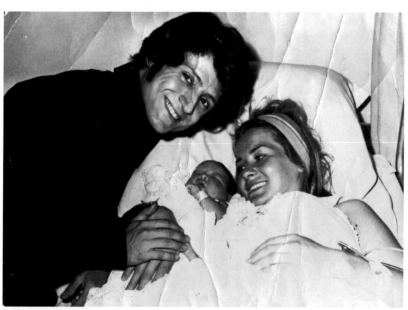

Una de las fotos de Ed. Fernández que Luisito dejó sin pagar,
donde aparece Luis Miguel recién nacido con sus padres.

Luisito y Marcela aterrizan
en México procedentes de
Puerto Rico. El cantante posa
orgulloso con su hijo, en ese
momento dijo que había nacido
en Nueva York.

Luis Miguel siendo un bebé en
brazos de su papá en México.

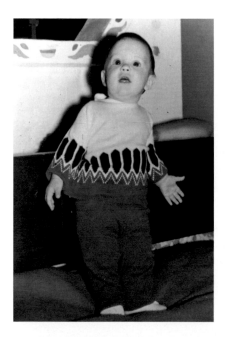

Luis Miguel con 8 meses de edad en
una sesión de fotos solo y con
sus padres, en México.

LUISITO ANGEL es el nombre de éste simpatiquísimo nene que
es el primogénito de Luisito Rey y su encantadora esposa Marcela Pasteri de Rey.   (FOTO JUNIOR).

Con pocos meses, un diario de Guadalajara publicó
esta simpática foto, con el nombre equivocado.

El día del primer
cumpleaños de
Luis Miguel en el
departamento de Xola
con los Muñiz, cuyo hijo
Toño se lleva dos meses;
Jorge Mistral y su esposa
aparecen en la imagen del
grupo, también el médico
de la familia y Pepe,
hermano de Luisito, quien
sostiene a Micky.

Luis Miguel con poco más de un
año; en la foto más borrosa Marcela
escribió que la mandaba para que
vieran "lo gordo que estaba y la risa";
en otra imagen aparece en brazos de
su abuela paterna Matilde Sánchez.

Dos fotos más que su
madre envió, tras ellas
escribió la edad: 9 meses en
una, la de arriba, y 1 año
en la otra, la de la derecha.

El día de su Bautizo, con sus padrinos, en la Ciudad de México.

El día de la
Confirmación en
Monterrey, con los
Cervantes.

Dos imágenes de Luis Miguel,
de 2 años y 2 años y medio,
en Estados Unidos.

Luis Miguel en otra simpática imagen familiar, con más de 3 años.

Luis Miguel, su hermano y su madre
cuando eran dos españoles viviendo en la madre patria.

Luisito Rey y su hermano Pepe a ambos lados de Juan Pascual,
la persona clave para su regreso a México en 1980.

Juan Pascual con Micky y Alex durante
la estancia en Acapulco. En la otra
imagen se aprecia a la hija y la esposa
del empresario español con Luis
Miguel en esos días.

Años después, en 1989, Juan Pascual encontró a aquel niño que lo llamaba tío en una actuación, foto que conservaba con especial cariño.

Jaime Ortiz Pino, Luis Miguel y su tío Pepe en la época que se gestaba su lanzamiento a la fama como cantante.

El cantante con sus padres en los primeros tiempos que el éxito le sonreía, por desgracia su ascenso como cantante fue de la mano de la ruptura de su familia debido a la complicada personalidad de Luis Rey.

Sus primos de Massa-Carrara lo pasaban en grande con el éxito de Luis Miguel como cantante en Italia, como vemos en esta imagen familiar.

El viejo Tarzán posa orgulloso con su nieto famoso en 1985,
en Castagnola, en Massa-Carrara.

La familia Basteri encantada con Luis Miguel, cuyo éxito en San Remo
lo convirtió en una celebridad en Italia en esa época; ahí están Luisito, Marcela,
Micky, ya famoso, y Alex con los Basteri de Massa-Carrara.

La mala relación entre Sergio Basteri y Luisito, que provocó el enfado de Marcela, queda patente sin duda en esta imagen: Adua intenta sacar una sonrisa a su hermano para distender el ambiente.

Luis Miguel visitó a su abuelo después de la grave intervención donde le extirparon un pulmón, en 1988.

Dos imágenes del ambiente familiar que encontraba en Italia y que tanto apreció luego del desengaño con los Gallego, la primera en el verano de 1989, Luis Miguel disfruta de la comida casera de su tía Adua, la segunda, ya con cabello corto, en Navidad, diciembre de 1989, tomando un vino con su abuelo Sergio.

A finales de 1985, Marcela hace una primera escapada sola a Italia, aquí la vemos en una imagen junto a su padre y otra familiar.

A principios de 1986, Marcela regresa con su hijo pequeño, Sergio, y permanece en Massa-Carrara hasta agosto de ese año; en estas imágenes está con su tía Adua y otro tío, mientras el viejo Tarzán posa con su nieto menor sobre su moto.

Estas son las últimas imágenes que se tienen de Marcela Basteri el día que partió de Pisa, rumbo a Madrid, en agosto de 1986, se la ve llegando con su hijo al aeropuerto; en la otra imagen sus familiares divisan a lo lejos a madre e hijo encaminarse al avión.

La desaparición de Marcela Basteri se convirtió en un clamor popular en Italia gracias al diario toscano *Il Tirreno* y la campaña de la RAI en 1996 a través del programa *Chi l'ha visto?*

El abuelo Rafael en el departamento de San Fernando, donde Luis Miguel lo mantenía y donde falleció en 1999.

El abuelo Sergio pasó sus últimos meses de vida en esta cama de la casa de reposo en la que fue internado. Murió a finales de junio de 1998 sin tener noticias del paradero de su hija, de la que estaba convencido que había sido asesinada.

Luis Miguel con Mariana
Yazbek, un amor pasional, el
primer gran amor como tal del
cantante.

Luis Miguel y su "tío" Andrés García en Acapulco, donde fueron además vecinos durante
muchos años. El actor es otra persona clave y fundamental en la vida del cantante.

Hugo López, el empresario argentino que se hizo cargo de la carrera de Luis Miguel. En la imagen, a la salida de un evento en Madrid en una fotografía captada por las fans del cantante en España.

Otra imagen captada por las fans españolas en el momento que llegó a la capital de España para sus presentaciones en 1998.

Fotografía tomada por el autor
de este libro, en la presentación
del cantante a los medios en
España durante su gira de 1998.

Luis Miguel posa feliz con su
estrella el día de la develación,
en el Paseo de la Fama de
Hollywood.

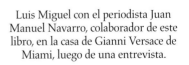

Luis Miguel con el periodista Juan
Manuel Navarro, colaborador de este
libro, en la casa de Gianni Versace de
Miami, luego de una entrevista.

Luis Miguel charla con los periodistas en Monte Carlo en 1998, con motivo de un nuevo reconocimiento en los World Music Awards del Principado.

Luis Miguel recibe el premio del Auditorio Nacional de la Ciudad de México por el récord de aforo de sus presentaciones en ese recinto.

Luis Miguel aprovecha el éxito de su gira del 98 y presenta mundialmente en España el disco *Amarte es un placer.*

Luis Miguel recibe la distinción
Diamante en Las Vegas, donde lo vemos
también en el transcurso de una de sus
exitosas presentaciones.

En una de sus múltiples
presentaciones. Entre
los asistentes a uno
de sus shows vemos
al empresario Miguel
Alemán Magnani, primero
a la derecha. Alemán ha
sido un amigo clave que ha
ayudado al cantante en un
momento muy delicado de
su carrera.

15

Una tabla en alta mar: el bautismo artístico

Luis Miguel destacó desde muy niño por su voz tal y como hemos ido contando. Sus genes llevaban arte por las dos partes, la más influyente de los Basteri, donde había portentosas voces aunque no hicieron carrera con la música, y por la de los Gallego. De este lado cabe mencionar la duda que alguna vez le asaltó al propio Luis Miguel acerca de si Luisito era su padre biológico, de hecho llegó a preguntarlo hace años a un amigo cercano de la familia que él llegó a pensar que podía ser su padre. Voy a mantener a salvo la identidad de esta persona por expreso deseo suyo, pero sí diré que, al igual que me contó cómo Micky le había formulado tan peculiar cuestión, me dijo también que él jamás tuvo nada con Marcela, ni se le pasó por la cabeza ni mucho menos tuvo la más mínima insinuación. Sin embargo me aseguró entender las dudas de Luis Miguel por la poca consideración moral que el pequeño cantautor andaluz tenía al respecto. En virtud de mi investigación puedo decir que por la sangre de Luis Miguel sí corren genes Gallego desde su gestación en la Argentina, y de esto hablaba el propio Vicente con algunos JB ya encima en mi primer encuentro con él, en Cádiz en 1996.

Para cualquier mortal era muy evidente que el niño tenía un potencial enorme. Y si era obvio para cualquier mortal, imagínense para Luisito Rey. La familia española me reconoció en algún momento, recordando episodios como el de Puntarenas, por ejemplo, que siempre estaban muy pendientes de ver en qué momento ese talento vocal del primogénito podía volverse una interesante fuente de recursos. El momento fue en aquel final de 1980 y principios de 1981 cuando los Gallego veían una vez más el horizonte negro, con el crédito artístico del pequeño del clan completamente quemado y amortizado, sin posibilidad a corto plazo de volver a España y sin siquiera tener dónde ir y dónde vivir.

Andrés García fue la salvación en ese momento. Luisito lo buscó y de su generosidad nació otro momento crucial en el destino del futuro intérprete de "1+1 = 2 enamorados". Tras su fuga del departamento donde los mantenía Juan Pascual, Luisito acudió en su ayuda y tuvo la suerte de que Andrés tenía una casa libre en la colonia San Jerónimo, en la calle San Bernabé, concretamente la número 20, que les cedió para que se ubicaran temporalmente ahí mientras se arreglaban las cosas. Aunque su memoria es floja, Andrés recuerda que al mismo tiempo que los ayudaba, pretendía el descarado cantante venderle un mueble que no había pagado y que procedía de un acto de pillaje, una práctica que como hemos visto ya, numerosas fuentes apuntaban como habitual.

Esta es la época en la que nacerá el famoso club de "Los Vampiros", así se hacían llamar. Era un grupo formado por algunos de los niños que eran vecinos de la privada de San Bernabé, entre los que estaban el propio Luis Miguel, Roberto Palazuelos, Héctor Suárez Gomís y los hijos de Andrés García. A Micky lo recordaban por su imitación del grito de Tarzán, algo fácil para su portento vocal. Le quedaba poco tiempo para ejercer de niño como tal, muy a pesar de su madre, que hacía de ama de casa y sufría ante el inminente futuro que ya sabía le esperaba a su hijo mayor. Los

Vampiros tenían su sede, por así decirlo, en una casa abandonada de las inmediaciones y desde ahí se prestaban sus miembros a las gamberradas de turno, como aventar huevos a los camiones o darse a la hábil puntería en el uso de las resorteras.

Jaime Ortiz Pino contaba una anécdota que corroboraba por un lado el diamante en bruto que era Luis Miguel y por otro el hecho de cómo su padre pretendía que no se notara que barajaba la posibilidad de que su hijo se convirtiera en un nuevo ídolo de los niños y jóvenes mexicanos. Los hermanos siempre decían, en las pláticas mantenidas en enero de 1996, que Luisito abandonó su carrera por su hijo. Después de haber dedicado tantos meses a investigar y estudiar el fenómeno Luis Miguel, de haberme entrevistado con tantas personas clave en la carrera de El Sol, estoy completamente en desacuerdo con aquella aseveración, que estimo muy conveniente. No se puede dudar que, a su manera, con sus numerosos defectos y no pocas irregularidades, el menudo padre buscaba siempre el mayor éxito para su hijo, pero desde luego no hizo ningún sacrificio abandonando su carrera. Su carrera lo había abandonado a él, estaba acabado, había agotado todas las oportunidades y no tenía muchas posibilidades de volver a grabar tras la acumulación de fracasos. Es más, mientras se gestó el lanzamiento de Micky, la fuente de ingresos de la familia estaba más ligada a los favores del Negro Durazo y a sus andanzas en la frontera que al ejercicio musical de Luisito, que para actuar tuvo que llorarle a su amigo Andrés García para que le echara una mano y lo llevara con él en sus presentaciones, como de hecho sucedió.

Ortiz Pino hablaba de un día festivo, probablemente un domingo, más o menos a finales de 1980, que había invitado a sus amigos a pasar el día en su casa. Ellos tenían una casa en Cuernavaca y era habitual que hasta allá se desplazaran con cierta frecuencia tanto los Gallego como otras amistades. Recordaba que uno de aquellos días, mientras jugaban tranquilamente al dominó, desde afuera se escuchó una voz a capela prodigio-sa: "Yo me quedé muy asombrado, hasta ese momento no me había dado cuenta de que el hijo mayor de mi amigo tenía esa voz. Era como una pieza de jazz que el niño se echaba pero muy sobrado en todos los tonos. Enseguida hice el comentario, Luisito le quitaba importancia, decía que sí, que de vez en cuando le daba por arrancar pero que no se lo tomaba muy en serio. Yo le dije que si estaba hablando en serio, él no era ningún ignorante en la materia, aquello no era la voz de un niño normal que le da por arrancarse, aquello era una joya. Me sorprendió la indiferencia de él en aquel momento, al punto que poco después se lo dije a Marcela. Ella no se mostró indiferente pero desde luego tampoco feliz. Me dijo que ya sabían que el niño cantaba muy bien pero que a ella no le parecía una buena idea meter a su hijo en el medio artístico."

Este testimonio de Jaime Ortiz coincide plenamente con el de otra de las personas más cercanas a la familia en aquellos momentos, el actor Andrés García: "Yo de música no entiendo un carajo, me sale desafinado hasta tocar el timbre, pero recuerdo mucho, más en esa época que estába-mos de vecinos, que Micky cantaba todo el rato y cantaba maravilloso. Yo se lo decía a Luisito, quien se hacía como el pendejo, un día me llamó él a mí preguntándome que si su hijo cantaba, yo lo mandé al carajo, es como si voy yo a preguntarle a él si mi hijo tiene talento para la actuación. ¡Pues claro que cantaba! Me acuerdo que se aventó una ranchera, no te sabría decir cual pero la cantaba fabuloso, y otros pedacitos de otras canciones, la que sí me acuerdo era la de 'Granada', y sin ser yo muy entendido sí sé que no es una canción muy fácil de cantar."

Las nuevas tecnologías han hecho que hoy en día podamos tener una idea de lo que los protagonistas de esta historia vivieron en su mo-mento. Efectivamente, la célebre canción del maestro Agustín Lara que interpreta de manera soberbia el tenor Plácido Domingo no es una pieza al alcance de cualquiera. Como tampoco lo es "La Malagueña", que formaba parte del repertorio de un Luis Miguel que de la mano de su padre se daría a conocer en pequeños círculos y que recomiendo se busque en *YouTube* para comprobar que a nadie se le podía escapar el talento de aquel niño, todavía español, muy andaluz, como contaba Juan Pascual y como se puede ver por el acento que demuestra en sus cantos en los documentos televisivos que todavía se conservan, un niño cantante al que ya estaban construyendo su futuro mexicano.

Andrés García recordaba que una vez que Luisito se dejó de disimular y fue en serio a intentar hacer carrera de su hijo, volvió a pedirle ayuda: "Ahí sí es cuando yo lo presento en Ciudad Juárez en un show. La que no quería era Marcela, le escuché varias veces que no quería que Luisito metiera a su hijo en el medio porque sabía lo que le esperaba, y desde luego no se equivocó, porque una vez que empezó a él no le importó meter a su hijo en vicios de adultos y en un mundo muy complicado para un niño. Lo que pasa es que lo que opinara Marcela desafortunadamente allí no importaba, siempre se hacía lo que Luisito mandaba."

Luisito Rey intuyó y descubrió que su pequeño Luis Miguel podría ser la tabla de salvación de sus finanzas y su vida. Era una tabla en alta mar. Tal vez esa arrogancia suya y ese ego inversamente proporcional a su tamaño físico provocaron que en un principio se hiciera del rogar para reconocer que su hijo era una joya en todos los aspectos que tan sólo necesitaba una oportunidad. Y así era, Luis Miguel tenía una voz poderosa pero también tenía duende y un físico muy agraciado con el rostro bello heredado de los Basteri. Con los contactos adecuados era coser y cantar, nunca mejor dicho. No tardaría mucho en llegar esa oportunidad.

Andrés García fue contratado por el promotor Arnaldo Cabada para unas actuaciones en Ciudad Juárez. Los Gallego andaban tan desesperados, que metidos de lleno en los negocios a través de la frontera acabaron por desplazarse por un tiempo también a Chihuahua. Andrés había concertado con Luisito una intervención en su espectáculo a fin de echarle una mano y que se ganara unos pesos, ya que su situación económica era dramática. Fue ahí donde, viendo las condiciones del niño, el propio Andrés acuerda con su amigo que le pueden hacer un hueco para ver cómo reacciona el público: "Yo le pregunté que si se atrevía, y él me contestó sin dudar: Sí, tío. Siempre me llamaba tío. Le dije que le iba a meter en mi show, que lo iba a poner con su padre a la guitarra y él a cantar, que si se atoraba en algún momento o cualquier cosa, que me llamara y yo salía. No tenía duda que iba a ser un hit, el cabrón tenía mucho talento, a mí me imitaba y yo me cagaba de la risa. Hacía igual mis gestos y mis andares, era muy chistoso."

Y fue dicho y hecho. Andrés hablaba de aquel día en el cabaret de Ciudad Juárez como un día inolvidable, fue el auténtico bautismo artístico de su "sobrino", de hecho así fue como lo presentó: "En un momento yo me dirigí al público y le dije a la gente que les iba a presentar a un muchacho que era el hijo de un amigo, que quería que ellos mismos me dijeran si el niño valía o no para eso del espectáculo porque él cantaba y yo no tenía ni idea de cantar. Les dije que era el hijo de Luisito, pero que era como si fuera también mi hijo. Le pregunté si quería quedarse solo o quería que lo acompañara, y él dijo que no hacía falta, que él podía. Micky empezó a cantar, su padre estaba detrás acompañándolo a la guitarra, y yo ya me fijaba en la cara de la gente, creo que no había pasado ni un minuto y ya estaba claro que eso era un éxito seguro, se metía al público en el bolsillo, y eso que al principio parecía que se iba a equivocar en alguna letra, sin embargo le salió tan espontáneo que la gente se empezó a reír y le aplaudió más. Él mismo se dirigía al público para que le pidieran canciones, al poco rato yo me dije qué buena onda por el chavo pero ahí casi nadie se acordaba ya que eso era un show mío con la colaboración de Luisito Rey."

Lo contaba con una amplia sonrisa. Pareciera en aquel momento, cuando lo entrevisté una de las primeras veces en su casa del Ajusco, en Ciudad de México, que recreara con la evocación del recuerdo el buen rato que pasaron aquel día y que suponía el verdadero bautismo artístico de Luis Miguel, así fuera de aquella manera tan improvisada. La cosa no se quedó ahí, viendo el impacto, también lo llevaron a la televisión en Ciudad Juárez con Arnoldo Cabada de la O, que triunfaba con su show televisivo en el Canal 44 (ese es el dato del canal que me consta de la investigación, si bien el propio Arnoldo en algún momento citó al Canal 5). Andrés García lo presentó en la televisión de Ciudad Juárez y luego ellos siguieron solos. El papá daba paso a su hijo y éste era el que realmente se robaba el show.

La actuación de Luis Miguel era impresionante, se atrevía hasta con canciones en inglés, pero en la famosa "Malagueña salerosa", el popular son mexicano, era algo fuera de serie, la facilidad de alcanzar los agudos y subir hasta tres tonos, mientras el arte de su padre con la guitarra era un complemento perfecto. Fuera de eso, llamaban mucho la atención las dotes interpretativas que demostraba en cada tema, como un auténtico y veterano profesional. Recuerdo un comentario al respecto de Marco Antonio Muñiz diciendo que Micky con los apenas 11 años que iba a cumplir tenía una expresividad y un arte impensable en un muchacho de su edad. Arnoldo Cabada citaba siempre una anécdota relacionada con estas facultades interpretativas innatas de El Sol. Le llamaba la atención que en una de las canciones, de connotaciones religiosas, levantaba los brazos como invocando al cielo. Al aire incluso llegó a preguntarle qué era lo que pedía, a lo que él respondió que miraba hacia arriba mirando a Dios y que a Él le pedía que le hiciera un buen cantante. Está más que claro que, de la mano de Andrés García, podemos decir que el arranque artístico de Luis Miguel como tal se produce en el norte de México junto a los Estados Unidos.

Es la época del clan Gallego en la frontera de El Paso, Texas, unida con Ciudad Juárez a través del famoso puente de Santa Fe. Allí están una vez más los tres hermanos buscándose la vida, siempre dispuestos a encontrar quien les echara una mano, como en este caso, además de Andrés, sería Arnoldo Cabada, quien los hospedó en algún momento y empleó a Pepe en la televisión. Luisito lograba más galas gracias al eco que en la ciudad había tenido su show con su hijo.

Arnoldo Cabada fue uno de los tantos testigos del trato riguroso, militar podría incluso decirse, que Luisito aplicaba con su hijo como lo hacía con su esposa y con cuantos estaban bajo su yugo. El ordeno y mando, y la obediencia abnegada era lo que la mamá temía y jamás pudo evitar. El fenómeno Luis Miguel estaba en marcha. Había que regresar a México y mover los contactos para hacerlo realidad. El año 1981 acababa de arrancar, en abril cumpliría 11 años. La posibilidad de un nuevo éxito al estilo de Menudo seduciría a cualquier casa de discos, y una oportuna palanca garantizaba la difusión. El talento del niño se encargaría del resto.

16

El primer concierto

Estamos en el punto de partida. Si bien, durante 1981 pasaron muchas cosas que moldearon el lanzamiento de El Sol de México, el debut público en Ciudad Juárez fue el comienzo de la vida de Luisito como manager de su propio hijo, una vida de excesos de toda índole, a los que el niño no fue ajeno. El manejo de las finanzas estuvo siempre al margen de la ley, originando problemas legales de evasión de impuestos, entre otras muchas cosas, hecho que provocaría que en el momento de alcanzar la mayoría de edad Luis Miguel cortara todo tipo de relación, profesional y afectiva, con su propio padre, dejando su carrera y su destino en manos del empresario argentino Hugo López. Pero iremos por partes para no adelantarnos a los acontecimientos.

Pepe Gallego, presumiendo siempre de que había que tener amigos hasta en el infierno, no perdió el tiempo para moverse en aquellas aguas turbulentas donde él creía que conseguirían un buen apoyo. La figura del Negro Durazo volvió a desempeñar un papel fundamental para ir abriendo puertas al futuro artista. Había que organizar aquellas veladas de bohemia que tanto gustaban al controvertido jefe de la Policía del entonces Distrito Federal, cuyo peso de influencias de toda índole en la década de los 70 y los 80 era algo que no escapaba a nadie. Gracias a él lograron tener acceso a Emilio Azcárraga Milmo, el todopoderoso presidente de Televisa, y a José López Portillo, Presidente de México de 1976 a 1982.

El propio tío de Luis Miguel reconoció que en la época de Durazo el abuso de alcohol y cocaína fue prácticamente a diario. No faltaban los chistes de quienes decían que el apodo de Negro iba más allá del tono de su piel, y se mimetizaba perfectamente con el color oscuro de la corrupción y los negocios de dudosa legalidad. Según algunos de los datos más fiables publicados al respecto, procedentes de medios serios y solventes, el Negro podría haber amasado una fortuna de unos mil millones de dólares en solo seis años, entre 1976 y 1982.

Como se dijo, los Gallego se aferraron a Durazo y a la negrura de su dinero para cuanto fuera menester, y en 1981 el menester era llevar a Luis Miguel al imperio de Televisa para que lo convirtieran en una mina de oro. No demoró en lograr una primera aparición con Mario de la Piedra. Curiosamente, una de las personas que me confesó recordar a la perfección aquel día fue alguien que no estaba en México y que lo vio por televisión. Se trataba del bueno de Alfred D. Herger que, según él mismo decía, le dio un vuelco el corazón al encontrarse de nuevo, así fuera a través de la pequeña pantalla, con quien tanto daño le ocasionó en su día, ya que fue la figura de Luisito Rey la que cautivó su atención. Cuando vio que en realidad al que estaba presentando era a su hijo, recuerda: "Yo en un primer momento pensé que era el bebé que yo había conocido en Puerto Rico, pero cuando me di cuenta que lo presentaron como mexicano, entonces se me fue esa idea de la cabeza, creí que era el otro hijo de Luisito".

Efectivamente, como bien mencionó el prestigioso psicólogo y erudito puertorriqueño, desde un primer momento a Luis Miguel se le presentó como un mexicano nacido en el puerto de Veracruz. Su padre, dentro del entrenamiento integral al que lo venía sometiendo, le fue quitando poco a poco los restos del acento que pronunciaba el fonema de la "c" y la "z", todavía notorio antes de su debut televisivo nacional. Los "amigos del infierno" de Pepe, siguiendo las órdenes del Negro, se encargaron de convertir a un gaditano oriundo boricua en un chilango oriundo jarocho. Su filiación veracruzana iba a durar más de una década, hasta que una de las muchas mentiras de Luisito Rey fueron desarmadas por una casualidad del destino en la que también participó Herger, como veremos. Dicen que las mentiras tienen las patas cortas, pero es evidente que algunas de las que fabricaron los Gallego perduraron demasiado con zancos en el tiempo.

Otro momento clave en mitad de los movimientos de los Gallego para lograr el lanzamiento de Luis Miguel fue la boda de Paulina López Portillo, hija del Presidente de México José López Portillo, que buscaba su propio sitio en el mundo de la música. El enlace de Paulina y Pascual Ortiz Rubio Downey (nieto del general del mismo nombre que ocupara la presidencia del país entre 1930 y 1932), que se celebró el 29 de mayo del año 1981 en el Colegio Militar, al sur de la Ciudad de México, iba a permitir que el niño se diera a conocer entre las personas más influyentes del país, pero lo que más le importaba a Luisito era que deslumbrara a David Stockling, el director general de EMI Capitol en México, presente junto a otros miembros de la disquera en aquel evento, con quienes las negociaciones ya estaban avanzadas.

La gestión fue del tío Pepe, no del padre, algo que pude contrastar durante el proceso de elaboración de *Luis mi rey*. No comparto la versión hecha pública por algunos parientes españoles, de que Luisito se mostrara contrario a que su hijo cantara en la boda cuando su hermano se lo dijo, es algo que está fuera de toda lógica. Si bien la gestión fue del mayor de los

Gallego, la iniciativa al parecer partió del propio Durazo. Para llegar a su objetivo, el Negro contactó al mayor de los Gallego con Carmen Romano Nolk (Carmen de López Portillo), la primera dama, y le consiguieron una cita en la residencia oficial de Los Pinos con el coronel José Manuel Orozco, que era la persona que estaba encargada de la organización del evento.

Para un avezado encantador de serpientes como era José Manuel, no fue difícil "vender" a su sobrino para que la novia quedara convencida de contratarlo. Orozco le presentó a Paulina, quien le dijo que había compuesto una canción, que si el chamaco podría cantarla, a lo que Pepe supo responder convenientemente usando su labia infalible. La mera recomendación que llevaba ya de por sí le hubiera facilitado la cosa, lo mismo si su sobrino no fuera tan bueno como en realidad era, pero juró y perjuró tanto que Micky era un ángel que, según ellos mismos contaban, Paulina ahí mismo dijo que sí, que le llevaran al niño al día siguiente para conocerlo. En un momento de la reunión entró su padre, quien dio el visto bueno.

No es que Luisito no aprobara aquello, que obviamente era una excelente noticia, lo que sucedió, según me contó un testigo presencial del momento en el que se enteró, fue que al principio no creyó a su hermano. Eso de entrar en la casa y de repente decirle que al día siguiente tenía una audiencia en Los Pinos para que la hija del presidente diera el visto bueno a que Micky cantara en su boda, sonaba como una de las muchas fantasías a los que ellos mismos recurrían con tanta frecuencia. Incluso le dijo que si había bebido ya, que era temprano para hacerlo. Sin embargo Pepe fue junto a su hermano en busca de un teléfono para localizar al coronel y probar que no estaba mintiendo. La mente maquiavélica de Luisito no tardó en reaccionar. Le dijo a su hermano que debían conseguir como fuera invitaciones para los ejecutivos de la disquera EMI.

La cita en la Residencia Presidencial de Los Pinos sería un jueves a la 1 de la tarde. Allí debían estar Luisito Rey con su guitarra y su hijo para que Paulina López Portillo lo conociera y quedara completamente convencida de que era la persona ideal para su gran día. Según la versión fiable que pude obtener de los hechos, a la hija del presidente le gustó en cuanto lo vio. Era un niño güero muy guapo, se veía muy formal, estaba tímido, tenía cierto aire angelical con aquella melena lacia. Luego de preguntarle si cantaba y de intentar establecer una conversación que relajara al niño, le pidieron que cantara. Desde la primera canción, la famosa "Malagueña salerosa", Paulina quedó deslumbrada. Hicieron pruebas también con composiciones de la propia Paulina como "Just" o "Papachi", que al estar publicadas el jovencito se había preparado convenientemente para la cita. Ella quería que esta última fuera cantada en la boda como homenaje a su papá. Quedó no sólo convencida sino fascinada. No hizo falta más, ordenó al coronel Orozco que se encargara de todo, quería a aquel ángel en su boda sin sospechar que iba a ser un orgullo para toda la vida. Paulina López Portillo puede presumir también de ser una de las piezas claves que el destino fue poniendo en el camino para conocer al gran ídolo de masas que es Luis Miguel.

Luisito salió de allí con una idea clara en su mente, era el momento de poner toda la carne en el asador para convencer a la gente de la EMI que tenían un auténtico cañonazo de las dimensiones de Menudo, cuyo éxito arrasaba, o incluso mayor. Es curioso, sin embargo, que según la familia, la estrategia que siguió fue la de seguir demostrando que no estaba muy convencido de querer que su hijo fuera artista. Esto encajaría simplemente desde la perspectiva de querer sacar un contrato lo más beneficioso posible y no parecer que EMI le hacía un gran favor grabando al niño.

Organizaron una comida en un restaurante de la Zona Rosa de la Ciudad de México en la que Luisito y Pepe convocaron al director general de EMI México, David Stockling, al subdirector, Miguel Reyes, y al director artístico, Jaime Ortiz Pino. Llevaron a Luis Miguel. De aquella comida contaban una anécdota, al parecer el futuro artista tiró sin querer una maceta decorativa en una pecera que había en el restaurante llena de pescados. El niño, que temía las reacciones de su padre, se puso nervioso, pero fue tranquilizado, desde luego no era el momento de demostrar que había una relación autoritaria y que el muchacho no daba un paso ni decía una palabra sin pedir la aprobación de su papá.

El día del evento fue todo un éxito. Luisito, Pepe y Luis Miguel eran los invitados de la familia en una mesa de honor. El niño estaba fascinado de ver allí tanto personaje conocido, contaban que fue Cantinflas el que más le llamó la atención y que como era en realidad un niño no pudo evitar algunas actuaciones propias de un crío de 11 años, como ponerse a jugar con las cuerdas de los violines del grupo Villa Fontana.

A Micky lo dejaron para el final, después de escuchar también a la orquesta de Bebu Silvetti y de que se creara un enorme clima de expectación. Primero presentaron a su padre, y acto seguido a ese güero chamaquito con aspecto de no haber roto un plato en su vida con su camisa blanca y su pantalón azul marino. La novia dijo que tenía un regalo sorpresa para su padre y que les iba a presentar a un niño que cantaba como los ángeles. Cantó "Lágrimas" y todo el mundo quedó impresionado, pero el momento de mayor asombro fue cuando logró dar el do de pecho con la soberbia puesta en escena que hacía de "La malagueña" con la subida de tres tonos que dejaba a todos con la boca abierta. Remató con "Papachi" y la ovación cerrada emocionó a todos los asistentes, incluidos por supuesto los ejecutivos de la EMI. Había matado dos pájaros de un tiro, por un lado la enésima exhibición de la prodigiosa garganta del niño, pero a su vez la clara demostración que tenía duende delante del público, se ganaba a la gente desde el primer acorde.

Se lo dijo el propio Stockling en mitad de la apoteosis del momento: "Luisito, no me lo puedo creer, tu hijo es una bomba, esto lo comunico a Londres mañana mismo, tenemos que hacernos con la exclusiva y espero no vayas a pedir una fortuna por ello." El comentario parecía ir en un tono distendido y jocoso, pero no se iba a equivocar, Luisito Rey iba a apretar bien las tuercas como suele decirse. La tabla en alta mar que tiempo atrás pensó podía ser su primogénito se convirtió pronto en todo un buque insignia. Fue el inicio de la relación de Luis Miguel con EMI, el primer millón de dólares, Luisito legalmente tenía derecho al 40% de las ganancias como representante pero en realidad como tutor manejaría el 100%. El segundo contrato con EMI ascendió a 4 millones de dólares y según mis fuentes en el primero con WEA la cifra subió hasta los 10 millones. Mientras tanto el muchacho tenía que pedir permiso al padre hasta para comprar un helado.

Aquel día se disiparon las dudas de la gente de EMI, porque las había, así lo reconoció el propio Jaime Ortiz Pino, él mismo las tuvo, no de las condiciones del niño, sino de que pudiera llegar a funcionar como producto. Algunos de los que acabaron dando el visto bueno al contrato lo hicieron pensando que podría ser un buen negocio pero que no pasaría de ser un fenómeno coyuntural. En dos o tres años el niño cambiaría la voz y el cuerpo, la moda de Menudo menguaría y ahí se quedaría la cosa, pero valía la pena lo que se pudiera lograr hasta ese momento. Lo que no sabía la gente de la disquera que así pensaba es que la voz iba a cambiar, sí, pero Luis Miguel seguiría triunfando y quitándoles la razón. La desgracia para estos desacertados profetas de EMI fue que lo hizo en otra empresa, Warner.

Podríamos decir que la boda de Paulina López Portillo fue el primer mini concierto como tal de Luis Miguel, la primera vez que sintió esa adrenalina de un público entregado a su arte. Las actuaciones en Ciudad Juárez de la mano del show de Andrés García fueron apenas unos meses antes, y también tenían público, pero era algo más improvisado, aquí se trataba ya de un evento en el que el protagonista era él, hasta el punto que le pidieron una interpretación de la famosa canción mexicana que tan bien se sabía y tanto había ensayado en sus diferentes casas desde que aterrizó en México en septiembre de 1980.

17

El Sol de México y el general del "Pentágono"

Después de la boda todo fue coser y cantar. El 21 de junio de 1981 fue un Día del padre para los mexicanos, ya que este festejo cambia y cae siempre en domingo, el tercero del mes; el territorio de los "Vampiros", es decir, la privada de la calle San Bernabé de la colonia San Jerónimo, fue testigo de una reunión mitad festiva, mitad ejecutiva. Luisito organizó una fiesta por todo lo alto. Invitó a David Stockling, Miguel Reyes y Jaime Ortiz Pino, con sus respectivas familias. No faltó la paella de Pepe ni la guitarra de Luis, además del tequila y el whisky con el que amenizaron el rato. No pude confirmar la presencia de Durazo en este encuentro, pero es más que lógica y probable. La asistencia regular de Durazo en la privada fue mencionada públicamente de un modo muy singular por Roberto Palazuelos, como ya vimos, en *Big Brother*. Casualmente aquel Día del padre coincidía con el solsticio de verano en el hemisferio norte, todo un presagio para la llegada de un sol que iba a calentar mucho el panorama musical y las listas de éxito de la radio mexicana.

Luis Miguel le regaló a su padre un rastrillo de afeitar. Hablando de regalos, en mitad de la investigación pude saber cual fue el destino de algunos de los encendedores Dupont de oro que Luisito le había prácticamente hurtado a Juan Pascual. No se los devolvió jamás, porque nunca tuvo intención de hacerlo. Los usó para meterse en el bolsillo a los ejecutivos de la EMI. Cada uno de ellos recibió uno, y cuando lo hicieron no sabían como agradecer el gesto pensando en el "detallazo": "¡Lo que se habrá gastado Luisito en estos regalos!", fue la frase que me confesaron había pronunciado uno de los agasajados.

En aquel ambiente tan distendido de esa tarde—noche dominical, luego de hablar del que ya se daba como nuevo artista de EMI, no faltó el pequeño show del niño prodigio con rancheras, incluso temas en inglés de la recordada Ella Fitzgerald. A raíz precisamente de una de sus soberbias interpretaciones subiendo y bajando tonos como si tal cosa, se hizo un comentario acerca de la capacidad de Luis Miguel de lograr el llamado *scat* o *scat singing*, un tecnicismo que muchos asocian principalmente a la música jazz, consistente en cantar melodías y ritmos improvisados. Es en sí una improvisación vocal en la que se usan palabras sin sentido, haciendo de la voz un instrumento musical en sí. Para los entendidos, es el más claro síntoma de estar delante de un artista integral, y en aquella reunión lo que había era precisamente gente entendida en el mundo de la música. El niño tenía como una mezcla artística de negro y gitano, como un portento fundido del jazz, el soul y el flamenco, sin olvidar los genes de la lírica y la melodía italiana de su sangre Basteri. Todos se frotaban las manos con el diamante en bruto que tenían delante.

Contaba la familia española que Luisito quiso hacer una prueba para ver si su hijo estaba de verdad preparado para lo que se le venía encima. Así que un día tuvo una fuerte pelea con él haciéndole creer que le prohibía que se convirtiera en artista, como si él hubiera cambiado súbitamente de opinión, algo que desde luego dentro de su entorno sólo podría haberse creído un menor de edad. Supuestamente quería ver la reacción de su hijo, porque la de Marcela, así no contara para nada a la hora de decidir, seguía siendo la misma, no quería bajo ningún concepto que su niño se convirtiera en una estrella. Luis Miguel, en cuya mente infantil ya se había formado un torbellino de fantasías e ilusiones con la idea de hacer eso que tanto le gustaba, entró casi en shock según la versión de los Gallego, al punto de atreverse a decirle a su padre que si no lo dejaba cantar se escaparía de la casa. Dado el trato de total sumisión que había entre padre e hijo, esta anécdota no dejaría de tener su relevancia. Particularmente creo que nada se habría detenido, sin importar su respuesta.

En esos días de mitad de año es donde Luisito tiene la última conversación en calidad de padre para pasar a convertirse en el manager de Luis Miguel. Así se lo hace saber con una plática directa en la que le informa que por el momento va a apoyarse en su tío Vicente para que lo acompañe cuando él no esté. Vicente duró poco, después de él aparecerían Paco Ibáñez y José Luis Durán. Luis Miguel no hablaba como artista, hablaba como hijo, como niño disciplinado, le aseguraba que no le fallaría y que podía confiar en él.

El contrato era ya un hecho. La EMI esperaba la llegada del director general de EMI España para el mercado latino, Rafael Gil. En realidad era un formalismo, pues la decisión estaba tomada y era imposible que Gil pudiera revertirla viendo las condiciones del menor.

La gente de EMI no sabía la que se le venía encima con un socio como Luisito, alguien acostumbrado a no jugar limpio. Al principio todo fue bien, él, que fungía como padre y manager, exigió a la disquera que pusiera toda su potente maquinaria multinacional en favor de convertir a Luis Miguel en un hit incontestable en toda América Latina y España. EMI apostó fuerte, no solamente en el mercado en español, casi de manera simultánea al boom en México, se programó una grabación en portugués de algunos de los temas del primer disco para el mercado brasileño. Si esperaban que una vez el producto se consolidara hubiera lealtad y agradecimiento de la contraparte para renovar su relación laboral, estaban muy equivocados.

Con el contrato firmado se puso en marcha todo el proceso que culminó con el lanzamiento del disco. Todas las personas que iban a participar en el mismo tenían una acreditada solvencia en la industria musical. La producción fue encargada a José Enrique Okamura, quien había cosechado éxitos con Juan Gabriel. Los arreglos irían por cuenta de Peque Rossino y las canciones eran de compositores como Juan Gabriel, Rubén Amado, Xavier Santos, Jorge Ayala (King Clave), Octavio, el propio Luisito Rey y una adaptación de Miguel Medina de un tema de los italianos Riccardo Fogli y Maurizio Fabrizio.

A la hora de elegir el primer sencillo, una decisión bastante importante, no se pusieron de acuerdo. La mayoría apostaba por "Lo que me gusta", uno de los temas de Juan Gabriel, pero también gustaba mucho uno de los temas conjuntos de Amado y Santos, "1+1=2 enamorados". Lo que hicieron fue organizar un pequeño test entre un grupo de adolescentes de un colegio de la colonia Anzures, que escucharon las dos canciones y tuvieron una reacción más favorable hacia la que finalmente sería elegida. Hubo cierto consenso en la imagen que se debía manejar en el arranque, con fotografías en las que se usaban los tonos dorados y acaramelados, con efectos en difusión como dando un toque angelical e inspirados en la imagen de Peter Pan. Luis Miguel usaba mucho un traje de corsario durante ese primer año de 1982 y parte de 1983, que según su gente él odiaba. La imagen no tardaría en cambiar paulatinamente, en abril de 1983 cumplió 13 años y su cuerpo fue evolucionando hacia la pubertad, lo cual fue pertinentemente aprovechado para presentarlo en portadas de torso desnudo, cabello húmedo y unas claras connotaciones sensuales que se alejaban del espíritu del niño eterno del personaje de James Matthew Barrie. La carátula de *Palabra de Honor* o de una posterior reedición de *Directo al Corazón* son muy elocuentes en este sentido.

Dos fechas se fijaron como claves en el futuro de una de las grandes novedades musicales para el año 1982. El 21 de enero era la fecha del lanzamiento y el 31 su primera aparición en *Siempre en domingo*, con Raúl Velasco, un escaparate fundamental.

La presentación a los medios se hizo el jueves 21 de enero de 1982 en la sede de la calle Río Balsas 49, organizada por la jefa de prensa, Rosi Esquivel, una mujer que en aquellos días ignoraba la manera en que ligaría su destino al de aquel niño. En el evento resurgen una vez más las viejas mentiras marca de la casa Gallego y entre los muchos datos que ese día se le dan a los periodistas se incluye el parentesco con la actriz italiana Rossana Podestá, de quien según dice su padre es sobrino. Se informa que nació en Veracruz, que tiene una rica mezcla artística en sus venas y que México le ha dado todo y ahora él quiere darle todo a México.

El éxito fue rotundo e instantáneo, notorio desde el día siguiente de la presentación y del impacto en la radio. Era el centro de todas las conversaciones del medio y fue un flechazo instantáneo en las jovencitas. Bien lo pudo comprobar la propia Rosi cuando tuvo que acudir con el nuevo artista a una entrevista en la estación de radio XEW. Había un programa que era referencia y que encajaba a las mil maravillas para el perfil del nuevo producto, se trataba de La hora de Menudo. Decenas de adolescentes se habían reunido allí para esperarlo, y empezaron a gritar histéricas en cuanto llegó. Pero peor fue a la salida, después del programa la multitud se había incluso duplicado. Para colmo no estaba el auto que los debía recoger. Rosi se asustó, buscó inmediatamente un taxi mientras Luis Miguel salió corriendo al ver a todas esas muchachas que lo buscaban a él. Por fin pudo reunirse con su jefa de prensa, que lo llamaba desde el taxi, a donde entró con el enjambre de fans detrás.

Antes de todo aquello y de exponer al niño al epicentro de la fama, hubo que atar cabos. La versión de que el niño era mexicano, una fachada que desde hacía tiempo ya se había difundido boca a boca por obra y gracia de los Gallego, tuvo que oficializarse. Durazo volvió a echarles una mano con los trámites a través de un tal Sahagún Vaca. En la documentación aparecería su origen jarocho. En fechas no muy alejadas de su nacimiento, lo más cerca que los Gallego habían estado de Veracruz fue cuando Vicente llegó a su puerto con muebles procedentes de Puerto Rico. La versión que se manejó, ante la ausencia de una partida de nacimiento, era que el papel estaba en un convento que se había quemado y que fue pasto de las llamas. Como ya quedó dicho, en ese pasaporte presuntamente se modificó su edad haciéndolo dos años más joven.

Resultaba muy complicado venderle a la opinión pública que El Sol de México, un alias perfecto para la imagen y el producto que se quería lanzar, era en realidad español y había nacido en Puerto Rico. El apelativo de El Sol, que sería a la postre el título de su primer disco y se le quedaría por siempre como sobrenombre, se consolidó en una reunión de marketing y según varias fuentes fue el propio Negro Durazo el que tuvo la ocurrencia. Era ideal, pero el niño tenía que ser y parecer mexicano. El entrenamiento en el acento que venía recibiendo desde que empezó el año estaba ya a punto de dar sus frutos. Tampoco necesitaba mucho esfuerzo, era muy espabilado, con gran capacidad de imitación y de mimetizarse con el entorno. Llevaba casi un año escuchando acentos y jergas mexicanas por todos lados. No sería complicado, como tampoco fue difícil que un niño que de tonto no tenía ni un pelo de su larga melena, menos en el ambiente en el que se había criado, en picaresca permanente, interiorizara que a partir de ahora México era su país y Veracruz su lugar de nacimiento, en mitad de una gira de su padre, por si alguien preguntaba. Seguramente ningún periodista de los que diez años antes habían recibido a Luisito con su bebé en el aeropuerto iría a recordar que cuando llegó había dicho que su hijo nació en Nueva York. Menos probable todavía que alguno le diera por ir a curiosear a la hemeroteca.

Cuando padre e hijo estamparon su firma en el primer contrato profesional de la carrera de Luis Miguel, desaparecieron de un plumazo todos los problemas económicos de los Gallego. "El Sol de México" era a su vez el hallazgo de El Dorado para el fracasado cantautor andaluz. Bastantes fuentes consultadas coincidieron con una afirmación, con la que estoy completamente de acuerdo, Luisito, y los hermanos en general, eran menos peligrosos sin dinero que con dinero. Lo pude comprobar con mis propios ojos al ver cómo el propio cantante contrató a terceros para cuidar a su abuelo paterno en sus últimos años en Cádiz a fin de evitar que el dinero pasara por sus tíos. Estoy plenamente convencido de que si Luis Miguel hubiera sido mayor de edad desde el mismo comienzo de su carrera, su padre no habría durado ni un año a su lado. No fue así la cosa, por el contrario, el papá tuvo 6 años de libre manejo de la gallina de los huevos de oro.

Luisito no iba a ponerse a saldar deudas y a hacer las paces con la gente después de la jugosa cantidad de dinero que le supuso la firma del primer contrato de Luis Miguel, gracias al cual en un solo año, 1982, tuvo ya dos LP's exitosos en el mercado. Nada más lejos de sus intenciones. Lo que hizo fue aumentar el nivel de vida hasta el punto que los nuevos y altos ingresos se equiparaban a los nuevos gastos. No demoró mucho en buscar una casa mejor de la que tenían prestada por Andrés García en San Jerónimo, y se mudaron a los Jardines de Coyoacán, paso intermedio hacia la posterior y nueva mudanza a las Lomas de Chapultepec y al más tardío penthouse de Polanco.

Lo que sí empezó a forjarse fue una fortuna y Luisito se sentía como nunca, con dinero y poder, su frase favorita aludía a que era el general en el Pentágono, desde donde se encargaría de ir nombrando otros generales para la guerra que él pudiera dominar. Al general no se le escapaba ni un detalle, ni un solo peso. Creó un entramado de manejo irregular del dinero para evitar pagar los impuestos, algo que sería una constante en todo el tiempo que estuvo al frente de la carrera de su hijo. Las millonarias cantidades que se generaban acarrearían un grave problema con imputación de delito fiscal al propio Luis Miguel, que a punto estuvo de costarle muy caro y que la intervención de Hugo López logró evitar. Luis Rey no tributaba el dinero como debía en México, lo evadía, el destino principal era Suiza, donde al menos durante la investigación pude saber que una cantidad cercana a los 20 millones de dólares se encontraba en una entidad llamada Soditic en el país alpino, cuyo agente era un judío argentino.

En el manejo irregular del dinero, Luisito iba a involucrar a Marcela Basteri, a la que usó como testaferro en determinadas transacciones que la dejaban a ella como titular. Marcela sabía demasiado, y esto le preocupaba y le hacía temer por su propia integridad física, así se lo reconoció a su familia italiana en los meses previos a su desaparición. Es uno de los indicios circunstanciales que alimentan la teoría de los familiares transalpinos de que a ella se la tragara la tierra.

El domingo 31 de enero de 1982, Marcela no podía ni presagiar lo que se había puesto en marcha. Ese día ella se olvidó de su oposición a la carrera de su hijo, del hecho de que aquello era el principio de una más profunda soledad, y asistió con orgullo a la retransmisión de *Siempre en domingo*. Las lágrimas se deslizaban por sus mejillas con una gran cantidad de sentimientos encontrados. Por un lado está el sentimiento de madre, de recordar todos los momentos que aquel bebé lloró en sus brazos, las vivencias de un niño soñador que comenzó a cantar en familia y soñaba con llenar los escenarios y sacar a su gente de la pobreza. Por otro está la terrible corazonada de que el carácter de Luisito acabaría por procesar todo eso hacia la negatividad. Su esperanza la depositaba en su padre y su madrastra.

Catalina Mezín recordaba que el gran sufrimiento de su ahijada en esta nueva etapa apenas comenzaba. Tanto fue así que, viendo el panorama, trató desesperadamente de que su madrastra y su padre se mudaran a México a vivir con ella. Le escribió a su padre para que le ayudara a convencer a Cata, y éste no dudó en dirigirse a su compañera para complacer a su hija. Le escribió una carta en la que le decía que se fuera a vivir a México, y que si lo hacía él se les uniría también. Las palabras textuales de Sergio Basteri fueron estas: "Querida Cata, soy Sergio. Te escribo para que sepas que he recibido una carta de Marcela en la que me dice que quiere que vayas a México con ella. Te necesita. Vende todo y ve, cuando tú estés allí yo iré también. Te dejo la dirección." Pero Cata no le creyó. Ya había tenido una oportunidad cuando ella se fue a Italia y él le falló, no se casó con ella y acabó regresando a la Argentina.

El nuevo estatus económico que consiguieron a raíz del lanzamiento de Luis Miguel supuso un punto de inflexión en el agravamiento de la adicción de Luisito con la cocaína, en la que introduciría a su hijo prácticamente como si de una medicina se tratara, con la excusa de que lo haría rendir mejor en las presentaciones y en el ritmo exigente, un tanto avaricioso, del apretado calendario de giras, un hecho del que ni sus propios hermanos han tenido pudor alguno en contar públicamente en la televisión, tanto Pepe en 2010 como Vicente en un documental argentino en 2006 y en las largas pláticas que tuve con él en Cádiz. El desmadre, que nunca le abandonó a lo largo de su vida, se salió de todo límite desde el momento que se vio con holgura económica.

El papá de Luis Miguel veía el uso de la droga como un modo de dopar al artista y mejorar su rendimiento, en un acto de tremenda irresponsabilidad. Luis Miguel estuvo sometido desde un primer momento a un ritmo de trabajo muy exigente, girando no solamente en México, sino en muchos de los países donde la compañía discográfica había decidido apostar fuerte, como podía ser Argentina, Chile, Venezuela, Perú o Puerto Rico, entre otros. En este último país fue presentado en un show junto a los populares Menudo y de aquí recogí una anécdota escuchada por un operario de sonido, que escuchó al niño llorando en una discusión reprochando a su padre que estaba aprovechándose de la situación para acostarse con otras mujeres y engañar a su madre. En la isla lo presentaron como mexicano de Veracruz, nadie cayó todavía en el engaño, habían pasado demasiados años.

En Argentina, país donde acabaría viajando mucho a lo largo de su carrera, pudo conocer a parte de los Basteri que todavía no conocía. En el país de la patria de la primavera vivió incontables anécdotas y llegó a niveles de popularidad similares a los de México. Para Chile tuvieron que expedirle en la más absoluta discreción un pasaporte de los Estados Unidos, con el que entró al país andino, debido a los problemas migratorios que se presentaban para los mexicanos en plena dictadura del general Pinochet, arrastrados desde la ruptura de relaciones diplomáticas por parte del presidente Luis Echeverría. Las relaciones entre ambos países no serían restablecidas hasta el 23 de marzo de 1990.

De Perú hay otra simpática anécdota que contaba su tío, cuando quiso hacer una de sus típicas bromas con un rocoto que tenía la forma muy redonda, parecía una manzana. El dueño del restaurante decía que esos en particular eran muy picantes. El rocoto es una variedad de chile picante muy típico de la gastronomía peruana y chilena, en México me dijeron que hay una variedad similar llamado precisamente chile manzano. Luis Miguel le dio el rocoto rojo a una institutriz que lo acompañaba y que respondía al nombre de Gloria. La engañó diciendo que se trataba de unas manzanitas típicas del Perú. Ya sabía de antemano que ella era casi alérgica al picante, lo detestaba. Cuando esa pobre mujer dio el primer bocado al rocoto casi se muere entre las risas de los acompañantes, periodistas incluidos, que compartían mesa y mantel en aquel restaurante limeño.

A las giras había que sumar las nuevas grabaciones, las versiones en portugués y la primera de las dos películas. El niño estaba sometido a una tensión constante y hacía siempre lo que le decía el papá.

18

Creciendo deprisa: la carioca maravilhosa

La niñez de Luis Miguel se acortó por fuerza mayor: discos, giras, promociones, televisiones y películas alterarían el curso natural del crecimiento de cualquier ser humano, máxime si el que dirige las riendas del caballo dorado es el brioso Luis Rey. Antes incluso de saltar a la fama, la vida de su familia no era la más idónea para una infancia convencional. Aun así, todos cuantos lo trataron destacaban su buen carácter, siempre obediente y amable, dispuesto a llevar un vaso de agua si se le pedía, limpiar unos zapatos o hacer un recado. Jovial, alegre y dulce, su espontaneidad artística también hacía que cayera bien a todo el mundo.

A partir de los 11 años, los tiempos se distorsionaron sensiblemente. Experimentó cosas que no eran propias de su edad. Sin embargo, aparecería ocasionalmente el niño que todavía era. Como en la entrevista que le hicieron en la revista *TVyNovelas* en el mes de abril de 1982, a la cola del gran éxito de su primer disco. El reportaje en sí se elaboró con una intencionada atmósfera infantil en el Parque de Chapultepec, donde se entretenía con los chimpancés y comiendo golosinas: "El doctor me ha dicho que no me coma las golosinas para no engordar. Papi y mami también me dicen que para un artista joven como yo engordar es perder la galanía, pero hoy no me ven, así es que me aprovecho y me salto el régimen."

Hubo quien notó que cuando se relajaba en exceso, todavía de vez en cuando se le podía notar en su manera de hablar un acento un tanto raro, propio de quien intencionadamente iba evolucionando su acento natural al tono mexicano. En sus respuestas no había duda de su mentalidad imberbe: "Estoy encantado, de verdad, no saben lo que les agradezco que me hayan traído aquí, ya tenía ganas de conocer Chapultepec, pero qué lástima que no esté el osito panda Tohui, pues ya tenía ganas de verlo."

Micky decía que le gustaba patinar, que estaba muy orgulloso de las dos apariciones que ya había tenido en el programa *Siempre en domingo*, y fue precisamente en ese instante, cuando habló sobre su carrera profesional, sus interlocutores no dejaban de sorprenderse del contraste del discurso, ahora propio de todo un adulto. En un momento incluso se convierte en un testimonio de primera mano del propio Luis Miguel sobre el momento clave que supuso en su carrera la boda de Paulina López Portillo: "Pues papi me dijo de la importancia de que el público te acepte y de salir por televisión. Y todo esto surgió el año pasado que debuté como invitado especial en una boda ante muchos invitados, dos mil o así, mi presencia impactó a los asistentes, a raíz de esa actuación decidieron que podían proyectarme como carrera para la que desde entonces me preparé. Claro, tuve que dejar la escuela en la que estaba en quinto de primaria. Ahora lo que hago es estudiar con un tutor que va a casa dos horas al día."

Esta es una alusión directa del cantante al desorden académico en el que se había convertido su propia trayectoria estudiantil, como ya vimos. Su último curso académico en España, el 79—80, antes de viajar a México, fue un desastre, y una vez allí no se enderezó nunca, ni en Ciudad de México ni temporalmente en Ciudad Juárez. El abandono de los estudios

Capítulo 18

Creciendo deprisa: la carioca maravilhosa

fue directamente proporcional al éxito. Llegó un momento que los únicos libros que leía eran las novelas de Julio Verne, que le fascinaban, y las únicas clases que en verdad atendía eran la de inglés, los idiomas le gustaban.

Luisito se convirtió en un ser omnipresente, el general quería controlar todo. Su imagen de manager implacable se manifestaba hasta con las adolescentes que perseguían a su hijo, como se comprobó claramente en un desayuno que organizó también la revista *TVyNovelas*. El niño llegó con toda su espontaneidad a compartir con sus fans: "¿Saben qué les digo? Hoy me levanté hambriento, así que mejor desayunamos primero, luego les doy autógrafos y platicamos, hacemos fotos y todo lo que quieran." ¿Por qué eres tan guapo?, le preguntaron. La respuesta no deja duda que en mitad de toda la naturalidad de las respuestas tenía bien aprendida la lección, es más, sospecho que él mismo creía esa mentira sobre Rossana Podestá: "Pues porque mi mamá es muy bonita y también papi, que es ya adulto pero tiene su pegue. Una de mis tías también es muy guapa, es actriz. Pero guapo es en realidad Elvis, es uno de mis favoritos, aunque también me gustan mexicanos como José José y Marco Antonio Muñiz."

El intercambio duró hasta que Luisito dijo basta, le inquietaba que entre tanta plática y tanta relajación fuera a decir algo que no convenía. En un momento dado le invitó a que se despidiera, él obedeció sin rechistar y abandonaron el encuentro.

En otra de las entrevistas que le programaron para la promoción, organizaron un encuentro con cinco jovencitas que se convirtieron en improvisadas reporteras. Su vocación profesional quedó clara en aquel encuentro: "¿Carrera? El canto es mi profesión. Yo quiero ser cantante toda la vida." Una de ellas le dijo que le recordaba a Elvis Presley en la actuación que había hecho en *Siempre en domingo*. No iba la fan muy desencaminada, pues sin conocer el pasado infantil de su nuevo ídolo, donde pluma en mano a modo de inventado micrófono se ponía a imitar al mito de Memphis a cada rato, le había dado en el clavo. La respuesta de Luis Miguel evitó sin embargo aludir a los años que lo imitaba por todos lados, pero claro, una cosa era imitarlo delante de la familia, y otra delante de millones de mexicanos: "Pues claro, admiro mucho a Elvis, es uno de mis cantantes favoritos, guardo varios discos suyos, pero no lo imito en escena, ni siquiera me atrevería a intentarlo. Quizá el traje de cuero negro contribuyó a que me relacionaras con él. Pero esos atuendos también los usan cantantes como Tom Jones, Sandro…"

No pasaba inadvertida en algunas de estas notas la mejora de la calidad de vida en los Gallego, no sólo tenían una casa mejor, sino que también el parque automovilístico hizo el papel que tanto amaba Luis Rey, la apariencia de una vida opulenta en consonancia con la gran estrella que era su hijo como cantante y por supuesto él como manager. Para él eran lujos pero inversión también: "Dinero llama dinero, picha", se le escuchaba decir. Esta obsesión por no reparar en gastos fue muy recurrente en los testimonios que abordé, incluidos los de los dos hermanos Gallego en tierras andaluzas. La humildad era algo que ni siquiera existía en su diccionario, y la pobreza era un motivo de sonrojo y vergüenza, que sólo se muestra al mundo cuando se está en desesperación, como ocurrió con Vicente Gallego, el tío de Luis Miguel de Cádiz que no tuvo reparos en disimular que pedía limosna ante la cámara de un paparazzi y hacer copia de una carta que certificaba que recibía ayuda de Cáritas para que comiera su familia.

En 1982, desde luego, pobreza no había ninguna, ni en el general del Pentágono ni en los soldados rasos, como podía ser el caso del propio Vicente Gallego, siempre presto al mando de su hermano para colaborar en la medida de sus posibilidades en la carrera de su sobrino, quien por cierto se encariñó mucho, como él mismo contaba, con su prima Lorena, la primera hija de Vicente y Rosa, que nació precisamente por aquella época y fue bautizada en la iglesia de Coyoacán, y que para él era la hermanita que no había tenido. Una historia muy triste por el final que aguardaría a la relación de Micky con sus primos. Cuando yo la conocí en 1996, Lorena era una jovencita, adolescente ya, muy guapa, como lo fue también su madre antes del deterioro del tiempo y las circunstancias, pero con una expresión de profunda tristeza en sus ojos, con un aire de languidez que por momentos me recordaba a esas personas que quedan en silencio permanente traumatizadas ante un shock.

Luis Miguel hablaba en una entrevista precisamente de uno de los claros síntomas de la opulencia del general del Pentágono, un Mercedes negro tipo limusina con chofer particular incluido, con teléfono, bar, cristales especiales y hasta televisión, según reportaban. Esto es lo que decía al respecto: "Cuando crezca lo voy a manejar yo, bueno, la verdad es que no sé, porque cuando salgo de cantar salgo muy cansado, así es que mejor lo maneja Elías. Lo que sí me gusta es que los vidrios de fuera son oscuros, así viajo de incógnito y nadie me reconoce, como James Bond."

Hay que destacar que en este inicio de su carrera Luis Miguel estuvo muy cerca de la felicidad completa. Hubo momentos en los que el mundo creyó ver un sueño hecho realidad, el de una familia feliz y unida y un niño soñador que cumplía su sueño de ser cantante y que en su fuero interno le satisfacía arreglar todas las penurias de su gente. Uno de los momentos que escenifica perfectamente lo anterior fue el viaje a Disneylandia, que hubiera sido un momento de completa intimidad familiar de no ser porque el manager pensó que aquella imagen era a su vez una buena publicidad. Ya sabemos de las dotes fabuladoras y propagandísticas de Rey, en esta ocasión no había nada que fabular, sólo mostrar los momentos entrañables en el famoso parque de atracciones.

TVyNovelas recogió la visita y declaraciones de sus protagonistas. El niño estaba radiante: "Me retraté con todos los personajes, el que más me gustó fue el Capitán Garfio. Lo que más me gustó de Disneylandia fue el castillo de la Bella durmiente, parecía que de un momento a otro iba a despertar, ¡qué hermosa es!"

Cuando le comentaron que su niño disfrutaba mucho, Marcela contesto: "Sí, y yo también, no se crean, porque últimamente tengo que saborear al máximo los ratos que estoy junto a él que no son muchos." En esa primera frase se confiesa abiertamente el temor que siempre tuvo, se atisba la soledad creciente de una madre abnegada. Luego prosiguió: "Le habíamos prometido unas vacaciones desde hacía mucho tiempo, porque el pobre al fin y al cabo es un niño y no ha tenido más que trabajo y viajes en los últimos meses. Además de eso, por si fuera poco, también está con los estudios, es una locura…"

Luisito no perdía ocasión de anunciar lo que se venía de manera inminente: "Luis Miguel es un niño muy responsable, estoy muy contento de la forma que ha respondido a toda la disciplina que le hemos impuesto de trabajo, y por eso me pareció oportuno traerlo aquí para que se olvide de sus compromisos. Le he prometido que me iba a subir a la montaña rusa con él, está loco por subir ahí. Después de estas mini vacaciones empezaremos a filmar y con el nuevo disco." La maquinaria de la gallina de los huevos de oro no pensaba aflojar.

El nuevo disco *Directo al corazón* se publicó antes de finalizar ese mismo año de 1982 y confirmó el éxito de su antecesor. El disco es casi una réplica en la imagen y el estilo de las 10 nuevas canciones, la voz es la misma y se mantiene en la portada, en la que esta vez predomina el rojo anaranjado de un bello atardecer, el apodo de "Luis Miguel, un sol", sol que aparece en el fondo de la imagen y en el visible estampado de la camisa morada que luce para la carátula. Fue igualmente distribuido en América Latina y en España. Se apostó nuevamente por los arreglos de Peque Rossino y el éxito en las composiciones de Rubén Amado y Javier Santos después del éxito que obtuvieron con "1+1 = 2 enamorados". El único tema de Luis Rey que aparece en este disco, que él mismo produce, es precisamente el que le dedica a su madre, la vieja canción de Marcela con la que Luisito quiso seducir a la mamá de sus hijos en aquel lejano 1967 del verano argentino.

> *Nada en este mundo*
> *Vale nada si no estás*
> *Marcela.*
> *Mi nublado cielo*
> *Lo alumbraste con tu sol.*

Palabras que escritas hoy en día adquieren un significado inmortal. Palabras que emocionan si la mente busca con nostalgia un flashback hacia el fin de año de 1982 y la bienvenida de 1983. Dos semanas transcurridas por todo lo alto al calor del sol de Colima y las hermosas playas de Manzanillo en el Pacífico mexicano. Fueron otros de esos momentos en los que la felicidad navegaba a bordo de un yate. Los Gallego eran felices emborrachándose, me sorprendía incluso la naturalidad con la que lo reconocían tanto Vicente como Pepe, las mujeres cuidaban de los niños, ellos disfrutaban de los paseos marítimos, y Micky era feliz en busca de pescados con el capitán del barco que alquilaron para pasear y pescar. Se hizo con un pequeño marlín tras una ardua persecución. Su madre lo abrazaba llena de orgullo, Marcela alumbraba completamente ese sol.

Hubo otro tipo de momentos que le tocó vivir y que le obligaron a crecer deprisa. Estos seguramente no le traerán tan buen recuerdo y mucho menos nostalgia alguna. De esos sucesos se podría hablar de cualquier cosa menos de una familia ejemplar. Vivencias a las que casi su conciencia se había acostumbrado desde que era un bebé. Ya mencioné en un capítulo anterior la teoría científica que avala la influencia que en un niño pequeño puede tener el verse sometido a un entorno y cómo este puede quedar alojado para siempre en su subconsciente. Pero por si lo de la primera infancia no era suficiente, lo que vino después, con Luis Miguel perfectamente consciente de ello, fue igual o peor.

Durante la investigación de *Luis mi rey* pude escuchar muchos testimonios de las dantescas fiestas en las que Luis Rey se vio involucrado, con espectáculos muy poco edificantes de alcohol, sexo y drogas. El polvo blanco rodaba por doquier. Tampoco le importaba que estuviera su pareja digamos "oficial". Marcela no se atrevió a hablar explícitamente de ello ante su padre, madrastra y demás familia italiana, pero ellos sospecharon que cosas horribles habían pasado porque se le notaba "en la mirada, en el cuerpo y en el alma", recuerdo una de las frases de los Basteri en Massa-Carrara. En la narración de la obra lo traté con sutileza sin dejar de obviarlo, pero después incluso de la publicación del libro, en estos 20 años ha habido testimonios que han venido a corroborar tan lamentables hechos que el cantante tuvo que sufrir sin hacer nada desde edades muy tempranas. Uno de ellos procedía de José Quintana, como veremos.

Años después, con Marcela ya ausente, la cosa iría peor, con orgías en el penthouse de Polanco, con la presencia algunas veces de reconocidas mujeres de la farándula mexicana cuyos nombres prefiero omitir, que fueron desquiciando a Luis Miguel de manera progresiva. Allí había un jacuzzi que era uno de los lugares predilectos del manager y padre de la estrella para hacer todo tipo de excentricidades sexuales.

Es muy fácil entender, una vez más, el sufrimiento de Luis Miguel y el hermetismo al que la vida lo condenó. No se puede elegir el propio destino cuando las decisiones no dependen de ti. Algunas veces se rebelaba, alzaba la voz a su padre recriminándole muchas cosas que veía y le desagradaban, como la escena que cité en Puerto Rico y que fue escuchada por un operario de sonido. Él no era ajeno al sufrimiento de su madre y al hecho de que su padre, viéndose económicamente fuerte, se estaba propasando con el abandono, cada vez mayor, de la que había sido su compañera. Ahí siempre llevaba las de perder. Su padre sacaba su vena autoritaria y El Sol tenía que seguir y callar. Hasta su mayoría de edad tuvo que ser así.

Brasil se iba a convertir en un país protagonista en la precocidad del hijo mayor de Luis Rey, iniciado en las artes amorosas en plena pubertad. Tenía un par de buenas historias respecto a las cosas que aquí sucedieron en la versión de la familia española, así que eché mano de mi gran amigo y hermano Tico Lacerda para poner rumbo a la capital carioca con el fin de investigar lo que allí había sucedido. No me resultaba muy difícil imaginar los encantos de las mujeres brasileñas que tanto seducían a los Gallego, de hecho yo mismo había tenido poco antes una novia de aquella nacionalidad. La sensualidad del acento portugués fue precisamente lo que tenía loco a Luisito y a su hermano Vicente, como él mismo reconoció.

Allá por donde pasaba el personaje dejaba huella, y en Río de Janeiro no fue una excepción. Localicé al que fue su anfitrión y compañero de andanzas cariocas, el cantante, compositor y productor musical Carlos Colla, cuya hospitalidad y amabilidad comprobé que estaban a la altura de todos mis amigos brasileños. Carlos no olvidaba ni mucho menos a Luisito Rey ni su apego a las noches locas de caipiriñas, cocaína y mulatas espectaculares de esas que arriendan el amor por horas o días, depende de la capacidad de la billetera. Recordaba incluso que en una de aquellas juergas locas, con una suite llena de mujeres, a Luisito, completamente enajenado como consecuencia de la ingesta de drogas y alcohol, tras un derroche de interpretación a la guitarra, completamente desnudo, a juego con la ropa del resto de mujeres allí presentes, le dio por componer una canción. Carlos la guardó, y cuando al día siguiente se echó mano al pantalón y dio con ella entró en conciencia del desmadre de su colega español. No lo podía creer.

Carlos fue recomendado a través de la disquera por sus trabajos con Roberto Carlos, al que le unía ya una larga trayectoria de colaboración musical plagada de éxitos. La misión que tenía el manager y padre del nuevo artista era que Colla se hiciera cargo de las canciones que Luis Miguel debía grabar en lengua portuguesa.

Colla recibió a Luis en el primer viaje que este hizo a Río de Janeiro con esa intención. Su primer encuentro fue en un restaurante de la famosa playa de Ipanema, no muy lejos del lugar donde otro fanático de la bohemia, Vinicius de Morais, había compuesto la famosa "Garota de Ipanema" luego de quedarse deslumbrado con una hermosa mujer que pasaba todos los días frente a él y su trago de cachaza.

De los sucesivos viajes de Luisito a la capital carioca, Colla recordaba a Luis Miguel, un niño que ya iba tomando forma de jovencito, al que acompañaba también un señor que le presentaron como hermano de Luisito: "Era el que se quedaba a cargo del niño cuando su padre estaba fuera, de eso sí me acuerdo bien. Fueron los días que estábamos con mucho trabajo y cuando acababan Luis dejaba al niño y me buscaba para hacer sus fiestas."

Habían pasado muchos años, más de 12, pero todavía alcanzaba a evocar, cuando le pregunté, las bellezas de una joven mulata que trabajaba para la EMI y que no dejaba indiferente a nadie que visitara las oficinas del célebre barrio de Botafogo. Lo que tenía ella y no tenían las demás bellezas cariocas es que ella, según mis informaciones, rompió la virginidad de Luis Miguel. Colla recordaba el coqueteo del cantante con aquella preciosidad: "A mí me sorprendió mucho, porque lo veía más como un niño de unos 13 años, sí se le veía ya un poco desarrollado pero en mi mente era más un niño." Una vez le llamó la atención algo que pasó en el estudio, unos ruidos que escuchó en una parte donde según la descripción estaba la batería, ahí estaba él con una joven espectacular, se reían, tenían una cara de complicidad como si algo hubiera sucedido. Todos los indicios apuntaban a que se trataba de una despampanante brasileña llamada María: "Sí me acuerdo de ella, se llamaba María, y de las travesuras que ellos hacían en el hueco de la batería. Ella creo que luego fue contratada en la Warner de Brasil."

Intenté por todos los medios localizar a tan escultural mujer, que si los números no fallan, hoy día tendría 53 años. Lo único que sabía de ella es que se llamaba María, también tenía el apellido, sabía que era hija de padre italiano y madre brasileña, y que debía tener unos 19 años en la época que Luis Miguel viajó a Río de Janeiro. No hubo manera, Carlos apenas tenía un recuerdo de ella y en las oficinas de la EMI nadie me supo dar razón, tampoco en las de Warner. En aquel mes de mayo de 1996 ya no había rastro alguno de aquella escultural mujer, por lo que simplemente pude confrontar el recuerdo del célebre compositor acerca de un chisme que por aquellos días circulaba por Río.

A Luisito no se le había ocurrido otra cosa que iniciar a su hijo en las artes del amor de la mano de una de aquellas mujeres de sexo por encargo que él tanto frecuentaba. No tuvo reparo en comentárselo a Colla. Esta idea la compartió con Peque Rossino y la justificó en el sentido que ya era un jovencito y que en los nuevos discos habría que explotar una imagen más sensual, por lo que era bueno que fuera aprendiendo de qué iba eso del amor. Rossino se escandalizó, pero Luisito no reparó en dejar a su hijo a solas con una espectacular mujer, muy profesional, que cuando se marchó hizo un comentario irónico. La habían contratado para que fuera suave y delicada con la primera vez del muchacho y ella dejó entrever que lo había visto muy espabilado como para ser la primera vez. Eso daba pie a pensar en la versión de su tío sobre el debut amoroso de El sol, una anécdota simpática que él me contó varias veces con una sonrisa cómplice en su rostro, y era al menos bastante más romántica.

La historia de la tal María nació precisamente de ese afán mujeriego de los Gallego. El propio Vicente era el que andaba detrás de la joven carioca hasta que logró citarla en el hotel en el que se alojaban, el Othon Palace de la playa de Copacabana, cuyo personal de relaciones públicas fue muy amable y generoso conmigo para mostrarme las instalaciones y la habitación 1810 en la que sucedieron los hechos, desde la que pude fotografiar el imponente paisaje de una de las playas más famosas del mundo, con una atmósfera, una luz y un clima que invitan a cualquier fantasía amorosa.

La habitación 1810 se comunicaba con la 1812, eran las que ocupaban Luis Miguel y su tío Vicente. Éste había engalanado con un ambiente romántico la suya sin que nadie se enterara, temeroso de que su hermano, el gran general del Pentágono, se enfureciera y le recriminara su actitud como solía hacer a la menor falta. El servicio de habitaciones se había encargado de llevar discretamente unos canapés y un buen champán francés para la ceremonia introductoria a la noche de amor con la escultural María con la que el tío fantaseaba. El plan era cerrar la puerta y dejar a su sobrino que se entretuviera con la televisión mientras la música de bossa nova a un determinado volumen en la suya facilitaría las cosas. Pero nada salió como él lo había previsto.

María llegó puntual al Othon Palace en el número 3264 de la Avenida Atlántica, en primera línea de playa de la famosa Copacabana. Si nos atenemos a la memoria del tío, cuya expresión algo lasciva, que se repetía una y otra vez al rememorarla me dejaban fuera de toda duda, aquella *garota* debía ser todo un espectáculo de sensualidad con una camiseta escotada ajustada y una minifalda que lucía sus enormes piernas, estilizadas en ligeros tacones. No debía ser muy diferente a la que enloqueció en su día a Vinicius de Morais en la vecina Ipanema, dando pie a su inmortal melodía.

El tío incumplió su obligación de no dejar solo al cantante para bajar a recepción. Era demasiado directo proponerle a la chica subir de una vez a la habitación, por lo que invirtió un buen tiempo en el bar para dar rienda suelta a sus dotes de seductor antes de invitarla a subir. Durante todo ese tiempo había que rogar que al muchacho no le diera por cruzar de una habitación a la otra, pero según la versión de los hechos que él manejaba sí lo hizo. No encontró a su tío pero sí muchos canapés y champán. Lo que sucedió a continuación parecía más un plan premeditado que una inoportuna casualidad.

Una vez que invitó a María a subir, ya con el champán descorchado y su fantasía desbordada pensando en la que se le venía por delante, irrumpió Luis Miguel en la habitación quejándose de un fuerte dolor en el vientre y pidiendo a su tío que le consiguiera una pastilla urgentemente. Enojado ante la contrariedad que había partido en dos la magia de aquel momento, no tuvo más remedio que atender la petición. Dejó a María en la habitación y regresó más tarde con la pastilla, pero cuando entró en la habitación la mulata había desaparecido. La puerta contigua se había bloqueado, empezó a llamar con insistencia pero su sobrino no respondía. Ni por el teléfono, ni con una llave maestra, inútil cuando por dentro han echado el seguro, logró acceder a la habitación de Luis Miguel. Parecía obvio que la joven María se había mudado de cuarto y no le quedó de otra que admitir la decepción y esperar en el bar a que el jovencito apareciera. Unas dos horas después comprobaría que sus sospechas eran ciertas. Por fin se abrió la puerta, María estaba sonriente, su sobrino más todavía, el cabello de ambos aún estaba húmedo, señal inequívoca de que ambos habían pasado por la ducha, incluso se reían ante el mal humor del tío. La chica se marchó y allá se quedaron sobrino y tío, contrastando sus semblantes.

La noche de la llamada "Cidade Maravilhosa" había dejado una sonrisa infinita en el Sol de México. No había una manera más maravillosa de despertar al amor.

19

La nueva voz

Para el entonces pequeño Alejandro Gallego, hoy Alejandro Basteri, la vida no fue fácil nunca, tal como le sucedió a Luis Miguel, pero para él la meteórica fama de su hermano era una sombra en la que era difícil habitar. Micky se convirtió en su héroe más que en su hermano de sangre, y esta relación marcó en cierto modo su personalidad. Con el paso del tiempo logró hacer sus propios negocios y tener su propia familia, pero siempre ha estado en un discreto segundo plano, como más tarde lo haría también el menor de los tres hermanos, Sergio, quien una vez en la custodia de su hermano, hasta su mayoría de edad, vivió un buen tiempo en Boston con los cuidados de uno de los más estrechos colaboradores de la familia, el "Doc" Octavio Foncerrada, quien también acompañó a Luis Miguel en uno de sus últimos viajes a Italia.

En aquellos años su madre se preocupaba especialmente de que los celos y el complejo de inferioridad no acabaran con la autoestima de su segundo hijo y evitar en la medida de lo posible que una especie de síndrome de patito feo se adueñara de él para siempre. La familia contaba una anécdota en la que Alex, que así era como siempre le llamaban, tapó una salida de gas con una goma de mascar en la casa de Jardines de Coyoacán, lo cual pudo haber originado una tragedia y le valió una de las terribles reprimendas de Luisito.

Para Alex fue muy duro también el episodio de la desaparición de su madre, y tal como sucede con su hermano es prácticamente imposible, lógicamente, que vaya a afrontar en público los hechos de los que tiene conocimiento. Alejandro tuvo, en los meses en que la desaparición comenzó a ser un hecho, un papel importante en el trato con su familia italiana.

Tanto Alex como Micky fueron testigos de la prosperidad creciente de la familia con el éxito del fenómeno llamado Sol de México. Hubo un nuevo cambio de domicilio al número 450 de la calle Montes Escandinavos, esquina Prado Sur, del exclusivo sector de las Lomas de Chapultepec. Una casa de ricos, como le gustaban a Luisito, porque ricos se habían vuelto, la mina de oro andaba a un ritmo frenético de explotación, que también llegó al cine. Luis Miguel hizo dos películas. Luisito no demoró en lograr un nuevo contrato con EMI directamente en las oficinas centrales de la compañía en Londres una vez que se superó la incertidumbre respecto a la voz. Aunque según los datos que pudimos recabar él figuraba en el contrato como manager, con un 40% de los ingresos que reportaba la empresa, como ya vimos en realidad controlaba 100% puesto que su hijo era menor de edad, y por tanto fungía como manager y tutor a la vez.

El cambio de la voz preocupaba. Con 13 años ya empezaba a ser un hecho. Este era el punto de destino que muchos se habían marcado en EMI, creían que cuando la voz de El Sol llena de connotaciones angelicales se perdiera, se perdería también la gallina de los huevos de oro, eso cuando directamente el cambio de voz no implicara perder la mayoría de sus facultades vocales. Contaban que en una fiesta privada todo el mundo se quedó aterrado al comprobar que no podía alcanzar los tonos más altos de su éxito "1+1 = 2 enamorados". Aquel día hubo quien pensó que estaban en el principio del fin. No tardaron mucho en comprobar, los que así pensaban, lo equivocados que estaban. El disco *¡Decídete!* iba a disipar todas las dudas. Para que la transición de la voz no fuera un problema, se le sometió a una disciplina y a la enseñanza de técnicas para administrar la voz, se programaron temas más planos para el disco que estaba por venir y se optó por el uso del play back en algunas ocasiones para no castigar la garganta.

No fue sólo la voz lo que marcó la transición de este disco, también la imagen, pues apuntó directamente a las connotaciones sensuales del joven cantante, Peter Pan iba a evolucionar hacia una imagen de *sex symbol* pensando en lo que era el proyecto a futuro. Desapareció el enunciado de "Luis Miguel... un sol" para dejarlo sólo en "Luis Miguel", esta vez abrazando a un sol gigantesco en la carátula con una camisa roja abierta y un aspecto físico que dejaba ver claramente su crecimiento respecto a la portada del primer disco. El cambio ya era muy obvio en "Palabra de Honor", con un Luis Miguel muy sugestivo con el cabello humedecido por el fijador que fue una bomba auténtica para las fanáticas.

¡Decídete! se grabó en Madrid, al igual que sucedería después con *Palabra de honor*. Honorio Herrero se unió al proyecto. Era un reconocido músico y compositor que había trabajado con éxito productos dirigidos al púbico infantil y juvenil como el grupo Menudo o el dúo Enrique y Ana.

En los inicios de la carrera logró cierta popularidad en España gracias a la promoción de la compañía discográfica en espacios como Los 40 principales o El gran musical, pero fue una popularidad efímera a pesar de conocer y coincidir en ocasiones con leyendas de la talla de Julio Iglesias, quien incluso tuvo unas palabras públicas de admiración por él y le vaticinó un buen futuro dentro de la música, algo que desde luego se cumplió. También coincidió en un estudio de televisión con Cantinflas, fue en el célebre programa *Estudio abierto* del popular presentador José María Íñigo, donde al parecer el mítico humorista y actor le dirigió unas palabras: "Veo que sigues paseando el nombre de México con orgullo. Este mundo del espectáculo es muy difícil, no te consideres como muchos artistas de nuestro país, una especie de dios que puede perdonar a la gente, cuando en realidad uno no es más que un artista y se debe a su público. Dios sólo hay uno y está arriba, Él nos está mirando, cada cosa buena y mala que hacemos. Hay que ser sencillo. No olvidar que el pueblo tiene más razón que todo eso. Ser persona es mucho más importante que ser artista." El inolvidable Mario Moreno poco sabía de la vida de aquel muchacho, menos aún del talante de su papá, pero esas palabras eran para enmarcarlas.

No obstante, por el tiempo y las circunstancias, el éxito rotundo se le negaría en la madre patria por muchos años. Luis Miguel en realidad no empezó a ser conocido en España por el gran público hasta 1998 con el tercer disco de *Romances* y la gira de la primavera de ese año. Buena culpa de todo ello la tuvo en los primeros años la terrible ruptura que se produjo con su familia española, que empezó a gestarse a finales de 1985 y explotó en 1989. Según pude averiguar del entorno de Hugo López, Luis Miguel fue muy reacio durante muchos años a buscar la promoción en tierra española, le pidió a sus representantes que se olvidaran de España y de Italia. La versión más lógica era que temía un escándalo por parte de sus tíos o simplemente le traumatizaba pisar un suelo que no le iba a generar buenas sensaciones, en Madrid al fin y al cabo se le perdió para siempre la pista a su madre, Marcela. El tiempo fue el encargado de aliviar las heridas y de abrir la mente del artista a un mercado que había crecido mucho, como era el español.

Luisito recuperaría en esta época un viejo contacto de sus años fracasados en Madrid cuando recién había vuelto a España tras la muerte de Franco. Se trataba del periodista español José Asensi Blasco, conocido en el medio como Pepe Asensi, un veterano forjado en el mítico diario *Pueblo*, especializado en el periodismo musical, admirador de melódicos inmortales como Nino Bravo, valenciano al igual que él. Pepe tenía un hijo de la edad de Luis Miguel, quien había forjado una gran amistad con él y con su hermano Alex. Con el tiempo, Alejandro Asensi se volvería la sombra del cantante. Durante muchos años fue su manager y persona de confianza. Una amistad que se quebraría de manera abrupta tras darse a conocer la relación sentimental de Asensi con la hija de Luis Miguel, Michelle Salas. Las relaciones entre los antiguos amigos siguen completamente rotas. En una ocasión Alejandro iba a entrar en un restaurante en Los Ángeles, pero al saber que Luis Miguel estaba dentro, dio media vuelta y se fue.

La obsesión que tenía el papá de que triunfara en su tierra española hizo que no se demorara en abrir una importante sucursal del "Pentágono", siguiendo con la jerga de los Gallego, comprando una enorme casa en Madrid, que incluso mereció una nota de la revista *Hola*, y todo lo que pasaba por el papel couché del veterano semanario de la prensa del corazón española era un sinónimo de glamour. La casa de la familia Gallego se encontraba en la zona residencial de Las Matas, al norte de Madrid, en la localidad de Las Rozas, en un conocido club de golf. Se trataba de un chalet dentro de una lujosa privada o urbanización, como se le llama en España, en la calle Cabo Sacratif, con una enorme parcela, jardines y un reconocimiento que destacaba la propia revista, había recibido un premio como zona residencial más atractiva de la sierra madrileña. La parcela tenía 8,000 metros cuadrados, un gimnasio, un campo de tenis, donde Micky podría jugar y emular a su gran ídolo de infancia, el estadounidense John McEnroe, puertas electrificadas y un total de 12 guardias de seguridad que velaban por la intimidad de los propietarios. El costo de la vivienda era de 280 millones de pesetas, lo que equivalía aproximadamente a unos 2 millones de dólares de mediados de los 80.

✻ ✻ ✻

La primera película fue *Ya nunca más*, dirigida por Alberto Salazar, en la que tuvo como compañera a la hija del director, Rosa Salazar. Era una novedad más que disfrutaba con lo poco que de niño le quedaba. Decía estar un poco nervioso cuando lo entrevistaban porque no sabía cómo sería la reacción del público y cómo le iría en su faceta de actor. Él mismo explicaba así su personaje: "Mi personaje es muy bonito, es un chico que es igual que yo... bueno, hasta antes del accidente. Mira, tiene un accidente, pero antes de eso es un niño travieso, nervioso, soñador y romántico, claro que el accidente le cambia la personalidad porque pierde su movilidad, se vuelve agresivo, temperamental y con rencor a la vida. Tampoco quiere aceptar otra mujer al lado de su padre, se niega en rotundo al principio, pero luego ve que ella es buena y lo quiere." No deja de ser llamativo leer aquella declaración llena de inocencia de un Luis Miguel con apenas 13 años y cuanto de paralelismo profético guardan con algunas de las cosas que estarían por venir. Su accidente de la vida real, si así podemos llamar a los traumas que le esperaban por vivir, no le mermarían la movilidad, pero desde luego sí le marcarían la personalidad.

La fractura en la familia, lo que con el tiempo sería el "accidente", que acabó con el Micky travieso, soñador, abierto y romántico, no hacía sino crecer para desgracia sobre todo de Marcela. Como muchas otras personas, la mamá buscaba consuelo en el hábito de la bebida, una salida a su soledad y su sufrimiento, una decisión desacertada que hizo mella en su salud y su aspecto. Su esperanza era que Cata se decidiera a viajar para acompañarla. Le pidió a la nueva secretaria, Rosario Acosta, que le escribiera en su nombre a su madrastra para que se pusiera lo antes posible en contacto con ella en uno de los números de teléfono que le adjuntaba o en la nueva dirección de los Montes Escandinavos. Había descubierto que estaba nuevamente embarazada. Dado el delicado estado en el que se encontraba, con pérdida de peso y cuadros de depresión, el embarazo fue complicado, al punto de que casi pierde al bebé.

Ella estaba prácticamente sola en la enorme casa de las Lomas. Luis Miguel y su padre continuamente estaban de gira y los viajes a España se hacían cada vez más frecuentes. Decía la compañera de Vicente Gallego, Rosa Barbarito, que era casi su única compañía y que temía por el embarazo porque Marcela no se encontraba bien. Ya se incrementaban los chismes, a los que ella no era ajena, de que el papá de sus hijos andaba frecuentando otras mujeres. Al cabo de un tiempo recibió la respuesta de su madrastra, entonces decidió mandar una nueva postal de su puño y letra:

Querida Cata: Espero que te encuentres bien en compañía de la familia. Recibí tu carta y no sabes la alegría que me diste. Yo estoy muy bien, estoy embarazada de seis meses. Me hubiera gustado que estuvieses aquí conmigo pero no sé si querrás venir. En enero Luis y Luis Miguel van a estar en Argentina, espero que los veas y si quieres venir se lo dices a Luis y él te manda los boletos. Ellos van a estar dos o tres meses de gira pero si quieres te vienes antes y yo te voy a buscar al aeropuerto. Espero que me contestes pronto, a mi padre hace tiempo que no le escribo, sabes que me cuesta mucho trabajo expresarme en italiano, pero voy a tratar de escribirle porque no sé nada de él desde hace meses largos. Bueno Cata, Alex te manda besos, Micky nunca está ahora. Estoy con Alex y dos muchachas que trabajan aquí en mi casa, es muy grande, son dos pisos. Saludos a todos y un fuerte abrazo y un beso grande, tu hija que no te olvida. Marcella.

Nótese que ella siempre firmaba con su nombre original en italiano, pero efectivamente, con el paso de los años, había perdido facilidad para expresarse en su lengua materna al tiempo que su padre fue olvidando el español tras su regreso a Italia. Yo siempre me comuniqué con Sergio Basteri en italiano durante los encuentros que tuve con él en 1996 y 1997, gracias al dominio que tengo de esa lengua luego de mi etapa en Roma, pero recuerdo perfectamente haberle preguntado si entendía el español y su respuesta fue afirmativa. En cualquiera de los dos idiomas, el viejo Tarzán nunca fue demasiado locuaz, pero de las pocas palabras que pronunciaba nunca olvidaré su insistencia en la creencia de que temía que su hija había sido asesinada. No me anticiparé a este momento.

Al poco tiempo de enviar esa carta se produjo un conato de aborto que obligó al ingreso de Marcela Basteri en el Centro Médico ABC de Ciudad de México, conocido también como Hospital inglés, en la Colonia Constituyentes, donde tuvo un parto prematuro que trajo al mundo a Sergio Rey Gallego Basteri, quien con ese nombre fue registrado en el Registro Civil de la capital mexicana el 17 de mayo de 1984, con Paco Ibáñez y Roberto González como testigos.

Ibáñez fue la persona que eligió Luisito para que hiciera las veces de *road manager* de Luis Miguel. Fue Paco en realidad la persona que desempeñó este papel durante mucho tiempo en esa época y no tanto su tío Vicente, al que Luisito usó en un primer momento pero que rápidamente fue corrido como dicen en México y pasó a un segundo plano. Varias fuentes coincidieron en señalar que el papá de Luis Miguel no se fiaba nada de su hermano como para darle un cargo de responsabilidad. El propio Ibáñez así lo comentó cuando se le preguntó al respecto: "Que yo sepa el único papel que desempeñó el hermano de Luisito fue el de tío, no sé por qué reclama, a no ser que lo de ser tío tenga que ser remunerado, en cuyo caso voy a cuidarme mucho de algunos de mis parientes." Las declaraciones fueron a raíz de la publicidad que Mario Gallego se dio en los medios amenazando con demandar a su sobrino al que reclamaba una alta cantidad de dinero una vez que falleció Luisito Rey y se quedó sin fuente alguna de ingresos.

Paco Ibáñez, actor y comediante mexicano, que después de dejar la carrera de Micky se haría conocido sobre todo por su participación en la saga de *La risa en vacaciones,* estuvo mucho tiempo al lado de Luis Miguel. Falleció en octubre de 2008 y según se reflejó en los medios tuvo un último deseo de comunicarse con Luis Miguel para darle un último adiós. Su viuda no quiso pronunciarse al respecto cuando le preguntaron; algunos medios publicaron que no llegó a reportarse. En todo caso debo decir, no sé si como excusa pero al menos sí buscando un atenuante a este tipo de actitudes que podrían presentarlo como un ser poco sensible ante los demás, que, sin querer, en un momento dado su mente hizo un bloqueo a todo cuanto pudiera recordarle a su padre. Sea como sea, descanse en paz el bueno de Paco Ibáñez.

20

El orgullo de los Basteri

La gallina de los huevos de oro no dejaba de recibir alimentación constante por parte del general del "Pentágono", tanto desde su sede central de México como desde su sucursal europea, que pronto encontraría un nuevo filón en la tierra de la sangre que el adolescente llevaba en sus venas, su rostro y sus ojos, la tierra de los Basteri, la Italia de San Remo, de inmortales melodías, de mitos inolvidables. Sería un buen regalo para los 15 años de un *ragazzo* que todavía conservaba buena parte de su personalidad cándida, cariñosa, afable y traviesa. Testigos y "víctimas" de sus bromas los había por todos lados, la institutriz del rocoto, o la que encerró en un armario, o la manía de ensuciar con huevos y harina… A Luis Miguel se le veía en ese tiempo su gran sensibilidad, su amor por los animales, sus juegos con su perrita Gheisa y su llanto desconsolado el día que la mascota se perdió en la casa de las Lomas, donde por cierto se celebró su fiesta de 15 cumpleaños, que fue más pública que privada, con presencia de periodistas y de representantes de EMI, felices y satisfechos con el nuevo éxito de *Palabra de honor*, cuya carátula aparecería por todos lados para que los fotógrafos pudieran captarla junto al aparatoso regalo que le hicieron a Micky aquel día, una enorme batería Rolland.

La privacidad era algo que prácticamente desapareció de su vida desde que Luisito convirtió su tabla en alta mar en una mina de oro. No había celebración en la que el papá—manager no viera un motivo de publicidad, como aquellas mini vacaciones de Disneylandia, como en aquella fiesta de 15 años. Entre toda aquella algarabía, el adolescente sólo tenía por aquel entonces un lado público amable hacia la figura de su papá, incluso ante las preguntas de algunos periodistas que notaban que su ritmo de trabajo era infernal. Aquel 19 de abril de 1985 no había sino planes y más planes, la máquina a todo gas: "Pues sé que tengo una gira por la república, después otra en Italia, creo, más tarde por Sudamérica, Francia y hasta Japón me dijo papi que íbamos a ir. Trabajo, solamente trabajo." Efectivamente viajaría al país del sol naciente con el apoyo de la EMI Toshiba para participar en el Tokyo Music Festival, que en la edición de 1984 había ganado la cantante neoyorquina ya desaparecida, Laura Branigan, cuya versión del "Gloria" de Umberto Tozzi y el "Self control" de Raf dieron una gran popularidad, y con la que casualmente un par de años después grabaría un dueto con la canción "Sin hablar", que incluso dio pie a un chisme sobre un posible romance entre ambos. El periodista preguntó si su padre no le daba tregua, él tenía una respuesta abnegada: "Pero le debo mucho, papi es alguien muy especial."

En 1984 se gestó la entrada de Luis Miguel en el mercado musical de la tierra de su madre. Los ejecutivos de EMI diseñaron la estrategia para abrir un nuevo horizonte donde el producto tenía un indudable potencial. Varios factores facilitaron el desarrollo de los acontecimientos, que culminaría con su participación en el más grande escaparate y rampa de lanzamiento de los talentos italianos como lo es el festival de San Remo.

Giuseppe Raimondo Vittorio Baudo, conocido como el gran presentador de televisión Pippo Baudo, se había quedado impresionado con él mucho antes. Baudo era el Raúl Velasco de la televisión italiana y su *Domenica In* era desde 1979 el *Siempre en domingo* del país transalpino. Cuando se enteró de las raíces italianas de aquel mexicano hizo todo lo posible por contactar con la disquera y su manager a fin de llevarlo a Italia.

La primera idea de la disquera fue buscar la canción del verano de 1984, una moda muy mediterránea que en Italia tenía una cita con el St. Vincent Disco Estate, "Un disco per l'estate", era el nombre oficial, una especie de festival impulsado por la industria discográfica, organizado desde 1964, donde la radio y la televisión daban un amplio altavoz a cuanto allí se gestaba. Al frente del mismo estaba Giandomenico Ravera, conocido en el medio como Gianni Ravera, renombrado empresario y cantante que era a su vez el organizador de San Remo, por lo que el camino y los contactos que se emprendieron eran los correctos. Para entrar en el panorama musical italiano grabó una versión de la canción de Luis Gómez Escolar y Honorio Herrero, "No me puedes dejar así", que en italiano se llamaría "Non mi devi trattar così", y que se programó para lanzarla el 24 de mayo, a pocos meses de la cita en Saint Vincent, y como antesala de un álbum completo en italiano que retrasó su aparición una vez que se confirmó la participación de Luis Miguel en San Remo.

La elección de Toto Cutugno como compositor de la canción con la que se darían cita en el Teatro Ariston de San Remo tenía mucho fundamento, ambos se habían conocido ya en Buenos Aires, y el autor e intérprete de éxitos como "L'Italiano" o "Mía", gozaba de un gran prestigio musical. Él ya sabía lo que era ganar en San Remo, lo hizo en 1980 con su canción "Solo noi". Propuso dos canciones, una que se titulaba "Il Cielo" y otra "Ragazzi di Oggi", que fue la elegida, si bien contaban que a Micky le había gustado más la primera e intentó defenderla durante las grabaciones en el Bach Studio de Milan, pero estaba muy lejos todavía de tomar las decisiones sobre su carrera. Además había otro buen feeling, Salvatore Cutugno era toscano y casualmente de la provincia de Massa-Carrara, eran paisanos. Eran buenas señales.

La lista de los que triunfaron en San Remo para quedarse consolidados en la música está repleta de mitos de la canción, la mayoría italianos, pero hubo también extranjeros que encontraron en la cita de la ciudad costera fronteriza de la Liguria occidental un trampolín perfecto para el éxito, como el propio Luis Miguel, que aparece citado en el palmarés del festival. La lista la componen, entre otros, nombres como: Domenico Modugno, Iva Zanicchi, Nicola di Bari, Andrea Bocelli, Umberto Tozzi, Mina, Lucio Dalla, Matia Bazar, José Feliciano, Ray Charles, Stevie Wonder, Madonna, Sandro, Elton John, Roberto Carlos, Eros Ramazzotti, que con su canción "Ahora tú" logró ganar en 1986, al año siguiente de la participación de Luis Miguel, Al Bano y Romina Power, que lo hicieron un año antes, en 1984, Toto Cutugno, que sería el gran valedor de El Sol de México en aquella edición de 1985, y el grupo Ricchi e Poveri, que serían a la postre los ganadores con un total de 1,506,812 votos, en dura competición con "Ragazzi di Oggi", segundo clasificado, tema que interpretó el hijo de Marcela para enorme orgullo de toda Massa-Carrara, que lo siguió con entusiasmo, y que obtuvo un total de 843,494 votos.

La segunda posición fue recibida como ganadora. Era una victoria y una excelente carta de presentación. Luis Miguel acaparó todas las miradas del Ariston como el gran triunfador de aquella mágica noche del 10 de febrero de 1985. En un italiano por momentos algo mezclado, dio rienda suelta a la felicidad del momento ante la prensa: "Es una gran alegría para mí, es el país de mi mamá, y cantar aquí es muy importante y me llena de emoción y de orgullo. Muchas gracias a todos."

La mayoría de las revistas italianas afirmaban que el mexicano había merecido la victoria. Rossana Manni, directora de *Sorrisi e Canzoni*, se volcó con él y se puso a disposición de su padre para apoyar con lo que se necesitara. La conocida *Ragazza In* escribió lo siguiente: "Luis Miguel ha escrito su nombre en el corazón de millones de fans. Es la verdadera revelación del festival. Una cara pulcra y maliciosa, tierna y atractiva, bien dotado vocalmente y con una canción magistralmente construida de Toto Cutugno. Con 14 años, este joven cantante ya ha obtenido media docena de discos de oro y de platino."

Su aparición en televisión, cuya demanda luego de San Remo fue mucho mayor, lo consolidó como un personaje famoso en Italia. El momento se explotó con una gira que recorrió el verano italiano. El promotor fue el empresario Dino Vitola. Para los conciertos se contrató a una gran orquesta dirigida por Horacio Icasto, músico avalado por su trabajo con Julio Iglesias y José Luis Perales, entre otros. La popularidad fue tal que generó una curiosa anécdota que narraban los Gallego. El teléfono del domicilio mexicano fue publicado sin querer por un periodista en una revista. Esto provocó lógicamente un caos, pues las fans no dejaban de llamar preguntando por Luis Miguel, tuvieron que cambiar el número.

Fue precisamente en el programa de Pippo Baudo en el que públicamente se echó por tierra una de las más grandes y longevas mentiras que habían inventado en torno a la figura de Marcela Basteri. La pregunta a Rossana Podestá era obvia con la explosión de su "sobrino", pero claro, ella no tuvo otra salida que tomárselo con un buen sentido del humor: "Ya, ya… Mira, pues si te digo la verdad no me importaría lo más mínimo el que fuera mi sobrino, porque es un chico que me parece muy simpático, elegante y excelente cantante, pero por desgracia no…"

La participación de Luis Miguel en San Vincent en 1984 y la posterior en San Remo 1985, así como la posterior gira, fueron oportunidades únicas de reencontrarse con la familia italiana en la provincia de Massa-Carrara. Marcela se puso muy feliz, volvería a ver a su padre, quien conocería de paso a su nuevo nieto, el que llevaba su mismo nombre, Sergio.

La familia italiana recordaba perfectamente que aprovecharon sus compromisos en la cercana Montecatini para visitarlos y que encontraron a Marcela muy deteriorada, incluso se notaba el empeoramiento en el corto espacio de tiempo que transcurrió entre la primera y la segunda visita con pocos meses de diferencia.

La relación entre Sergio y Luisito seguía fría y distante como siempre, y esto no mejoró en Italia, al contrario. Cuando Sergio vio a su hija dedujo que su mal aspecto se debía al mal trato que le daba su supuesto marido. Él nunca disimuló su falta de aprecio hacia Luis Rey, es más, en las conversaciones que con él mantuve nunca dejó de acusarlo a él como presunto responsable del hecho de que no pudiera ver a su hija antes de morir. Estaba convencido de que Luisito y sus hermanos sabían lo que había pasado con ella.

De nada sirvió el intento de Luisito de apoyarse en la tía de Marcela, Adua, para organizar un gran banquete en el que se reuniera a todos los Basteri que vivían en la Toscana. Allí estaban Renato, Franco, Enzo y la propia Adua, todos ellos hermanos de Sergio, pero la respuesta, por elocuente, inolvidable, fue que "se fuera a la mierda", palabras textuales que Adua recordaba a la perfección salieron de la boca de su hermano. El orgullo de Sergio era más grande que el mar de la Liguria. Él estaba feliz solo con su nieto famoso, y se lo presentaba a cuanto paisano encontraba, pero no quería saber nada de Luisito, ni de sus invitaciones, ni de su dinero. Le compraron una moto nueva de color rojo, "no sabes lo que tuvimos que insistirle para que la aceptara. Marcela decía además que pensaban comprar una casa grande allí para que viviera el *babbo* y de paso Luigi pudiera venir de vez en cuando a descansar, ya que es una buena zona con mar y montañas. Pero él se negó rotundamente, decía que no se iría de su casa y menos a una que comprara el papá de Luis Miguel", me decía Adua en uno de los primeros encuentros mientras disfrutábamos una deliciosa minestrone en su casa de Massa-Carrara.

La postura de Sergio Basteri creó gran incomodidad al resto de la familia y por supuesto a su propia hija, quien se desahogaba con su tía y le pedía que recapacitara para no echar todo a perder. Para Adua, sin embargo, lo que más le alarmaba era el aspecto de su sobrina. El deterioro de Marcela era incluso visible en las fotos producidas, como las de una revista que hizo un reportaje de la familia para la Navidad de 1984, en donde se da la falsa apariencia de una familia unida, en las que es visible el desgaste y la diferencia entre la imagen de una bellísima Marcela radiante a su llegada al aeropuerto de México, en septiembre de 1980 con sus dos hijos mayores, y esta otra foto tan sólo cuatro años después en la que luce una cinta en la cabeza que no disimula su aspecto famélico: "Yo le preguntaba por qué estaba tan mal, quería sonsacarle porque ella en esos momentos al menos le quitaba importancia a las cosas, pero se veía que no estaba bien, que sufría mucho la soledad y el carácter y el comportamiento de Luisito, y además tenía una muy mala relación con su suegra Matilde que fue prácticamente desde que se conocieron. Lo peor de todo es que en la pelea que había entre ellas Luisito siempre defendía a su madre y a ella la hacía quedar mal, la humillaba. Cuando volvió después, que se escapó, fue cuando pude hablar mucho más con ella y saber del sufrimiento por el que estaba pasando. Otra de las cosas que observamos cuando estuvieron con nosotros era el trato que tenía el padre con Micky, yo se lo decía a Marcela, que no debía ser tan estricto y tan duro con el muchacho. No parecía el trato de un padre con un hijo sino el de un general con un soldado. Ella se encogía de hombros y me decía que ya sabía el temperamento que tenía."

Los temperamentos del "general" y de Tarzán chocaron frontalmente para disgusto de Marcela, que fue la que más lo sufría. Su padre organizó una reunión en una pizzería mientras su yerno insistía en buscar el modo de reunir a toda la familia. Ninguno dio su brazo a torcer, no lograron reunirse más allá de la comida del primer día, como se observa en algunas fotografías que los Basteri conservaban, en algunas de las cuales es más que obvia la distancia entre Sergio y Luisito. En uno de aquellos desencuentros, la soberbia acabó cortando por lo sano y los Gallego decidieron irse antes de lo previsto y abandonaron la idea de invertir en una casa en el lugar, la terquedad y el carácter del *babbo* hacían incompatible la convivencia. Adua ponía un gesto triste cuando contaba todo eso: "Aquella vez iban a quedarse como 15 días y no estuvieron ni 3, mi sobrina se quejaba con su padre de que por su carácter lo había arruinado todo."

Las tensiones entre padre y abuelo no impidieron que el joven Basteri, que había regresado a Massa-Carrara como toda una estrella, disfrutara de esos días, de su abuelo Tarzán, de su moto Vespa, de las salidas y los paseos en moto con sus primos, que lo veían con inmensa admiración y le recordaban la última visita de años atrás cuando era un niño y se subía a las mesas para imitar a Elvis. Parecía mentira, allí estaba su primo, tan normal y sencillo, el mismo que habían visto triunfar en televisión y que crearía una auténtica fiebre entre las jovencitas que lo aclamaron en San Remo. Sus primas Cinzia y Paula se emocionaban al evocar los buenos momentos que pasaron juntos en aquel inolvidable año.

Luis Miguel les contaba a sus primos que no se encontraba muy cómodo con la legión de fans que iban detrás de él, pues le daba miedo que en algún momento pudiera pasar algún accidente. Él decía que se habían dado casos de jovencitas que cargaban tijera en mano con la idea de cortar un mechón de su cabello, toda una temeridad. El equipo de seguridad era una de las cosas que llamaban la atención durante la gira italiana. Velaban por la integridad del cantante y su familia, a la que acompañaban dos mujeres de servicio doméstico y que al menos podían disfrutar de instalaciones como las del Gran Hotel de Rimini, uno de los más lujosos de la costa adriática.

La enorme popularidad de Luis Miguel tampoco pasó inadvertida para una mujer ya entrada en años, que hizo un descubrimiento que le encogió el corazón. Aquel jovencito del que todo el mundo hablaba era su nieto. Vanda Tarrozzo volvió a aparecer en la vida de su hija abandonada, pero el resultado fue muy frustrante para ella. Marcela no pudo perdonarla. La escena sucedió en un pueblo llamado Viareggio, en la Riviera, cerca de la Toscana, cuando acudió al hotel en busca de su hija. Habían transcurrido casi 40 años, cuatro décadas de un olvido, y otras tres de ratificar su indiferencia en la segunda oportunidad que tuvo cuando la niña iba a viajar a la Argentina. Vanda habló con Luisito y este le facilitó el encuentro con Marcela. La versión que recordaba la familia fue la de un encuentro escueto, donde la hija abandonada renegó de su madre biológica, para ella no existía más madre que Cata: "¿Mi madre? ¿Qué clase de madre abandona a su hija siendo un bebé? No es mi madre ni la abuela de Luis Miguel. Yo a usted no la conozco." No hubo ningún tipo de reconciliación y el nombre de Vanda seguiría siendo un tabú entre los Basteri. En 1996 pude todavía percibir en los ojos de Adua la huella de desdén hacia la que consideraban culpable de aquella historia tan triste que condenó a su sobrina a muchos años de orfanato.

No estaba en los planes del menor de los Gallego darle al fisco italiano buena parte de la millonaria recaudación que se había hecho en ese país. Había que tener cuidado, un problema fiscal de Sofía Loren, que se destapó en 1982 y dio pie a un pleito que duró 40 años hasta que le dieron la razón a la célebre actriz, había sensibilizado mucho el asunto y las autoridades italianas miraban a los artistas con lupa. Alguien le aconsejó que invirtiera en un vehículo de lujo que luego podría revender, y si hay algo que se pueda mover bien de un país a otro es un automóvil, que por otra parte quedó traspasado a nombre de Marcella Basteri. Pudo ser el principio del apego de Luis Miguel con la marca Rolls Royce, para muchas de sus fans y público en general no es nada raro verlo a bordo del vehículo de esta marca por las calles de Los Ángeles con él mismo al volante. Este vehículo estuvo a punto de ser embargado cuando surgió el problema del reclamo de la Justicia de California en los primeros meses de 2017, pero finalmente pudo ser solucionado.

Su padre compró en la casa Achilli Moto de Roma un Phantom limusina, blindado y con la tapicería forrada de madera de caoba, de placas Roma M09687, una joya que perteneció a un miembro de la realeza, del que se decía sólo había otra pieza igual, perteneciente al modisto Pierre Cardin. La limusina acabó en la casa de Las Matas en Madrid, posteriormente, según la información recogida en 1996, fue a parar a una finca del torero Paco Camino, quien adoptaba una actitud agresiva si algún periodista o curioso le preguntaba por el padre de Luis Miguel.

Luego de tan abrumador éxito logrado en 1985, de convertirse en el gran orgullo italiano de los Basteri, muchos se cuestionaron el abandono posterior del mercado italiano. ¿Por qué Luis Miguel al día de hoy no tiene la popularidad que tienen otros cantantes latinos en Italia y no ha grabado más discos en italiano? La respuesta una vez más, como sucedería en el caso de España, hay que buscarla en el propio deseo del cantante de renunciar a ese mercado, y esa decisión sólo puede explicarse desde los acontecimientos que se originarían un año después, en 1986, cuando Marcela despegó de Pisa para nunca volver.

21

Un volcán a punto de explotar

La intensidad de los acontecimientos en la vida del cantante adolescente se reflejaba en muchos momentos puntuales. No tenía tiempo casi ni para respirar. El arranque de 1985 fue frenético, de la apoteosis de San Remo rumbo a otra legendaria cita musical, la de la célebre Quinta Vergara. Luis Miguel viajó hasta Chile donde tenía una importante cita en la XXVI edición del Festival de la Canción de Viña del Mar. En esta ocasión llegaba al país andino en un momento especialmente dulce. Chile se convertiría en otro de sus feudos fieles y Viña del Mar en una cita periódica donde codearse con las más radiantes estrellas del firmamento latino. Las escenas en la Quinta Vergara eran muy emotivas, en la edición del 85 se recordaba a miles de luces iluminando la oscuridad y acompañando los compases de la canción. Una "antorcha" chilena de aquel festival iluminaría su exitoso camino, el reporte de la crónica del festival afirmaba:

Un niño llamado Luis Miguel llega a Chile y causa el mismo revuelo que produce hasta el día de hoy entre sus fans. Junto a él y John Denver también forman parte del jurado internacional y el show: José Feliciano, Dyango, el Bafona,

Mirla Castellanos, el grupo Bravo, María Conchita Alonso, Rita Lee, Maitén Montenegro, Fernando Ubiergo, Mandolino, Raúl di Blasio, Miguel Gallardo, María Marta Serra Lima y los rockeros de "Krokus". Trece canciones compiten en el género internacional y diez en el folclórico, representan a Chile los temas interpretados por Nino García, Mario Franco Corona y Alberto Plaza. Luis Miguel revoluciona la Quinta y recibe antorcha, le siguen Maitén Montenegro, la espectacular cantante brasileña Rita Lee, el grupo "Bravo", Fernando Ubiergo y también el Bafona con sus hermosas coreografías.

La revolución era constante allá por donde pasaba y al año siguiente, en 1986, fue exactamente igual. La crónica chilena decía que "ese año Luis Miguel era el ídolo para las adolescentes, lo que se ve reflejado en el llanto de las niñas al ver al mexicano sobre el escenario. Micky comenzaba a ser furor, transformándose rápidamente en un éxito de ventas".

Con apenas 15 años, recibiría un enorme reconocimiento al ser nominado por la Academia de las Artes y la Grabación a un premio Grammy, por su dueto con la cantante escocesa Sheena Easton en la canción "Me gustas tal como eres", un tema que formaba parte del disco *Palabra de honor*, compuesto por el español Juan Carlos Calderón, que con el tiempo sería una pieza clave en la ascendente carrera de El Sol. Luis Miguel se ponía en la parrilla de salida hacia un reconocimiento internacional junto a mitos de la talla de Julio Iglesias o Plácido Domingo. Sheena y Luismi ganaron, lo que para ella era su segundo Grammy y para él el primero, en la categoría "Mejor interpretación méxico—americana por dúo o grupo."

Fiebre de amor sería el otro gran filón a explotar para celebrar los 15 años del artista. Ya era una edad en la que sólo se daba pie para explotar la imagen sensual de Luis Miguel. La segunda película se concibió para que suscitara un buen número de chismes y por supuesto un buen número de pesos en la recaudación de taquilla, y así fue. Luis Miguel y Lucerito eran la pareja perfecta para el proyecto y su sola presencia le garantizó el éxito en mitad de las especulaciones sobre si entre ellos hubo algo más que una actuación. Para los entendidos en cine, bastaba sólo mirar la calidad actoral de ambos para darse cuenta de que la respuesta era no, aunque eso no afectó al éxito comercial de la película, pues los dos estaban en un gran momento de popularidad llenando shows y vendiendo discos como rosquillas y todo lo que hicieran sería un hit. Fue dirigida por René Cardona Jr., filmada en su totalidad en el puerto de Acapulco, en una lujosa casa del fraccionamiento Las Brisas, que servía como locación para buena parte de las escenas.

Con motivo de aquella película, se organizó un concierto al aire libre en el Centro de Convenciones, donde Luis Miguel cantó frente a sus fans al tiempo que filmaban. Según contaba en el *Excelsior* en 2013 un testigo presencial de aquella grabación, el fotógrafo Juan Carlos Cuéllar, quien cubrió con sus fotografías las filmaciones a instancias de la jefa de prensa todavía de EMI, Rosi Esquivel, al protagonista masculino no le gustaba que el público adolescente, compuesto básicamente de enfervorecidas jovencitas, se la pasara gritando y se pusieran histéricas ante el mínimo movimiento suyo. En cuanto había un receso le comentaba con cierto enfado por qué no escuchaban lo que cantaba con atención y luego al final reaccionaran, un deseo desde luego muy complicado de cumplir.

Cuéllar también recordaba una de las escenas cumbres de la película, cuando los dos jóvenes debían besarse en el imponente atardecer de Acapulco: "A mí se me hizo muy fácil tomar esas fotos, sin imaginarme que a la mamá de Lucero eso le molestó porque, además, argumentaba que su hija estaba en bikini, lo que dañaba su imagen. Tan molesta estaba que incluso amenazó con demandarme. Afortunadamente lo platiqué con ella y la convencí de que se trataba de una imagen muy bonita y que estaba cuidada. Tanto que se convirtió en portada y póster de la desaparecida revista *Teleguía*."

✳ ✳ ✳

Paralelamente a todos los éxitos de la carrera de Luis Miguel, las tensiones familiares, derivadas de la desvergonzada infidelidad y los manejos del general del "Pentágono", encendían la caldera de un volcán que no tardaría en hacer erupción. Fue avisando poco a poco, como esas pequeñas fugas de humo y lava que preceden a la gran explosión final. Luisito no hacía sino echar más y más lava. Aquello tenía pinta que iba a ser una hecatombe similar a la suma del Vesubio en Pompeya y el Krakatoa en Indonesia. Algunas declaraciones públicas hechas años más tarde, como las de la actriz Abril Campillo, confirmaban que la siniestra personalidad del "general" forjaba lo que vendría: "Del papá se decían cosas terribles, pero la realidad rebasaba la ficción, a mí me tocó ver muchas."

José Quintana no vería nada pero algo supo, así al menos lo recogí de una hemeroteca más reciente en la que narraba lo siguiente:

> De niño vivió las bohemiadas de su padre en casa de Carlos Lico. Lo dejaba en un cuarto dormido. Y eran borracheras de tres o cuatro días. Micky me decía que cuando despertaba se encontraba a la gente tirada por todos lados. Debe haber sido difícil vivir algo así. Incluso creo que cuando cantaba mal Luisito le pegaba. Todo eso tiene que tener sus consecuencias.

Lógicamente las tuvo.

Conforme más armado se vio económicamente, el cabeza de familia dejó cada vez más de lado a la madre de sus hijos, de la que sólo le importaba su papel como testaferro que no sabía cómo iba a solucionar, y no contento con eso, pensó la manera de evitar que ella fuera una amenaza, debido a la información que poseía sobre los manejos irregulares hechos a lo largo de todo el tiempo que llevaban juntos. Marcela sabía demasiado.

La ruptura con la madre de sus hijos no fue la única que se produjo entre finales de 1985 y el año 1986. Jaime Ortiz Pino no entendía muy bien por qué se rompió la relación de EMI con Luis Miguel. No acusó directamente a Luisito del cambio de compañía, tampoco lo hizo Rosi Esquivel, pero de las palabras de ambos y de otra fuente cercana de aquella época se desprendió la conclusión de que al manager y padre le importó poco la apuesta que hizo la multinacional británica, y llevado por su soberbia y su temperamento decidió negociar paralelamente con WEA. La versión suya era que EMI había cambiado de personal, David Stockling se había trasladado a Londres y en su lugar había llegado Luis Moyano, y que las decisiones de la nueva gente no contaban con él en absoluto, como por ejemplo cambiar a Carlos Colla por Renato Correa para las nuevas grabaciones en portugués, o la supuesta falta de promoción de *Palabra de honor* en algunos países, lo cual se había traducido en un descenso en las ventas. El hecho de que Luisito puenteara a Rafael Gil y se fuera directamente a la sede central de Londres no había facilitado las cosas.

A principios de 1986 tuvo lugar una reunión muy tensa en Acapulco con los ejecutivos de la compañía, Stockling desde Londres, Gil desde Madrid y Moyano desde México. EMI, que años más tarde se asociaría incluso con Televisa en México, ya había empezado a usar el sello musical EMI Music dentro del grupo EMI. La corporación desapareció en el año 2012 luego de ser adquirida nueve meses antes por el grupo estadounidense Citigroup, quien la revendió al conglomerado francés Vivendi, que la acabó absorbiendo en Universal Music Group.

Aquella reunión de Acapulco fue el principio del fin, y Rosi Esquivel, la jefa de prensa, lo sabía perfectamente. Ella visitó a Luisito en una casa en la célebre ciudad costera de Guerrero donde pudo saber que Luis Miguel no continuaría en EMI, y además recibió una oferta de trabajo en el "Pentágono" a las órdenes de Luis Rey y la carrera de Luis Miguel, oferta que era extensiva para su esposo, Armando Serna, quien se haría cargo de las finanzas y la contabilidad de la empresa. Aproximadamente un año después, ya con el primer disco de Luis Miguel con WEA en el mercado, ambos aceptaron la oferta del "general" y trabajaron para el exitoso artista.

A Armando Serna no le hicieron falta muchos días para darse cuenta de la enorme equivocación que cometió. Nunca olvidaré la expresión en el rostro de Rosi cuando me lo reconocía frente a una taza de café, el modo en que se le cambiaba el gesto cuando me habló de la muerte de su esposo y de la relación que tuvo en aquel fatal desenlace el tormentoso vínculo con Luis Rey. Serna tuvo que soportar varias veces ver a Luisito llegar completamente enajenado a la oficina bajo los efectos de la cocaína, con un trato completamente vejatorio hacia todo el personal y con una pistola en mano, que en semejante estado es un peligro añadido.

Padeció su agresividad, verlo constantemente enfurecido pidiendo explicaciones por las irregularidades financieras que los balances arrojaban y por el agujero ocasionado por una evasión de capitales que constituían un presunto delito de fraude fiscal. No le eran ajenos los misteriosos viajes que hacía cada dos por tres. Lo peor es que todos sabían que él mismo provocó esa situación. Aquello era para volverse locos, además el propio contador se vería afectado legalmente si todo eso se destapaba y llegaba a conocimiento de las autoridades, como efectivamente sucedió. Aquel estrés descomunal era insoportable. Serna no aguantó la presión.

El nuevo sello discográfico de Luis Miguel sería WEA, su casa hasta el día de hoy, perteneciente al grupo Warner Music. WEA es un acrónimo que nació precisamente de la fusión de 3 sellos discográficos muy asentados en el continente americano como Warner Bros. Records, Elektra Entertainment y Atlantic Records. El grupo está acreditado como la tercera de las grandes compañías que dominan el mercado mundial. Con la llegada a WEA se consolidaría una larga relación profesional con el compositor español Juan Carlos Calderón.

22

La última foto de Pisa

Marcela no aguantó más, desesperada y asustada por el cariz que tomaron las peleas con Luisito, harta de la promiscuidad cada vez más intensa y descarada de su pareja, hundida por la manipulación llena de mentiras de la que era víctima, decidió huir sola de regreso a Italia donde se presentó nuevamente a finales de 1985.

El estado en el que llegó a Massa-Carrara preocupó hondamente a sus familiares. Saltaba a la vista que algo grave había pasado y a nadie le costó mucho adivinar que tenía mucho que ver con su mala relación sentimental. Llegó demacrada, con los ojos hinchados de tanto llorar y con una delgadez de talante anoréxico. Según el relato de su propio padre, al principio estaba como en estado de shock, sin atinar a contar qué había pasado. Recién llegada, se quedó en casa de una prima suya, Luisa, y se pasaba los días encerrada durmiendo sin querer ver a nadie y rompiendo a llorar de manera intermitente cada cierto tiempo. Tal como escuché de varias personas testigos de aquellos días, y luego de contrastar esos síntomas con algún conocido especialista, lo que tenía la mamá de Luis Miguel era lo más parecido a un cuadro de depresión aguda por un trastorno de estrés post traumático.

Sólo con el paso de los días sus palabras empezaron a salir de su boca. Fue un día que, tras beber un poco del agua que le habían llevado, rompió el silencio con una exclamación: "¡Me escapé, me escapé, ya no aguantaba más!" Las palabras que pronunciaba eran desoladoras. Su situación era insostenible en México por todos lados, la humillación constante por parte de su suegra, la manipulación del padre que le provocaba enfrentamientos con sus propios hijos, su marido le era infiel de manera sistemática, la estaba amenazando para que firmara unos documentos y llegó a temer por su propia integridad física, por lo que decidió huir. No paraba de fumar y apenas comía, por mucho que la consintieran a diario con una exquisita sazón italiana como la de su tía Adua, que tuve por cierto el placer de degustar en varias ocasiones.

Lo peor, según reconocía la propia Adua Basteri, es que después de todo eso parecía que su sobrina seguía enamorada de Luis Rey: "Eso es lo que daba a entender. Al principio sólo se quejaba de su relación con su suegra pero poco a poco fuimos viendo que habían más cosas, ese sufrimiento tan grande no se da sólo por la suegra, también manipulaban a Micky y a Alex para que la vieran con malos ojos y eso es lo que más le dolía."

Marcela le confesó a su tía desde esta primera escapada que ella estaba tranquila respecto a su futuro porque tenía un as en la manga y no la podían dejar desamparada. Pero aquel as era un arma de doble filo, lo cual provocó que la preocupación creciera en los Basteri, una inquietud que se volvería aguda en las vísperas de su desaparición. El as no era otra cosa que la legítima propiedad de muchos bienes y cuentas bancarias en paraísos fiscales como Suiza, a su nombre. Luisito no tenía manera de acceder a ello si no contaba con la firma de la madre de sus hijos y la vía

legal era inviable, primero porque ellos no estaban casados, lo cual impo-
sibilitaba ningún planteamiento de sociedad conyugal de gananciales ni
nada que se le pareciera, y segundo porque la propia naturaleza oculta del
dinero no permitía ninguna disputa legal. La única salida era un mutuo
acuerdo, y eso era lo que creía Marcela Basteri que le daba una situación
de ventaja.

Precisamente por todo lo anterior, Luis Gallego no podía dormir
tranquilo, y de manera compulsiva e insistente no paró de telefonear a
Italia para que Marcela regresara y le perdonara. Y lo consiguió. Él era
muy astuto, sabía cómo manipularla. Cuando por fin lo logró, Marcela
comprobó que nada iba a cambiar, su marido ya no sólo era infiel, sino que
incluso paseaba a la actriz, vedette y cantante mexicana Abril Campillo por
las fiestas sociales como su pareja. Así apareció en una reunión organizada
por Carlos Santana para Luis Miguel donde estaban conocidos artistas y
periodistas como Lucerito, Ricardo Rocha, Dyango y Angélica María. Otra
conocida actriz, Lucía Méndez, se dejó fotografiar con padre e hijo eviden-
ciando un romance que fue vox populi en el medio artístico mexicano y
que a mí me confirmaron fuentes absolutamente solventes. Lo que sí no
pude confirmar y casi le cuesta un serio disgusto al tío de Luis Miguel,
Vicente, fue la afirmación que hizo en 1994, cuando sobrevino el escándalo
con las cenizas de Luisito Rey que detallaré en los últimos capítulos, de que
su hermano le había dicho que Pedro Torres Jr., el hijo de Lucía y Pedro
Torres, era en realidad hijo de Luis Miguel. Antes me lo había dicho a mí
en Cádiz asegurando que su hermano le decía que ya era abuelo. A Vicente
Gallego lo amenazaron con una demanda y nunca volvió a decir nada al
respecto. Su credibilidad obviamente estaba muy comprometida.

Abril Campillo falleció en marzo de 2017 a los 58 años. En la época
que se le veía públicamente con el papá de Luis Miguel estaba en plenitud
física total, sin embargo, cuando hizo unas reveladoras declaraciones en

2016, luchaba ya contra la larga enfermedad que acabó costándole la vida. En una entrevista con el periodista Gustavo Adolfo Infante escuché algunas cosas que son muy ciertas y otras no tanto, no porque ella mintiera, que no lo hizo, sino por poner en duda todo lo que viniera de Luis Rey, lo cual la tenía confundida hasta tal punto que dudaba de la edad de Luis Miguel, creyendo que podía ser algunos años mayor: "No se ve como un hombre de 46 años", ella creía que era mayor. Estaba equivocada, Luis Miguel solo tiene un día más de edad de lo que dice su documentación, ahí está el certificado de nacimiento, y más allá de eso la hemeroteca y las fotos del niño recién nacido y de bebé. Pero entiendo las dudas de Abril dado el pillaje permanente de los Gallego, ella confirmaba, como tantas otras fuentes, el manejo de documentación falsa por parte de la familia y los engaños que habían sido una constante en su vida: "Él tenía la filosofía de que si las mentiras se repiten tantas veces se convierten en verdades. El papá [de Luis Miguel] era un ser muy extraño, muy, muy extraño. Si él está como está es porque realmente el papá era muy extraño. Lo manipulaba en todo, el papá lo educó así porque decían tantas mentiras que se tuvo que volver muy misterioso porque cuando dices tantas mentiras te tienen que cuadrar las cosas, le quitaban la edad hasta a los perros, porque si no, no cuadraban, entonces es mejor mantenerte en ese estatus de misterio, no abres la boca y no la riegas". Con eso último trataba de justificar el hermetismo de Micky.

Abril dijo en aquella ocasión: "Yo nunca estuve de destructora de hogares", y efectivamente decía la verdad, al menos en el caso que nos ocupa. Cuando tuvo el romance con Luisito ella estaba convencida que la relación con Marcela estaba rota. Pero la cosa no quedó ahí, a la desaparecida actriz quien le gustaba en realidad era el hijo, no el papá, dejó claro que el fin justificaba los medios: "Para llegar a Luis Miguel en la época del papá tenías que pasar la aduana del papá. Yo recuerdo ver una vez a Isabel

Lascurain, de Pandora, cómo la corrió, de tal manera que yo me asusté, me quería meter debajo de la alfombra, el tipo estaba loco. Todas las chavas que pasaban por Luis Miguel en aquella época tenían que pasar por el papá antes, y si no, pues las corría, como le pasó a Isabel. Yo entré ahí la verdad para ayudar y porque yo amaba a Luis Miguel, pero como digo, tenías que pasar aduana por el papá porque si no, no te dejaba llegar. Así de fácil. Era un hombre muy destructivo."

En aquella entrevista, Abril reconoció tácitamente que mantuvo una relación con ambos: "Como diría Juan Gabriel, lo que se ve no se juzga", respondió con una sonrisa pícara ante la insistencia del periodista de si había estado con el padre y con el hijo, a lo que añadió: "La gente sí sabe. Anduvimos por etapas, yo vivía 24 horas." Es una clara confirmación de la promiscuidad y la falta de escrúpulos del papá y al mismo tiempo del infierno por el que estaba pasando Marcela Basteri. Sin embargo no quiso entrar en un asunto que por entonces desconocía, aunque pronto supo que ahí había algo muy feo encerrado, por lo que midió sus palabras con mucho cuidado: "Lo de la mamá pues es un punto de vista, es un tema muy delicado, yo pienso, con los alcances que tiene él, tanto económicos como de relaciones, tú quieres localizar a tu mami, contratas a Scotland Yard y te la buscan hasta en el Amazonas. Es un tema que no conozco, yo no tuve el gusto de conocer a la señora, no puedo opinar y es un tema muy sensible." Lo que no creo que fuera casualidad es la alusión al encargo de una investigación, probablemente Abril Campillo sabía que efectivamente así había sido. El problema es que la mamá no estaba ni siquiera en el Amazonas, según parecía desprenderse de esa investigación.

Lo más cínico y doliente del caso, es que cuando le preguntaban al padre del cantante por su mujer, decía que ella lo había dejado por otro hombre. Marcela lo sabía, y en aquellos instantes se sentía una víctima de esa maquinaria de embustes de la que ella misma había sido testigo cuando en el camino se quedaron damnificadas personas como Herger o Juan Pascual. Era el mismo método que por tantas veces había presenciado, resignada y llena de estupor, desde el día que decidió abandonar Buenos Aires renunciando a una vida plácida en compañía de un médico, encaminándose a la vida nómada de truhanes de los Gallego. Todas esas mañas apuntaban ahora directamente hacia ella, y corría serio riesgo de enloquecer. Sus hábitos insalubres, su sufrimiento y su angustia se manifestaron de manera clara en una desesperada carta que envió a su padre después de haber aceptado las súplicas de Luisito para su regreso a México.

Le habló de la proposición del padre de sus hijos de formalizar la separación aislándola en Los Ángeles con sus dos hijos menores, mientras Micky, la gallina de los huevos de oro, lógicamente quedaría a su cargo. Con la destrucción del hogar de Montes Escandinavos, Luisito había planeado pasar temporadas en Los Ángeles, donde había adquirido una casa, desde allí pensaba buscar nuevos horizontes con la agencia de Joe Ruffalo y Bob Carvalo. Había un proyecto para que el joven cantante participara en una serie de televisión. Tenía también la otra sede del "Pentágono", cerca de Madrid, en el Club de Golf de Las Rozas, donde estaba la limusina Rolls Royce que habían llevado desde Italia, y por último, para dar rienda suelta a su nueva soltería en México, adquirió un penthouse de la calle Monte Elbruz, en Polanco, que se convertiría en la sede del "Pentágono" más parecida a Sodoma y Gomorra que uno pudiera imaginarse a raíz de los numerosos testimonios recogidos, donde hacer y deshacer a su antojo, en la que al propio Luis Miguel no le aguardarían más que sufrimientos como testigo impotente de las fiestas desquiciantes de su padre llenas de mujeres y droga, de las que era imposible aislarse en la soledad de su recámara.

La carta de su madre a su abuelo, fechada en México el 19 de noviembre de 1985, después de su primera de dos escapadas a Italia, hablaba por sí sola:

Espero que estés bien, yo no puedo decir lo mismo, no te quiero mentir, todo va mal. Luis me ha dicho de ir a Los Ángeles con Alex y con Sergio a un apartamento solos, la idea no me gusta pero al menos puedo estar cerca de Micky. Luis y yo hemos llegado a la conclusión de ser amigos, porque no puedo soportar cosas que no son verdad, te lo juro, y no me creo lo que está pasando, es muy desagradable. No salgo, no quiero ver a nadie, estoy todo el día fumando y tomando café, no me siento bien, me siento extraña, me gustaría estar contigo. Gracias por los 16 días que he estado contigo, has hecho que no me falte de nada. La herida está abierta, haré todo lo posible por cerrarla. Soy fuerte. Esperaré. Seguro que cuando todo se descubra tengo miedo de cómo podré pensar. Los momentos que estoy pasando no se los deseo a nadie, estoy sufriendo mucho (…).

Le contaba también que el queso que le había dado se lo había comido el pequeño Sergio, le preguntaba si le había gustado la película de su nieto y le daba el teléfono del apartamento de Micky.

La prueba de que por la cabeza de Luis Gallego no rondaba el juego limpio con la madre de sus hijos la encontré a finales de aquel año de 1985 en una fiesta que el actor Andrés García organizó en Acapulco. Un testimonio directo, de fuente fiable, contrastado y con testigos, que lógicamente conservo, aseguraba que en el transcurso de aquella velada Luisito Rey pidió a un amigo íntimo, ayuda para "hacer desaparecer" a Marcela, a lo cual esta fuente le respondió de manera negativa y molesta: "Yo le dije que cómo se le ocurría esa barbaridad y esa pendejada, y Micky lo supo, yo se lo dije, él estaba ahí, fue en Acapulco a finales de año."

Luisito logró en el poco tiempo que Marcela permaneció en México que firmara algunos documentos, pero no todos, ella tomó a su hijo pequeño y huyó nuevamente a Italia antes de verse forzada. No quería quedarse sin nada porque ya no se fiaba, con toda razón, de cual podría ser su suerte si se quedaba desprotegida, por lo que se aseguró de tener algún as en la manga y optó con ello por abandonar todo e irse nuevamente rumbo a la Toscana.

Estos son tiempos difíciles para Marcela pero también para el propio Luis Miguel, que empezó a tener serias crisis existenciales y tentaciones de tirar la toalla y abandonarlo todo. Algunas apariciones públicas, como el día de su cumpleaños número 16, están exentas de alegrías y colmadas de muchas zozobras. Su madre ya no está y en el fondo había un sentimiento de culpabilidad por creer que su carrera era la que destruyó su hogar. El destino, no obstante, impidió que las cosas acabaran así, y aunque el gran sufrimiento no había hecho sino comenzar, su carrera seguiría hacia adelante y los mejores tiempos de la misma estaban por llegar.

Luisito Rey llevaba tiempo alimentando una de sus habituales mentiras para preparar el terreno cuando le preguntaran por la madre de sus hijos. Regó el chisme de que ella lo había dejado por otro hombre, y aprovechaba cualquier evento público para repetir la mentira con ahínco, en esa técnica que tan bien apadrinaba el jefe de la propaganda nazi, Joseph Goebbels, de que una mentira convenientemente repetida acaba convirtiéndose en verdad.

En la fiesta de los premios de la revista *TVyNovelas* de 1986, en un evento en el Centro Libanés de la Ciudad de México, Luis Miguel acudió con su padre, quien, acompañado de Abril Campillo, fue diciendo que Marcela se había vuelto a casar y que creía que estaba en Los Ángeles. Lo dijo además con rabia, como si tuviera despecho, con rencor, insultándola incluso, pero no daba muchos detalles del supuesto nuevo marido, de quien sí insinuaba que no era trigo limpio. Como las mentiras tienen las patas muy cortas, resultó que el hombre que la familia Gallego me mencionaba en España en 1996 como el amante que había secuestrado a Marcela todavía no había aparecido en la carrera de Luis Miguel, lo haría de hecho a finales de 1986. Otra de las versiones que se regaron por el medio mexicano fue que Marcela se había ido con un señor de Milán, amigo de la infancia según unos, un duro mafioso según otros. Si lo que pretendía Luisito era crear confusión, lo consiguió con creces.

Pero al margen de la anterior reflexión, reuní pruebas de sobra de que mentía y que mientras él andaba en el citado evento en México, Marcela no estaba ni en Los Ángeles ni en Milán, mucho menos con un hombre y sí muy ajena a los chismes y los planes maquiavélicos que urdía el "general". Ella estaba con su familia en Massa-Carrara, a donde regresó en enero con su hijo pequeño, Sergio, y en donde se iba poco a poco recuperando físicamente, comiendo mejor, fumando menos, bebiendo casi nada, recibiendo amor y consentimientos de los suyos, los Basteri. Fueron meses donde pudo volver a respirar paz y aire limpio. Dormía donde su prima Luisa, se levantaba tarde, a veces a mediodía, disfrutaba de la tranquilidad.

Adua Basteri me contó en más de una ocasión, con su esposo Cosimo por testigo, las muchas conversaciones en aquellos largos días bajo el sol de la Toscana con su sobrina: "Estábamos muy felices, ella empezó a recuperarse, era otra persona, la ropa que traía no le servía, subió de peso, se puso bonita, y soñaba con rehacer su vida, con encontrar un empleo aquí en su tierra. Yo rezaba porque pudiera encontrar otro hombre y le hiciera olvidar todo, al principio iba a ser difícil porque ella no mostraba interés alguno por los hombres, así viéramos uno muy guapo, ni se fijaba, pero con el paso del tiempo teníamos la esperanza de que pudiera encontrar a alguien."

Su padre y su tía sabían que aún quedaban vínculos con los Gallego que eran delicados pero que tenía que mirar la forma de cortarlos: "Ella no quería hablar mucho de eso, pero sí decía que Luisito tenía que tener mucho cuidado porque si ella quería él se quedaba sin nada. A veces me preguntaba, tía, ¿qué tan lejos está Suiza? Yo le decía que no tanto, y decía que ella podía hacer y deshacer con lo que allí había. También me advertía de los malos manejos con el dinero, decía que Luis Miguel creía que tenía mucho pero cuando fuera mayor de edad se iba a dar cuenta que en la mano no tenía más que un puñado de moscas." Aquella expresión del puñado de moscas era muy recurrente en la familia italiana cuando narraban todo aquello, lo cual era prueba inequívoca de que efectivamente aquella había sido la metáfora que eligió Marcela para contarle a los suyos que otro volcán muy potente estallaría en el momento que su hijo cumpliera 18 años y descubriera la verdad. No se equivocaba.

Estaba tranquila por su futuro porque todavía había patrimonio y cuentas a su nombre en Suiza y por ello esperaba que Luisito diera su brazo a torcer y olvidarlo para siempre. Él, desde luego, no olvidaba todo eso, y puso de nuevo en marcha un plan de acoso e insistencia para que ella regresara, en este caso a Madrid. "Luisito llamaba y llamaba, y cuando hablaba con él ella se hundía, normalmente llamaba a la hora de la cena, por la noche, ella se volvía a encerrar a llorar y salía con los ojos hinchados. Un día nos dijo que él estaba insistiendo que fuera a Madrid porque tenía que firmar algo para Luis Miguel y algo también para un papel de Sergio, la vimos dudar, no queríamos que fuera bajo ninguna circunstancia, teníamos incluso miedo después de todo ese misterio y de que incluso después que ella se fue llegara una señora toda misteriosa a Castagnola preguntando por ella, hablando muy mal y amenazando con que tuviera mucho cuidado de que Luisito le iba a cortar el cuello."

El que más enérgicamente se oponía a que viajara era su padre, Sergio, quien le propuso que si era verdad y tenía que ir a la fuerza, al menos dejara a su hijo Sergio allí con ellos mientras volvía. El poder de convencimiento de Luisito fue mayor que la oposición de la familia italiana. La excusa era que tenía que firmar un papel para que Micky pudiera entrar en Chile, cosa que en principio ella no entendía pues su hijo había viajado desde un principio gracias a su pasaporte estadounidense a ese país sin mayores objeciones por las nulas relaciones diplomáticas entre Chile y México. No sabía por qué tenía que firmar nada, y aunque no se fiaba de Luisito, la insistencia de éste la hizo dudar y decidió dar su brazo a torcer. Era el mes de agosto de 1986.

Sergio, Adua y su esposo Cosimo acompañaron a Marcela y al pequeño Sergio al aeropuerto de Pisa en aquel día caluroso y allí mismo serían otra vez testigos de la desesperante manera de hacer las cosas que tenía el ínclito cantautor andaluz. Le había dicho a Marcela que tomara un avión en Pisa, que él se encargaba de pagar el boleto, pero cuando ella llegó a la ventanilla le dijeron que nadie había pagado ningún viaje. Era el colmo, tuvo que llamarlo para que mandaran un fax con su boleto y encima él se puso impertinente y le preguntaba si es que estaba con otro hombre por las voces de fondo que escuchaba, que no eran otras que las de su padre, su tía con su esposo, incluso pasó el teléfono a Adua para que hablara con él y viera que le estaba diciendo la verdad.

Esta actitud celosa no era la primera vez que la mostraba. Su machismo recalcitrante barnizado con un tremendo cinismo me dejó en su momento y me sigue dejando dudas respecto a su naturaleza. No sé si era una actitud espontánea dado el carácter misógino del personaje, o la cosa era más perversa, intentando disimular celos para que ella pensara que todavía le importaba, y de ese modo convencerla para que emblandeciera su postura y accediera a viajar a Madrid. Mi instinto siempre me llevó más a la segunda opción, porque aquello hizo dudar a la propia familia de Marcela, como bien recordaba Adua, y sobre todo porque mantendría esos comentarios machistas mucho tiempo después de la desaparición de Marcela, lo cual induce a pensar que era una actitud impostada: "Ella yo creo que seguía enamorada de él, quería creer que a lo mejor las cosas podrían cambiar, pero a nosotros no nos daba buena vibración todo aquello. En el mismo aeropuerto ella dudaba y nos preguntaba si iba o no, mi hermano era el que menos quería, él sí decía que no, pero nosotros no sabíamos qué decirle, hasta nos hizo dudar también. Finalmente dijo que ella no tenía miedo de nada y que se iba. Cuando la oímos decir eso entonces nos entró más miedo a nosotros. Ojalá no la hubiéramos dejado jamás subir a ese avión."

Pero sí la dejaron, y tomaron fotografías de aquel día, las últimas imágenes que quedarían para la posteridad de Marcela Un mes más tarde, ella hizo una llamada telefónica. Adua habló con Marcela, incluso le pasó al pequeño Sergio en el auricular: "No recuerdo exactamente el día pero sí había pasado ya como un mes desde que se fue, nosotros estábamos muy preocupados y por fin llamó. Dijo que estaba con Alex y con Sergino en la casa de Madrid, y que iba a viajar a Chile a encontrarse con Micky allá. Le pedí que me pasara al pequeño al teléfono, hablé con él. De aquella conversación recuerdo perfectamente haber escuchado la voz de Luisito de fondo pidiendo a su hijo Alex que le llevara una maleta. Marcela me dijo que Alex se iba porque él y su hermano pequeño se iban a quedar con su abuela Matilde". En la capital de España, Matilde Sánchez ocupaba otro apartamento que Luisito había comprado para sus padres.

Después de eso se esfumó. La tierra se la tragó. Desde entonces, más o menos a principios de septiembre de 1986, no hay una sola señal de vida de la mamá de Luis Miguel.

23

El amor en tiempos de guerra

El distanciamiento entre Luis Miguel y su padre empezó a forjarse mucho antes de su mayoría de edad y de la explosión definitiva en el hotel Villa Magna de Madrid, en 1989. Ya en 1987, en vísperas de su debut con WEA, la situación era muy delicada. Luis Miguel regresó a México como una estrella internacional de primer nivel, su popularidad era enorme, lo cual llamó la atención de las marcas publicitarias. La gallina de los huevos de oro había crecido notablemente aunque para tomar una cerveza tuviera que pedirle dinero a su padre. Una de las tantas irascibles reacciones de Luisito con el contador Armando Serna fue cuando éste decidió que el chico podía tener una tarjeta de crédito y una chequera a su nombre. La tromba de groserías y vejaciones que le cayó encima por parte de Luisito Rey fue impresionante.

Micky permanecía en Los Ángeles y su padre en Madrid. El manejo autoritario ya no lo toleraba. No era el niño que cantaba en Ciudad Juárez, que tuvo que aguantarse que su padre vetara unas versiones en español de unos temas de Elvis Presley que EMI iba a publicar y que tenía que grabar comerciales en Polanco con jugosos acuerdos económicos de por medio, como la popular campaña para *Sabritas*, que necesariamente pasaba por las manos de su tutor. Era un adolescente a las puertas de la mayoría de edad que tenía que pedir permiso para que le dieran dinero así fuera para tomarse una malteada; que veía con preocupación cómo su padre interrumpía las grabaciones con unas groserías horribles tratando a las personas como si fueran esclavos, entre ellas al difunto Peque Rossino, al que el propio Luis Miguel consoló en una ocasión prometiéndole que todo cambiaría cuando él se hiciera cargo.

A algunos medios de comunicación mexicanos se les hizo rara la ausencia del cantante a lo largo de 1987. Algunos ya eran conocedores de los problemas que surgían dentro de la empresa de El Sol. El 6 de mayo de aquel año, cuando aterrizó nuevamente en Ciudad de México luego de un tiempo sin hacerlo, a los periodistas no se les escapó el detalle de que en el aeropuerto sólo estaba el director de WEA, René León, para esperarlo, y el cantante llegó solo, sin la sombra que siempre había sido su padre. Algunos párrafos de las notas publicadas entonces empezaban a dar pistas: "Hay gente que quiere vivir a tu costa, métalos en cintura porque la estrella eres tú y no ellos."

Al margen de la cada vez mayor complicación para convivir profesionalmente con su padre, pronto se dio cuenta que la versión sobre el paradero de su madre no era cierta y que ésta no aparecía por ningún lado. Luis Miguel se bloqueó y decidió no querer saber nada de su padre, se negaba a atender sus llamadas y la situación empezó a ponerse complicada para el "general en jefe", que puso en marcha su maquiavélica imaginación para revertir las cosas y lograr que su hijo viajara a Madrid. Para ello, pediría ayuda a un viejo amigo, el actor Andrés García.

Él sabía del cariño y la estrecha relación de su hijo con Andrés, al que seguía llamando tío y al que tenía un gran respeto y aprecio. Luisito contactó primero con Andrés para convencerlo de que fuera a visitarlo a Madrid. Hizo hincapié en que era el cumpleaños de su sobrino y que a éste le hacía una ilusión enorme que pudieran unirse a ellos para celebrarlo. Acabó convenciéndolo, ajeno el actor en ese momento a que todo era una burda mentira para usarlo a él como cebo para Luis Miguel. Cuando ya tuvo el visto bueno de Andrés, entonces avisó a su hijo de que su tío Andrés estaría en Madrid en los días de su cumpleaños y que le hacía una ilusión enorme que pudieran compartir.

Andrés recordaba perfectamente aquella anécdota y me reconoció que fue a partir de entonces cuando se empezó a dar cuenta de los problemas que había entre ellos: "En Madrid me di cuenta de todo, la situación era muy rara, cuando llegué a la casa de Luisito allá en Las Rozas, que era fabulosa, realmente era una casa de ricos. El día que yo llegué estaba con unos ejecutivos que me dijo eran de la nueva compañía de discos y que estaban arreglando todo para el nuevo disco de Luis Miguel. Cuando se fueron y me quedé a solas con él lo vi muy nervioso, muy extraño, buscó cualquier excusa para que nos fuéramos de allí, y se ponía más nervioso todavía cuando le pregunté por Marcela, él decía que se había ido con un mafioso y hablaba muy feo de ella, yo le preguntaba por qué hablaba así, que yo la conocía y ella no era la mala mujer que él quería hacer ver; incluso delante de los hijos hablaba muy feo y yo le decía que eso no era verdad, que el culpable de la separación fue él, que andaba con 14 mujeres por lo menos y se las paseaba casi a Marcela como quien dice. Cuando llegué allí a Madrid estaba con él Abril Campillo."

Lo primero que le sorprendió fue no ver a Micky. El Sol, por su parte, como tampoco se fiaba ya nada de su padre, llamó a Madrid para ver si era cierto que estaba allí Andrés García, quien añade: "Me lo pasaron al teléfono y le dije que dónde estaba, que estaba allí en España preciso para verlo, que su padre me había dicho que le hacía una gran ilusión. Y la respuesta fue toda extraña, me dijo que estaba en Estados Unidos pero que no me preocupara que en dos días estaba allí, pero que sólo venía por mí. 'No te preocupes, si tú vas a estar yo voy, después te contaré', fue lo que me dijo."

Así fue, él llegó después y se reencontraron: "A Micky también lo vi como bajo de ánimo, con una relación muy tensa con el padre, creo que sólo mientras estuve allá con mi hijo fue que la cosa estuvo un poco más disimulada, pero saltaba a la vista el distanciamiento que había entre ambos, me dijo que en cuanto cumpliera la mayoría de edad rompería con Luisito, que lo seguía tratando como un esclavo, que no le dejaba manejar ni un peso de su propio dinero, que no quería sino estar con todas las mujeres que se acercaban a él, que hablaba muy mal de su madre y que ellos no sabían en realidad dónde estaba... O sea, un pedo total, pero es que no puedo decir que se me hiciera raro, Luisito era una cagada, siempre con tranzas, y ni me quería imaginar cuando le entró todo ese dinero. Me pidió que yo intermediara, que hablara con él y le hiciera entender que tenían que separarse porque Micky no hacía sino llorar diciendo que el único modo para que siguiera siendo su padre es que dejara de ser su manager."

La reunión se produjo y fue muy tensa. Andrés es una persona muy directa y le dijo a la cara todo lo que tenía que decirle a Luisito, le pidió que dejara volar a su hijo, que le dejara manejar su propio dinero, que se quedara con su porcentaje como manager y el resto se lo dejara a él, que le dejara tomar sus propias decisiones, acababa de cumplir 17 años, estaba a uno de la mayoría de edad. El famoso Chanoc era una de las pocas personas que podía frentear el temperamento de Luisito Rey, le echó en cara sus mentiras y éste no tuvo más remedio que aceptar, con su hijo como testigo. Pero no fue una respuesta sincera, como el tiempo demostraría, más bien otra mentira para salir del paso, huir y quitarse de encima la presión que sintió en aquella reunión frente a alguien a quien poco podía manipular.

El instinto del amor de hijo luchó todo lo que pudo en el corazón de Luis Miguel. Siempre había un deseo romántico en el subconsciente de ver que las cosas podrían dar un vuelco y que su padre mostraría un lado bueno. Ese deseo, como en aquel instante cuando nació una nueva esperanza de que las palabras de Andrés surtieran efecto, se plasmaba en declaraciones a la prensa intentando defenderlo: "Todo lo que soy se lo debo a mi padre, sé que tengo talento pero sin sus consejos no hubiera llegado a donde estoy. Tiene defectos, como todo ser humano, pero sus virtudes lo superan. Ha sido importante para mi evolución como persona y como artista, siempre ha estado a mi lado." Desafortunadamente para él, no pasaría mucho tiempo desde que esas declaraciones se publicaran hasta que los defectos de su progenitor dieran un triple salto mortal sobrepasando de largo a las supuestas virtudes, que para quienes le conocieron no iban más allá de su talento con una guitarra en la mano.

Después de aquella reunión se fueron todos a Cádiz, a Andalucía, a la tierra natal de los Gallego, para que Andrés y su hijo conocieran y saludaran a Rafael, el abuelo de Luis Miguel: "Yo pensaba quedarme como diez días en Madrid, pero Luisito quería que nos fuéramos de allí, propuso que fuéramos al sur de España, una tierra muy bonita por cierto. No sé qué le pasaba con aquella casa suya del campo de golf, pero lo noté todo el rato muy nervioso allí y buscando excusas siempre para que saliéramos. En el viaje no hubo más peleas entre ellos, creo que Micky confió en su palabra después de lo que dijo cuando tuvimos la reunión. Lo que sí me acuerdo de aquel viaje es que me rompí dos costillas por querer hacer una broma cuando íbamos en los carros." Nada comparado a lo que se rompería después entre su sobrino y su indomable compadre andaluz, que obviamente no iba a cumplir con lo prometido.

Andrés acabó reconociendo que todo cuanto pasó fue la crónica de una muerte anunciada. "No cumplió y el final se veía venir, cuando se estaba muriendo Pepe me localizó pero no le creí, él y Mario eran dos cuentistas y ya nadie los creía, a pesar de que yo sabía que estaba enfermo. En los últimos años evité también a Luisito, ya su bebida y su perico lo hacían insoportable con todo el mundo, con la servidumbre, con los meseros, ya no había quien lo aguantara. Me siguió llamando porque decía que su hijo no lo recibía, yo lo esquivaba y he de decir que en realidad mereció lo que le pasó con el hijo. Micky es un tipo decente, aguantar a los Gallego fue una cruz que le va a pesar toda la vida."

A finales de 1987 sucedió algo extraordinario en la vida del adolescente Luis Miguel. Con su nuevo disco en el mercado y funcionando bien en ventas, se programó la grabación de un videoclip en las playas de Acapulco para la versión que aparecía en el álbum *Soy como quiero ser* de la célebre canción "Cuando calienta el sol", que inmortalizaran Los Hermanos Rigual. La versión de Luis Miguel estaba muy alejada a la del trío cubano o a la de Los Panchos, y eso debía reflejarse en la pequeña historia que se contaría en el vídeo. Su director fue Pedro Torres, quien también llevaría luego las riendas del vídeo que metió a Micky de lleno en su papel de mexicano con el ejército y la bandera en "La incondicional". Torres también proyectó otra serie sobre la vida de Luis Miguel, sin embargo, como vimos al principio, tuvo que desistir ante el proyecto de Gato Grande (MGM) que iba de la mano del propio cantante.

El vídeo no dejó indiferente a nadie. Lleno de sensualidad, los chismes empezaron a hablar de gran bacanal, de connotaciones orgiásticas, con cuerpos cincelados de hombres y esculturales mujeres luciendo juventud e insinuaciones entre los rayos del sol y las aguas de Acapulco. Algunos comunicadores insinuaban que aquello era parte de lo que realmente había ocurrido fuera de cámaras. La reputación de otro de los participantes en la grabación, parte del círculo de amigos del cantante en la época, el Burro Van Rankin, ayudaba a fomentar todo tipo de rumores y fantasías. En el año 2002 pude entrevistarlo para el documental *Los Beatles Latinos* que escribí y dirigí con motivo del reencuentro de los Hombres G, pero quedaba ya fuera de tiempo y de lugar meter la cuchara con aquella época de reventones y amanecidas en Acapulco.

No sólo el Burro arrastraba fama de mujeriego, aquel vídeo era la proyección simbólica de todos los amigos de la época del reventón de los antiguos "Vampiros", incluido por supuesto nuestro protagonista, que andaban un poco desmadrados con las hormonas y las mujeres en esos años 80. Palazuelos, tras haberse encontrado con su amigo de infancia en Miami en una comida en la que lo acompañaba Miguel Alemán, dijo hace muy poco: "Tengo muchos recuerdos bonitos con Luis Miguel, por ejemplo, cuando nos íbamos al Ajusco a pasear, a pasar el día y con nosotros un grupo de amigos. ¡Cómo nos divertíamos! Corríamos, en verdad que fueron tiempos gloriosos. Hubo una época que estábamos enamorados de la misma mujer, la actriz Mariagna Prats. ¡Nos parecía una mujer hermosísima y todos estábamos enamorados de ella! Siempre andaba con sus pantalones pegaditos, su pelo relamido y unos ojazos..."

En varias entrevistas recientes, surgidas a raíz del hecho de la producción de la serie sobre su vida, señaló entre otras cosas que su amigo siempre fue "un caballero, esa era una de las cualidades de él con las mujeres, sumamente caballero, no como la bola de otros patanes. Llegaba una mujer a la mesa y él se paraba, sea quien fuera ella. Luis Miguel entraba al antro y partía plaza. Ni modo, así era y más bien había que ver qué dejaba él, porque lo que él agarraba era suyo. Yo no creo que nadie pudiera competir contra lo que Luis Miguel representaba en ese momento, porque estaba en su gran momento, era muy guapo y todas querían con él, incluso las que iban con el novio miraban a ver qué onda".

Ni qué decir del hijo de Andrés García, Leonardo, al que conocen por el apodo de "El Oso", el propio Roberto Palazuelos o Héctor Suárez Gomís. Al que más conocí de todos ellos y más traté fue a Leonardo, a raíz de la elaboración de mi libro *El consentido de Dios* durante la convivencia con el propio Andrés.

El tono de la cosa bajaría en algunos de ellos con el paso de los años, Palazuelos por ejemplo, hizo compatible su carrera como actor con los estudios y llegó a terminar la carrera de Derecho, se volvió empresario en el sector de la hostelería, se casó con Yadira Garza, tuvo un hijo, Roberto Jr., y posteriormente se divorciaron en 2016 con un comunicado oficial que pretendía dejar el final en un cariz amistoso y beneficioso para el hijo de ambos.

Héctor Suárez Gomís ha llevado una vida lejos de los escándalos. Otra amistad relevante de estos años, en los que los amoríos se mezclaban con la guerra familiar de los Gallego, es la de Jaime Camil, quien acabaría muy distanciado y molesto con el cantante. Aunque públicamente nunca se haya manifestado al respecto sobre las causas de la ruptura, sí llegó a ser muy franco al decir, en alusión a Luis Miguel: "Yo le tengo mucho respeto al concepto de ser amigo de alguien. Yo sé ser muy buen amigo de mis amigos. Entonces cuando hay personas que no entienden ese concepto pues no vale la pena estar cerca de ellas." No sabemos si ese distanciamiento tenga que ver con el romance que Micky tuvo con su hermana política Erika Ellice, conocida como Issabela Camil, hija de Tony Starr y Armando Sotres, a la que Micky conoció gracias a su amistad, pero es curioso al menos saber que ella tampoco parece guardar muy buen recuerdo de su romance. Hoy día, felizmente casada con el actor Sergio Mayer, se mostró incluso esquiva cuando la requirieron para enriquecer el contenido de la serie biográfica de Luis Miguel en la parte que ella estuvo involucrada. Dijo a *El Universal* y otros medios que no estaba interesada en compartir ni comentar esa etapa de su vida, aunque sí hubiera tenido "mucho que decir", según sus propias palabras. Insistió en otro momento ante los medios que era hasta "de mal gusto" rememorar una relación pasada, así hubiera sido "importante".

Es esta una época de intensidad amorosa muy alocada en la vida de la joven estrella, y en algún caso la pasión traerá consecuencias, como su romance con Stephanie Salas, hija de Sylvia Pasquel y Micky Salas, y nieta de Silvia Pinal, que dejó una huella indeleble para la posteridad en forma de una preciosa niña, hoy una atractiva mujer, Michelle Salas. Luis Miguel tardó tiempo en tener reconocimiento público como su padre, pero a nivel privado estuvo enterado desde un primer momento y dispuesto a asumir la paternidad de su hija. Esto me lo contó con gran detalle la familia italiana, que recordaban a la perfección, tanto su abuelo como sus tías y primas, cómo en una de las últimas presencias suyas por allá en 1989 quiso comprar un regalito para la bebé, reconociendo que había sido padre de una niña pero que era algo que se quería mantener en absoluta discreción.

No deja de tener su pizca de curiosa casualidad que la propia Michelle y Diego Boneta, que da vida a Luis Miguel en la serie, fueran grandes amigos y en un momento dado, en 2013, se llegara a pensar en un noviazgo entre ellos, sin embargo esto nunca sucedió según me comentó Juan Manuel Navarro: "Si llegaron a salir en LA desde luego nunca supimos, de haber sido así creo que le hubiera preguntado cuando me lo encontré en el evento en la mansión PlayBoy y me comentó lo de su protagónico en la serie cuando yo le hablé de ella, en ese momento nadie sabía nada. Él iba con su manager, ahí mismo me lo presentó."

Michelle sería protagonista de un romance que acarreó un tremendo escándalo. Fue en 2008, con el por entonces íntimo amigo y representante de su padre, el español Alejandro Asensi. Esta relación supondría la traumática y abrupta ruptura de la amistad y el vínculo profesional entre ambos, pues el artista lo desaprobó por completo.

De repente se grabó aquel vídeo de Acapulco y en medio de todo ese torbellino de hormonas y primera juventud, algo cambió. Así como cuando más allá de la pasión a uno le tocan el corazón, y ese corazón era en aquella época un corazón muy sensible que estaba sufriendo las consecuencias de un drama familiar. A una de aquellas atractivas mexicanas del video insinuante de Torres, con un cuerpo perfecto y unos hermosos rasgos de origen árabe, tuve ocasión de conocerla en el año 1996 a raíz de mi investigación de la vida de Luis Miguel. Mariana Yazbek tenía más bien un recuerdo divertido del video y de lo que vino después, me habló sobre las habladurías de lo que pasó durante el rodaje, dijo que no eran más que eso, habladurías, pero lo que sí fue cierto y real fue el nacimiento de su intensa relación con el protagonista.

Mariana me recibió por vez primera en su estudio fotográfico de la Ciudad de México, y luego de muchas y amplias horas de conversación tomamos la suficiente confianza para ampliar las pláticas en sucesivos encuentros. Agradecí entonces y agradezco ahora también la confianza de la exnovia de Luis Miguel en mi profesionalismo. Descubrí una mujer muy interesante, muy centrada, segura de sí, grandísima fotógrafa y muy aficionada al arte flamenco, muy atractiva en sus aproximadamente 30 años de aquella época, con un recuerdo agradable por la experiencia vivida y sin demasiados anclajes en el "pudo haber sido y no fue". Porque, aunque pudo ser mucho más, las cosas pasaron así. Ambos se enamoraron sinceramente, pero el yate del amor que zarpó del puerto de Acapulco no navegaría precisamente en una coyuntura de viento a favor como para que aquel amor pudiera prolongar mucho su travesía, por lo que apenas unos meses después del pasional inicio, el barco se fue a pique.

Me llama mucho la atención que Luis Miguel quiera restarle importancia al que fue su primer gran amor, porque lo fue, vivió algo distinto a las aventuras que hasta el momento había tenido y se convirtió en ese gran amor pasional de juventud, una relación sincera y espontánea con una persona desinteresada que podía amarlo de verdad y evadirlo de los intereses y acosos que lo atenazaban en su mundo, que finalmente acabaría afectándole a ella misma. Tuve un testimonio muy directo de alguien que recordaba haberle oído decir en Acapulco que "era la única persona que pudo ser la madre de mis hijos", frase pronunciada mucho antes de su posterior paternidad reconocida con Aracely Arámbula. Mariana no fue una persona que en los años posteriores al romance quisiera explotar aquello en su beneficio, se dedicó a seguir adelante con su trabajo y con su vida.

La historia comenzó porque el hermano de Mariana, el reconocido Sergio Yazbek, era socio de Pedro Torres y a su vez el fotógrafo del videoclip. Sergio formó pareja y se casó con la actriz Patricia Bernal, la mamá del actor Gael García Bernal, fruto de su primer matrimonio con José Ángel García, y ambos son papás de Darío Yazbek, quien intenta labrar su propia carrera como actor al igual que su famoso hermanastro. Precisamente me volví a ver con Mariana Yazbek casualmente en Madrid, cuando ella acompañaba a Gael García. Fue a raíz de la elaboración de un reportaje en el año 2000 sobre el rodaje de *Sin noticias de Dios*, dirigida por Agustín Díaz Yanes, con Demián Bichir y con Juan Manuel Navarro, que lo cubría para Editorial Televisa en aquella época. En esa cinta, que se estrenó un año después, Bichir y Gael compartían reparto con la española Penélope Cruz. Al año siguiente, si no me falla la memoria, volví a coincidir en Madrid con Gael García, acompañado de Diego Luna, junto a la actriz española Maribel Verdú, cuando cubrí la presentación en la capital de España del film *Y tu mamá también* para el grupo Editorial Televisa.

Mariana Yazbek fue a Acapulco para ayudar como productora, se encargó del casting y de las locaciones, y sin proponérselo acabó como modelo. Cuando se lo pidieron se negó en un principio, abrumada por una terrible pena, aduciendo que ése no era su papel y que se sentía más cómoda detrás de las cámaras que delante, pero la insistencia fue tal que acabó aceptando, y el flechazo con Luis Miguel fue prácticamente instantáneo.

Muy poco después se convirtieron en una pareja normal haciendo las cosas normales que haría cualquier pareja, reuniones con amigos, cenas, salidas al cine, etcétera. El problema era que la popularidad de él impediría que aquello fuera realmente algo normal, y luego de unos seis meses de tórrido romance y diversas vicisitudes, se separaron. Mariana conocería al Micky más íntimo, al muchacho triste y abrumado por su padre, al adolescente inseguro y celoso que temía que su novia pudiera seguir enamorada de su expareja y que acabaría creyendo el chisme urdido por la maquinaria manipuladora que había detrás de él, con su papá a la cabeza, y que lo querían de cualquier manera menos enamorado y entregado a los brazos de Mariana. La canción "Culpable o no" es todo un himno que representa aquel inmenso chisme.

La fama de Luis Miguel como amante era muy extendida en los pequeños círculos del medio, quién sabe si por el deseo de algunas mujeres de presumir haber estado en su cama. En Argentina tuve algún que otro testimonio al respecto, Mariana fue siempre prudente en los detalles, pues tampoco se trataba de componer un texto morboso más allá de lo erótico, pero aun así admitía sin ningún tipo de rubor que la pasión entre ambos era inmensa y muy desbordada, cosa por otro lado lógica en dos jóvenes de esa edad con una orgía de hormonas al más alto nivel, completamente enamorados y entregados.

Durante su relación pudo ser un testigo más de la explosión que se venía entre padre e hijo. Después de mucho pelear, el joven enamorado logró que le habilitaran un departamento para su propia intimidad, donde escapar entre otras cosas de la Sodoma y Gomorra en la que su papá había convertido la vivienda de Monte Elbruz. Aquel sería su nido de amor con Mariana y su diván al mismo tiempo. Se muestra aquí un joven tímido, inseguro, vulnerable, que confiesa el calvario que está viviendo con su padre y la zozobra de no encontrar a su madre. Muchas veces que acudía a su departamento, ella se lo encontraba encerrado y llorando continuamente.

Por el relato de los hechos que me hizo Mariana no tengo duda de que Luis Miguel veía en ella de algún modo el refugio en la figura maternal. Era mayor que él, aunque no mucho, pero sí había diferencia de edad con otras mujeres con las que se relacionó. Mariana lograba rescatarlo y llevarlo a otro mundo, como en la fiesta de su cumpleaños de abril de 1988. Ella quiso preparar algo muy especial en el departamento de Tecamachalco, pero el papá boicoteó esa fiesta organizando otra, siguiendo con su modus operandi habitual. Convirtió el penthouse en un avispero de gentes donde no quería ver ni en pintura a la novia de su hijo. Pero esta apareció, acudió atendiendo la llamada de auxilio de su amado. Se sorprendió de la escena, lo encontró solo y deprimido en un cuarto, le dijo que se alistara porque se iban a la otra casa, y allí fue otra cosa. Él se transformó, compartió, disfrutó de la comida árabe especial que habían preparado, cantaron con mariachi y por momentos creían que era posible el triunfo del amor verdadero y de la persona verdadera, que no era otra que el joven que se mostraba sensible con los pobres de la calle, el que se ponía feliz porque al fin tenía su propia tarjeta para gastar su dinero, e ingenuo a la vez por querer sacar una cantidad desorbitada de dinero para ir a un restaurante o a un cine. Eso daba una clara pista de lo que había sido, o todavía era, su vida bajo el fuerte yugo del menor de los Gallego. El sufrimiento de su pareja conmovía a Mariana, quien no tardó en darse cuenta que era un estorbo para la alargada sombra del papá.

Un día recibió una llamada para, en pocas palabras, prohibirle que acompañara al cantante a un evento, con el pretexto de que no era bueno para el negocio que los vieran tanto juntos. La fotografía que les interesaba de aquella velada en la sala Premier era la de Luis Miguel junto a la cantante Sasha. Al final de aquello se produjo una anécdota muy llamativa. Bien entrada la madrugada, le pidió al "Doc" Octavio, ya por entonces su inseparable acompañante, que lo llevara a la casa de Mariana. Ella se sorprendió, de la hora y del tono, parecía obvio que su novio andaba con unos tragos de más: "Lo único que me dijo era que había visto a mi ex y que se veía bien feo, aquello no tenía sentido." No y sí. A Luis Miguel empezaron a llenarle la cabeza de chismes para alejarlo de Mariana, y uno de ellos era que ella le estaba siendo infiel con una expareja, que era nada más y nada menos que el hoy conocido director Alejandro González Iñárritu, al que se referían como el "Negro".

Mariana recordaba con cierta tristeza la escena del adiós, abrumada por los chismes que él había creído a pies juntillas: "Abandoné aquella casa con una mezcla de rabia e impotencia ante tantas mentiras… Pero bueno, ya pasó. No lo he vuelto a ver pero siempre lo he recordado con cariño." Según pude ver de un reciente testimonio de ella, tampoco lo volvió a ver 20 años después de aquellas entrevistas. Lo que sí le quedó muy claro a ella, y a todos cuantos hemos recogido testimonios similares, era que había un personaje público y una persona real, y esta última era tremendamente vulnerable, por lo que a modo de autodefensa iría con el tiempo formando un hermético escudo protector para esquivar todo lo que se le venía por delante.

Luego de cumplir los 18 años, alejado de Mariana y de su padre, declaró a la prensa: "Para mí, cumplir 18 años implicó muchas cosas, es una edad muy importante en el hombre, es momento de tomar decisiones serias, aunque en mi caso empecé a tomarlas hace varios años." Los periodistas que conocían lo que estaba pasando, le preguntaron si por fin podía manejar el dinero: "Creo que hay cosas más importantes que el dinero. Yo lo que quiero y puedo comprar lo compro. Soy ambicioso en mi carrera, pero no en lo económico ni en lo material."

24

La gran explosión: rey muerto, rey puesto

La guerra padre—hijo no era desconocida por algunos periodistas de espectáculos. En febrero de 1988 se podía leer en un artículo en la prensa mexicana lo siguiente:

Micky me recuerda el cuento de aquel rey que tenía una hija a la que quería tanto que la protegía hasta de los rayos del sol y acabó por encerrarla en una torre del castillo rodeada de profundos fosos rebosantes de fieras y sabandijas, hasta que alguien que la amaba más llegó a rescatarla y... bueno, esa es la historia que tendrá que contarse en otra ocasión. En la historia de Luis Miguel tendrá que haber otro desenlace, porque el rey es él, aunque su señor padre lleve por el momento ese título en lugar de su verdadero apellido, y porque Luis Miguel no es tonto, tarde o temprano pondrá el remedio.

En plena guerra, de su boca salían frases que daban una pista certera sobre lo que sucedía: "Toda mi familia influyó en mi carrera y salió afectada, tengo esperanza de que todo cambie y algún día las cosas queden mejor que ahora." No lo decía con mucha fe, más bien con un halo de resignada tristeza.

Llegó el momento en que Luis Miguel se dio cuenta que su padre no cambiaría jamás, intermediara quien intermediara, y de cómo intentaba engañarlo de manera sistemática y reiterativa. Las cosas en este sentido empeoraron cuando contrataron a una prestigiosa agencia californiana de *management* radicada en Los Ángeles, tras su fichaje por Warner con el sello WEA, con la intención de dar un verdadero impulso internacional a la carrera del artista, buscando a medio plazo la llegada al mercado en inglés y explotando la proyección internacional que se había dado en Italia y el mercado natural en portugués de Brasil. En el palmarés de esta agencia estaba la exitosa representación de Prince, al que manejaban desde 1979. Se trataba de Cavallo, Ruffalo & Fargnoli, propiedad de Roberto Cavallo, Joseph Ruffalo y Steve Fargnoli, quienes poco después, concretamente en 1988, serían desvinculados por el propio Prince del manejo de su carrera, lo cual dio origen a una demanda por daños y perjuicios en contra del ídolo.

El 27 de diciembre de 1986 la revista Billboard publicaba una fotografía recogiendo el acuerdo en la que aparecía el nuevo manager, Joe Ruffalo, el presidente internacional de WEA, Nesuhi Ertegun, el abogado del cantante, Peter López, el propio Luis Miguel y Luis Rey, al que no se le da más crédito en aquella reseña que el de padre.

Luisito iba a caer muy pronto en la trampa de sus propias mentiras, ignorando que su hijo tenía sus propias fuentes de información y que estas le solían contar una versión muy distinta de la suya respecto a lo que pasaba con la agencia de Cavallo y Ruffalo. Esto afectaba al manejo de la carrera y posteriormente al hecho de que Luisito señalaría al propio Ruffalo como la persona que había provocado el abandono de Marcela de su familia, una versión que todavía mantenían los hermanos Gallego en 1996.

La barrera del idioma con Ruffalo y su gente cada vez lo era menos para el hijo y más para el padre. Con la proximidad de la mayoría de edad, era ya una decisión clara y firme que había que sustituir a Luis Rey por otra persona, momento en el que se pensó en Hugo López y su inseparable Alex Mc Cluskey, ambos ya desaparecidos, si bien con el segundo si alcancé a desarrollar una buena relación profesional a raíz de *Luis mi rey* que incluso estuvo a punto de traducirse más tarde en otro trabajo en la época en que Alex estuvo relacionado con Maradona. Fue en el año 2002, en el transcurso de una comida a la que amablemente me invitó en el famoso penthouse de Polanco que acabó pasando a su propiedad después de la rescisión del contrato con Luis Miguel, cuando Hugo López ya había fallecido. Fue la última vez que lo vi en persona, aunque hablamos por teléfono algunas veces más.

Y a Rey muerto, rey puesto. Hugo López era un personaje muy peculiar, un empresario que salió adelante con uno de esos golpes del destino que encajaría en el guión de cualquier película. Contaba uno de sus amigos inseparables, con el que pude compartir más de un momento de agradable tertulia, que había llegado a México con apenas 60 dólares en el bolsillo en el año 1970; que cuando por fin conseguía salir adelante, la devaluación del peso de mediados de los 70 lo dejó al borde de la ruina. Estando virtualmente arruinado, decidió jugar una última baza en los casinos de Las Vegas, y ganó. Hugo era muy amante del juego. Decidió pedirle prestado un dinero a un amigo suyo, José Antonio León, y la moneda salió cara. Con lo que ganó en Nevada pudo resurgir en México. Tenía fama de ser un hombre estricto para los negocios, tenaz e infatigable, y mantenía una espina clavada en un fiasco con el brasileño Roberto Carlos.

En 1999, su viuda, la exmodelo y empresaria Lucía Miranda, lo recordaba en una entrevista para *El Universal*: "Mi destino fue conocer a un argentino, en México. Siempre he creído en el destino, y el mío fue conocer no uno, sino dos argentinos en México. Nunca imaginé venir a este país y mucho menos que aquí me enamoraría. En 1986 trabajaba en un programa de TV, como conductora y productora de modas. Durante el Mundial México 86 vine a realizar una serie de reportajes acerca de la participación de la mujer en el mundial. Me entrevisté con Hugo López, un argentino radicado en México desde hacía 24 años, era presidente de Televisa en Argentina, socio de Emilio Azcárraga; en ese momento Hugo me proporcionó el equipo y el personal para mi trabajo, el cual concluyó y regresé a mi país. Pero cuando la selección argentina calificó para la final me enviaron nuevamente. En esta segunda visita el flechazo se dio entre Hugo y yo, y después de un año de ir y venir nos casamos; desde entonces radico en México. Nuestra relación terminó seis años después, cuando falleció de cáncer en el colon. Hugo era una persona excepcional, con mucho carisma y muy inteligente, de él aprendí su sencillez, su trato amable con los demás y su optimismo."

En esa época ya había contactos entre Hugo López y Luis Miguel. Es curioso que el primer roce entre Luisito Rey y Hugo López se produjo justo en la época del lanzamiento de Luis Miguel en 1981. A finales de aquel año, sobre el mes de octubre, Hugo proyectaba llevar a México al grupo de rock británico Queen. Era una apuesta fuerte en tiempos en los que este género musical no era precisamente un hit popular en tierra azteca. El mero hecho de que ninguna de las dos actuaciones previstas, Monterrey y Puebla, fuera en Ciudad de México, daba una clara pista del asunto. No obstante no le iría mal, al punto que me aseguraron que con ese dinero invirtió en la sala del hotel Continental de la capital mexicana, donde empezó a sobresalir Olga Breeskin con unas soberbias actuaciones en las que interpretaba su violín y danzaba. El hotel, que era una de las referencias de clase de México y que Marilyn Monroe había hecho famoso al elegirlo para hospedarse en los 60, sufriría más tarde los estragos del terremoto de 1985 y por eso tuvo que ser demolido.

Luisito vio el modo de sacar algún beneficio cuando se enteró de todo aquello usando sus influencias con las autoridades mexicanas para facilitar todos los trámites migratorios de los británicos. A Hugo López, que ya conocía perfectamente la reputación pilla de los Gallego, aquello no le hizo gracia. Le confesó a su gran amigo que por todo lugar que se cruzaba aquel gallego diminuto se formaba un "quilombo", palabra textual, y desde luego razón no le faltaba. El quilombo fue casi tan instantáneo como la mala química que había entre aquel argentino y el padre de la nueva estrella musical que despuntaba en las estaciones de radio. Cuando ambos se vieron y Luisito le reclamó una comisión altísima por su diligencia, Hugo López casi lo saca de la oficina a gritos. Tuvo que intervenir más tarde un amigo común para bajar la comisión y arreglar las cosas, pero la mala química entre ambos quedaría ya para siempre.

Con todos esos antecedentes, Hugo fue muy franco con Luis Miguel y le dijo que no quería saber nada de su padre, que hasta que no tuviera la mayoría de edad no había nada que hacer. Por su parte Luisito, cuando se enteró que Hugo López era el que estaba detrás de la inminente emancipación de Luis Miguel de su yugo, entraría en ese estado de histeria y aparente enloquecimiento tan típico de su carácter.

No le quedó de otra a Luis Rey que aceptar los acontecimientos. La mayoría de edad de su hijo era una cuenta regresiva hacia un trágico final. La reunión familiar de las navidades de 1988 fue una escena prototipo de esas en las que la frialdad y la tensión del ambiente se pueden cortar con un cuchillo. Micky, su abuela paterna y su hermano Sergino, quien desde la desaparición de Marcela quedó a cargo de Matilde Sánchez, su padre y su tío Vicente compartieron por última vez en sus vidas una comida de Navidad. Alex estaba con su tío Pepe en Estados Unidos según la información que me proporcionaron en aquel momento. La versión sobre el paradero de Marcela seguía siendo la de la fuga con el amante misterioso.

La llegada de Hugo López y Alex Mc Cluskey fue recogida de manera discreta por la prensa. Luis Miguel aducía que su padre tenía problemas de salud y era mejor descargarlo de trabajo, y todavía en esos momentos decía que seguiría vinculado a él con la administración de las cuentas. No será por mucho tiempo, lo que se demoró en avanzar las auditorias que Armando Serna recomendó a los nuevos representantes entre otras muchas cosas para que quedara clara su inocencia en el manejo de las finanzas. La profecía que Marcela había hecho a su tía Adua estaba a punto de cumplirse. Cuando Luis Miguel descubriera que estaba con sus finanzas vacías, que el dinero desapareció como por arte de magia, sin duda con destino a paraísos fiscales, que tenía ante sí un tremendo problema de evasión de impuestos, y encima de eso su madre no aparecía por ningún sitio, sería cuando se produciría la gran explosión de dimensiones similares a las del Krakatoa y el Vesubio. Ésta sin embargo aconteció en el hotel Villa Magna de Madrid.

De la mano del tándem argentino y con la aportación de la agencia de Los Ángeles, Luis Miguel dio en poco tiempo un salto cualitativo al punto de leer cosas como que su madurez vino con la confección del Sinatra mexicano. La llegada de los 90, con su corte de cabello, estuvo llena de agradables sorpresas profesionales y numerosos reconocimientos como el World Music Award de Mónaco. El primer disco que hizo con Hugo López, *20 años*, vendió 600,000 copias en su primera semana de distribución. A eso había que sumar los diez discos de oro por superar el millón de copias vendidas de *Un hombre busca a una mujer* (en su 19 cumpleaños le entregaron los cinco primeros discos de oro por esa producción). En 1992, con motivo de las olimpiadas de Barcelona, fue el único artista latino invitado para el proyecto *Barcelona Gold*. Estableció un récord de asistencia en el Auditorio Nacional de la Ciudad de México llenándolo diez noches consecutivas con un aforo total para 100,000 personas. Fue el primer latino en presentarse en el salón Circus Maximus del Caesar's Palace de Las Vegas, ciudad en la que coincidiría nuevamente con su "tío" Marco Antonio Muñiz, que se presentaba en el Tropicana.

El salto cualitativo con los boleros es algo que se gestó en esta época y que al principio tenía al propio cantante muy reticente. Lo que se hizo fue probar en algunas presentaciones para ver la reacción del público. En una de ellas, muy especial, estuvo presente Marco Antonio Muñiz, fue en el hotel Fiesta Palace de la Ciudad de México. Él recordaba que Hugo se había puesto en contacto con su manager Rubén Fuentes para avisarle que estaba pensando con Mc Cluskey probarlo con música romántica anterior a su edad, para lo cual le pidió que le ayudara con la colaboración del trío de Fernando Becerra. Lo que vio aquella noche lo dejó maravillado, la interpretación de "No me platiques más" y la "Historia de un amor" fue mágica y mostraba un tremendo potencial y un terreno por explorar muy grande. El resultado del experimento fue la aparición en noviembre de 1991 de *Romance*, el primer disco de boleros, en el que colaboraron entre otros Armando Manzanero y Bebu Silvetti. La consecuencia de esa decisión es conocida del gran público, numerosos discos de platino en México, Chile y Argentina, oro en otros tantos países, un éxito sin precedentes y un punto de inflexión en su carrera que llevaría su música a ser escuchada en países tan exóticos y lejanos como Japón, Taiwán, Indonesia, Thailandia, Corea, Malasia, Singapur, Hong Kong, Filipinas, Arabia Saudita, Australia, Nueva Zelanda, Canadá, Turquía o en mercados europeos tan dispares como los de Finlandia, Dinamarca, Holanda, Bélgica, Francia y Grecia.

Con aquel futuro profesional impresionante, el joven Luis Miguel debía encarar un trago amargo en los calurosos días del verano de 1989 en la capital de España. Las noticias que tenía sobre el paradero de su madre eran confusas, y su situación legal y financiera por causa del proceder de su exmanager y tutor era desoladora. Virtual y sentimentalmente se había quedado sin padre. En su corazón había una mezcla de rabia y de dolor que saldría a flote en la tremenda pelea que tuvo lugar aquel día en el que el asfalto del Paseo de la Castellana superaba los 40 grados de temperatura, nada comparado con el volcán que explotó en uno de los hoteles más lujosos y emblemáticos de España. La explosión sería tal, que su hermano Alex incluso llegaría a prescindir del apellido Gallego por completo, en un claro gesto que evidenciaba el cisma familiar, que era ya un hecho.

Para ejecutar esta decisión el intérprete de "La incondicional", canción que arrasaba justo por esa época, citó a su padre en su suite presidencial del hotel Villa Magna de Madrid, ubicada en el ático del edificio, hasta la que me desplacé personalmente en 1996 para ver *in situ* el escenario de un momento importante en la biografía de El Sol de México. Luisito solía quedarse no muy lejos de allí, en el hotel Foxá 25, y sus padres, con su hijo menor, también muy cerca, en el barrio de Chamartín, se alojaban en la calle Núñez de Morgado, en un apartamento que había comprado tiempo atrás. La enorme y lujosa propiedad de Las Matas ya la había vendido, pues como bien recordaba Andrés García de su paso por allá, no quería saber nada de ella y se ponía muy nervioso cuando estaba allí.

Luisito se presentó acompañado de su madre, su hijo pequeño, Sergio, y su hermano Vicente, quien afirmaba que camino a la suite coincidieron con una vieja conocida, Lucía Méndez. Según su versión, fue un encuentro casual. Arriba estaba el cantante en una suite rodeada de guaruras y dentro departiendo con amigos, entre ellos Alejandro Asensi. Después del encuentro y las formalidades, padre e hijo se quedaron a solas en uno de los compartimentos de la suite y el Vesubio entró en erupción. Entre las voces se escuchaba a un Luis Miguel fuera de sus casillas profiriendo frases de puro dolor. Decía que jamás se lo perdonaría. ¿Se refería al manejo de las finanzas, a la desaparición de su mamá o a ambas cosas?

No habría jamás vuelta atrás. Según los Gallego, volvieron a verse casualmente en una ocasión que Micky fue a visitar a su hermano Sergio a Barcelona, pero la presencia de su padre le irritaba y lo bloqueaba. En otra visita que hizo a su hermano menor a Madrid, al que se llevó de paseo y de compras por unos grandes almacenes, se aseguró de que su padre estuviera fuera para no encontrarse con él. No podía perdonar que llegara tan lejos con sus engaños hasta el punto de convertir en víctimas a su propio hijo y a la que fuera su pareja por tantos años. El grado de ruptura y rencor era tal, que una anécdota ocurrida en Argentina lo ilustra perfectamente. Para él, el Luis Miguel de cabello largo, el Luis Miguel de Luis Rey ya no existía. Una fan le pidió que le firmara una foto y él preguntó que quién era el de la foto, la chica, completamente contrariada, respondió que era él, y él hizo un gesto negativo con la cabeza, tomó la foto, la rompió y se la cambió por una en la que aparecía con una nueva imagen. La gente que lo manejaba invitaba sutilmente a los medios de comunicación a no utilizar fotos de archivo en la que se luciera el antiguo look. La postura era tan dura e intransigente que hubo quien aseguró que estaba dispuesto a vetar a los medios que no le hicieran caso en este sentido.

Luisito volvió a intentarlo de todas las maneras que conocía, inventaba excusas para reencontrarse con su hijo, se volvió desesperadamente pesado, inventó el invento como él decía, pero recibió un desplante detrás de otro, dando a lugar a escenas y situaciones muy embarazosas cuando los guaruras le impedían el acceso, lo cual era aprovechado por sus tíos para contarlo de manera sesgada diciendo que el papá acudió a una fiesta privada en el que había sido su propio penthouse en México con un jamón de regalo para intentar verlo. No lo dejaron pasar, le devolvieron el regalo diciendo que se podían ir el regalo y el remitente; o cuando aseguraban que ni en Nochebuena de 1990 quiso hablar con él y le colgó el teléfono. Otra desagradable anécdota similar se produjo en un hotel de la capital

Luis Miguel

La historia

mexicana donde él iba a cantar, su padre reservó una mesa con su hermano Vicente sin que él lo supiera. Le pidieron ayuda a un viejo amigo de la familia, el licenciado Gutiérrez, para que intercediera, pero no hubo modo. Ni les recibió al acabar el show ni contestó una sola de las muchas llamadas que se produjeron en los siguientes días.

El último y tal vez más humillante desplante para los hermanos Gallego fue en su propia tierra, en Andalucía, en el verano de 1992, pocos meses antes de la muerte de Luis Gallego. Fue con motivo de la Expo'92 de Sevilla y la actuación de Luis Miguel en la Isla de la Cartuja con motivo del Día de México. Luisito y su hermano Vicente acudieron mezclados entre el público. Al final intentaron acceder a los camerinos aduciendo que era el padre del artista. Se encontró con un guarura gigante que ya había sido advertido de que eso podía pasar y tenía instrucciones muy concisas de impedir el paso a nadie que se identificara como familia española del cantante. Impasible ante la histeria y los insultos de aquel hombre desquiciado, el empleado cumplió a rajatabla su orden.

25

La sorpresa boricua

Antes de llegar el momento cumbre del drama de El Sol mexicano con la muerte de su padre, Mc Cluskey sería testigo atónito de otra anécdota en la que ese mismo sol pasaba de ser mexicano a ser en realidad boricua. El detonante fue una respuesta en una conferencia de prensa en Puerto Rico en 1991, cuando le preguntaron si él se hacía cargo de los hermanos y él respondió que sí, que era el mayor y por lo tanto siempre tenía asumido ese papel de responsabilidad. Esa respuesta la escuchó un viejo damnificado de su padre, Alfred D. Herger, quien en una ocasión, años atrás, lo había visto en televisión y se había hecho la misma pregunta: ¿Era ése el bebé que su primo Charles había traído a este mundo? La primera vez él mismo se respondió que no, pues ese que cantaba decían que era mexicano, debía tratarse por tanto del segundo hijo de Luisito, pero cuando escuchó de su propia voz decir que era el mayor, entonces el corazón le dio un vuelco.

Alfred fue rápidamente a buscar a Alex Mc Cluskey, al que ya conocía desde que este cantara con sus hermanos en Argentina en los años 60. Le preguntó que entre Luis Miguel y el otro hermano, cuál era el mayor.

Mc Cluskey le confirmó que el mayor era Luis Miguel y en ese momento él se quedó de piedra al ver la rotundidad de la frase y el gesto de Herger: "Pues si éste es el mayor quiero que sepas que nació en Puerto Rico." Mc Cluskey trató de convencerlo de su equivocación, pues el chico había nacido en Veracruz, pero Alfred fue lo suficientemente convincente como para asegurar que había tenido ese bebé en sus propias manos.

Herger se portó como lo que es, todo un caballero. Obtuvo el acta de nacimiento, la mandó a la oficina de Hugo López y fue discreto. Hugo le dio las gracias en su nombre y en el del propio Luis Miguel, tenía miedo de que el escándalo pudiera afectar la carrera del artista, quien ya en esa época daba sus primeros síntomas de transformación del joven adolescente alegre y espontáneo al adulto adusto, hermético e inseguro en el que se convertiría, marcado por los acontecimientos. A ello contribuyó también la idea que Hugo López tenía sobre el manejo de su artista, prefería darle la aureola de divo intocable e inaccesible, máxime cuando fue sabedor del reguero de mentiras y tranzas que el manejo de Luisito había dejado por el camino durante tantos años.

La nacionalidad era un problema. Debido a la irregularidad con la que se manejaron las cosas cuando Durazo ayudó a la familia a montar la historia de Veracruz, con el tiempo fue difícil ratificar la nacionalidad mexicana. Hugo López y Alex Mc Cluskey usaban el pasaporte español de Luis Miguel para los desplazamientos, desconocían por completo que había uno estadounidense. En todo caso, antes de que la bomba informativa explotara en pleno Caribe, los adecuados movimientos del entorno lograron que en noviembre de 1991 el entonces presidente Carlos Salinas de Gortari le concediera la nacionalidad y un pasaporte mexicano auténtico, país al que le debía todo y en el que en ese preciso año cumplía una década de alojamiento procedente de Cádiz. Aun con su nacionalidad mexicana, según mis informaciones, Luis Miguel no renunció a su pasaporte español, que aparecerá en todos los trámites legales hechos en España tras la muerte de su padre.

A pesar de la discreción con la que se manejó el asunto, era cuestión de tiempo para que alguna filtración diera pie a una exclusiva, y así sucedió el 26 de julio de 1992 cuando la revista *Vea*, con Nelson Castillo al frente, imprimió una de sus portadas históricas: "¡Luis Miguel es boricua!", en la que antetitulaba que descubrían su secreto tras 22 años y desnudaban ante el mundo otra de las grandes mentiras de Luis Rey.

26

El último adiós

La ruptura y la desconfianza del artista con los Gallego y las mañas de su padre fueron tan agudas, que incluso cuando éste enfermó gravemente y mandó llamarlo, envió a Alex Mc Cluskey a Barcelona en España para comprobar que realmente era así y no se trataba de un truco más. El veterano manager argentino me confesó que aquel episodio fue muy desagradable y descubrió hasta qué punto había un dolor y un rencor tan fuerte y prisionero en el corazón de Luis Miguel.

Luis Rey alternaba su angustia con nuevos proyectos. Él sí disponía de dinero y también de los fondos desviados de la empresa de Luis Miguel. Hablaba de montar una disquera en Barcelona, para lo cual se radicó en la zona residencial de Casteldefells, un barrio exclusivo de la Ciudad Condal en el que viven, por ejemplo, las grandes estrellas del F.C. Barcelona. Además ejecutó la venta de las propiedades adquiridas en la época anterior a la mayoría de edad de Luis Miguel, una de las últimas transacciones que hizo fue vender la casa de la Avenida de las Fuentes en las Lomas de Tecamachalco.

Hasta el final mantuvo la constante de aprovechar el tirón de su hijo para salir con mujeres, en la época próxima a su muerte anduvo con Yolanda Mingo, una chica española que estaba al frente de uno de los clubs de fans de Luis Miguel. Para su desgracia, también siguió con el terrible estilo de vida que incluía de manera desproporcionada sexo, drogas y alcohol. Su salud empezó a dar síntomas de debilidad. Según fuentes bastante solventes, dichos síntomas aumentaron a finales de 1991, quedando expuesto a cualquier afección por una disminución drástica de sus defensas. Hizo un viaje a Cuba para despedir 1991 y dar la bienvenida a 1992, un viaje presidido por las pesadas parrandas a las que estaba acostumbrado y que según el testimonio de los hermanos provocó su hospitalización en un centro cubano al ver comprometida su actividad pulmonar con una neumonía. Permaneció ingresado 4 días antes de regresar a España, pero sería de algún modo el principio del fin.

Los Gallego sostenían que en los días finales de su vida, Luisito había empeorado de una neumonía que nunca llegó a curarse y que en el hospital cubano se contagió con un brote de legionella. En *Luis mi rey* usé una frase que hacía clara alusión a la casi nula presencia de defensas en el cuerpo del padre de Luis Miguel al momento de desencadenarse la crisis que acabó costándole la vida. Si bien los hermanos nunca hablaron de ello, tal vez por la connotación social negativa que la enfermedad tuvo hasta hace muy poco tiempo, otras fuentes que estimo fiables y responsables hablaban de que Luisito Rey estaba infectado con el VIH, es más, su familia Basteri aseguraba que el propio Micky así se lo dijo cuando estuvieron juntos en el hotel Sheraton de Buenos Aires, motivo por el cual tenía la espada de Damocles sobre la cabeza y cualquier exposición a una enfermedad respiratoria podía ser mortal.

El desquiciamiento constante en el que vivía era una bomba de relojería permanente amenazando su salud. A él no le importaba nada, un día antes de desencadenarse la crisis que acabó con su vida salió con dos prostitutas y telefoneó a su hermano Vicente en evidente estado de euforia para que tomara un avión y se le uniera. Seguía bebiendo de manera muy exagerada, contaban que era capaz de tomar en ayunas varias copas de anís, un aguardiente español de alta graduación alcohólica y muy azucarado, y que había días que se bebía dos botellas de whisky él solo. Su adicción a la cocaína empeoraba su carácter histérico y se hizo una persona cada vez más arrinconada, algo que reconocieron sus propios hermanos.

En la madrugada del 30 de noviembre de 1992 su cuerpo no resistió la enésima ingesta de alcohol y cocaína. Una fuerte taquicardia, como consecuencia de una sobredosis, acabó con su cuerpo en el centro hospitalario de Sant Boi de Llobregat, que tras un primer examen y ante la gravedad del cuadro clínico, lo remitió al hoy conocido como Hospital Universitario de Bellvitge en Hospitalet de Llobregat, un centro que desde hace años trabaja en el tratamiento de enfermedades infecciosas y en el VIH, lo cual concuerda con la versión que otras fuentes solventes también me dieron sobre el problema de salud del padre de Luis Miguel, quien entró en coma en la Unidad de Cuidados Intensivos con respiración artificial asistida y continuas transfusiones de sangre para paliar la anemia galopante que había llevado a su propia sangre a unos niveles ínfimos de hemoglobina y la hemorragia interna que hacía que expulsara sangre en las bolsas de los excrementos.

Mientras todo eso sucedía en Barcelona, en Buenos Aires había un joven que tenía que salir a cantar delante de su público con el corazón hecho pedazos. Mis encuentros con la familia argentina de Luis Miguel y con Adua Basteri sirvieron para recrear una de las escenas más tristes que recuerdo de la elaboración de *Luis mi rey* y que casualmente escuché por dos partes. Fue el día que Adua, su hermano Enzo y una de las primas del cantante que residían en la Argentina, descendiente de los Basteri emigrados en los 50, fueron a visitarlo a la suite San Martín del hotel Sheraton de Buenos Aires, al que también acudí para recrear de la mejor manera posible en mi imaginación lo que allí ocurrió y a cuyo departamento de relaciones públicas agradecí en su día y reitero aquí la colaboración recibida.

Adua fue a contarle sus propias penas a su sobrino y descubrió que las de él eran mucho mayores. Andaba peleada con su hermano, el viejo Tarzán, y se sentía dolida por el trato que le dio luego de que ella se encargó de cuidarlo tras su delicada operación del tumor en el pulmón que le diagnosticaron. Cuando escuchó de voz del cantante las malas noticias que le estaban llegando de España sobre el estado de salud de su padre diciendo que se estaba muriendo, saber de su dolor interno por verse incapaz de perdonarlo y de su abatimiento por no darles una explicación sobre el paradero de Marcela, sus propias zozobras pasaron a un segundo plano. Las palabras de Luis Miguel aquel día se las sabían casi de memoria tanto la propia Adua como sus familiares argentinos. Según escucharon del propio cantante, acababa de enterarse que su padre estaba afectado con el VIH y muy grave en un hospital español, y había mandado a alguien para que comprobara lo que parecía cierto a todas luces.

Luis Miguel estaba hundido, recordando todas las cosas feas que le hizo su padre, lamentándose una y otra vez de su sufrimiento y de su propia suerte, dando síntomas de una angustia extrema, reconociendo que debería hacerse cargo de sus hermanos y lamentando una y otra vez no dar con el paradero de su madre. Aquel aturdimiento contagió a todos los presentes en la reunión, con las lágrimas a flor de piel.

Sabiendo los tíos que no accederían a su sobrino y que éste no les creería, optaron por hacer uso de los servicios de los medios de comunicación para mandar un SOS al cantante. Lo primero que hizo Luis Miguel, como se dijo, fue enviar a Alex Mc Cluskey a comprobar la gravedad de las cosas. Éste viajó primero a Barcelona y le confirmó que realmente la

El último adiós

situación era muy delicada, que había hablado con el médico que asistía a su padre, el doctor Zapatería según los datos recopilados de aquella época, quien le dijo que el pronóstico era muy grave. Tanto, que tras consultarlo con su representado, que para entonces estaba en Asunción, la capital de Paraguay, Mc Cluskey ordenó que le dieran la extrema unción a Luisito, al tiempo que tuvo que aguantarse los improperios de Vicente y Pepe Gallego, que lo trataron, sobre todo el primero, con unas formas groseras y altaneras, tales como las que Luisito solía gastarse, recriminándole el comportamiento escéptico del propio Luis Miguel. Sin entrar en las provocaciones de los Gallego, Mc Cluskey se limitó a transmitirles los deseos de Luis Miguel de que a su padre lo atendieran de la mejor manera posible y en el mejor centro sin reparar en gastos. El problema es que ya era demasiado tarde.

En la conversación telefónica que sostuvieron recordaba a un Luis Miguel casi llorando cuando le dijo que tenía que suspender los conciertos inminentes y viajar a Barcelona: "El sufrimiento de Micky en aquel entonces fue bárbaro. Nosotros sabíamos lo que sentía por dentro. Llegaron justo a tiempo para ver a su padre morir, aquello fue una de las cosas más tristes que yo he presenciado en mi vida", me decía el propio Mc Cluskey en uno de nuestros primeros encuentros. Micky viajó en avión privado con Hugo López, con Jaime Camil Garza, Tony Star y la hija de esta, Erika (Issabela Camil), que salía con él por entonces. Antes había llegado el hermano desde México, Alejandro.

La escena fue tan dantesca que recuerdo mi emoción al escribirla en 1996 y sentir algo parecido a la hora de redactar estas líneas, intentando empatizar con el dolor de los dos hermanos en aquella sórdida cama del hospital barcelonés con su padre moribundo. Allí hubo un choque de sentimientos muy abrupto que sumió al cantante en un mar de lágrimas y en gestos que buscaban inconscientemente el instinto del amor filial por encima de tanto dolor y rencor acumulados. La descripción de un Luis Miguel derrumbado ante la agonía de Luis Rey fue conmovedora. En la última escena de los dos hermanos solos junto al padre, su tío hablaba de que por la mejilla de Luisito, postrado en coma, se derramó una última lágrima al sentir la cercanía de sus hijos. Le di credibilidad. Nadie somos para juzgar los errores gravísimos que cometió en vida. Sólo Dios podía decidir su suerte en el más allá.

Es curioso, guiños del destino, casi muere el mismo día que la desaparecida Marcela hubiera cumplido 46 años, no lo hizo por apenas una hora, ya que falleció en torno a las 11:00PM del 9 de diciembre de 1992. Sí sería el 10 de diciembre sin embargo, el día que la mamá de sus hijos vino al mundo, el mismo que su capilla ardiente acogería el cuerpo de Luisito Rey en el cementerio de Collserola.

Hasta ese momento, en las horas previas, hubo tregua entre los tíos, el cantante y sus representantes, pero la tregua expiró junto al propio Luisito. A partir de ahí siguieron las diferencias entre ambas partes, principalmente en la tensa reunión que tuvo lugar en el hotel Sarriá. Palabras groseras, discusiones sobre qué hacer con los restos, qué iba a pasar con el dinero al que solo él tenía acceso, etcétera. El propio cantante cortó las discusiones con más temperamento que sus tíos. La primera cuestión no generó demasiada discrepancia, a Luis Miguel le dijeron que su padre deseaba que lo cremaran y no puso ningún impedimento. Sobre la disposición del dinero, en lo que sí coincidieron las dos versiones de los hechos que tuve fue en que Luis Miguel mostró rechazo por el dinero que sabía sucio y principalmente depositado en Suiza. Dejó encargado a sus representantes para que contrataran a alguien en Barcelona que velara por sus intereses y organizara todos los trámites, el traslado de la urna a Cádiz, la manutención de su hermano Sergio y de sus abuelos Matilde y Rafael, a cuyo cargo estaba el pequeño.

El lío que después Vicente Gallego montaría con las cenizas y la prensa lo vimos al principio. El uso mediático del pequeño Sergio, al que le tomaría fotos más tarde en la tumba de su abuela Matilde, una vez que esta falleció, y al que llevó a la televisión en busca de rentabilidad mediática contando que no podían comunicarse con Luis Miguel, fue una de las tantas gotas que colmó el vaso de la paciencia del cantante. El 26 de octubre de 1993, en el programa de María Teresa Campos, apareció el niño de la mano de su tío. María Teresa Campos dedicó diez minutos al tema. El tío habló mal de Luis Miguel, con versiones sesgadas de los hechos, dijo que no se hacía cargo de las cenizas y que no se le ponía al teléfono para decirle que se había muerto su abuela. El espacio acabó con el pequeño Sergio cantando un fragmento de una canción de su padre, imitando la famosa escena de Ciudad Juárez del propio Luis Miguel 12 años atrás.

La historia se había repetido, las infinitas llamadas que Vicente Gallego hacía, a veces en estado de embriaguez según recordaba Mc Cluskey, reclamando dinero e insultando a Luis Miguel y a su gente, provocaron que nadie le levantara el teléfono, de modo que cuando llamó diciendo que su madre había muerto para que su nieto lo supiera, nadie le creyó, pensando que sería una vieja estrategia al estilo de Luisito para llamar la atención del sobrino y pedirle dinero. La solución, que fue utilizar al niño Sergio en los medios, encrespó más todavía a Luis Miguel, que rápidamente ordenó ir a buscarlo para hacerse cargo de su custodia, pues no deseaba dejarlo a cargo de ninguno de sus dos tíos. El 11 de noviembre Sergio ya estaba volando rumbo a América para reencontrarse con sus hermanos.

Hugo López, que también conocía de sobra a los tíos, incluso los amenazó en el sentido de hacer valer el poder de Luis Miguel en México para que tuvieran mucho cuidado con lo que hacían y decían para no crear un escándalo que perjudicara la carrera de El Sol. Por desgracia para Luis Miguel, un año después, estando también en Paraguay, recibiría la triste noticia del fallecimiento de Hugo López. Alex Mc Cluskey quedaría al frente de su carrera hasta 1995.

Pepe, que en ese sentido siempre fue bastante más inteligente que su hermano menor, hizo bastante caso y mantuvo un perfil bajo durante los años siguientes. La postura de Vicente o Mario, como le quieran llamar, ya la conoce el lector de los capítulos iniciales. En junio de 1994 aparecerían en la revista *Diez Minutos* los reportajes de Tomás Montiel a los que me referí en el comienzo. Esto provocó el envío de un emisario a Cádiz que abroncó a Vicente y se encargó de que las cenizas quedaran a buen recaudo. Esta persona fue la encargada de organizar el cuidado del abuelo Rafael con unas personas y unos recursos que quedaran lejos del alcance de Mario Gallego, quien a su vez recibió una carta del abogado de Luis Miguel en España advirtiéndole de que se abstuviera de dañar la imagen de su representado de manera gratuita o se atuviera a las consecuencias, entre las que estaban la manutención de su padre, Rafael Gallego, que fallecería años después, el 7 de febrero de 1999 en San Fernando. Fue enterrado también en el cementerio de Chiclana y Luis Miguel no acudió al entierro. Desde ese momento, el cantante quedó sin ascendentes directos en Europa, pues meses antes había fallecido también su otro abuelo, Sergio, y lógicamente Vanda Tarrozzo no contaba en su vida.

Al día siguiente se celebró la misa funeral en la calle Balmes de Barcelona, acto que recogieron algunos medios, como la edición argentina de la revista *Caras*, en la que se podía ver a un Luis Miguel vestido completamente de negro con la cabeza agachada en una fotografía solo ante la urna con las cenizas de su padre, en otra sosteniendo dicha urna, en otra recibiendo el abrazo de Issabela Camil, a la que el medio cita con su verdadero nombre de Erika, y en otra junto a su hermano Alejandro, con saco y camisa de colores más claros.

Luis Miguel regresó a América a seguir con su gira. Hizo un extraordinario esfuerzo para perdonar, aunque a tenor de lo que contaba Mc

El último adiós

Cluskey no podría asegurar con rotundidad que lo hizo. Es algo que solo él puede decir, si algún día quiere expresarlo públicamente. Lo que sí me resulta tremendamente emotivo al día de hoy es recordar su primer show, pocas horas después de haber regresado de Barcelona del funeral de su padre. Las personas que asistieron al concierto aquel día en el Luna Park de Buenos Aires probablemente tampoco olvidarán las lágrimas derramadas aquella noche: "Compartan todo lo que quieran con la gente que quieren hoy y no mañana. Lo más bonito que tenemos en la vida es el amor y el cariño. Les pido por favor que me ayuden esta noche", dijo con los ojos aguados, expuesto y vulnerable, mostrando el sufrimiento que lo ha perseguido toda la vida. En primera fila las fans le gritaban que lo querían y en verdad estremecía aquel sonoro y unísono cántico que me sirvió de inspiración para titular aquel mi primer libro: "¡Luis mi rey, Luis mi rey, Luis mi rey…!"

27

¿Qué pasó con Marcela?

Mucho se ha especulado con el paradero de Marcela Basteri y varias versiones se han manejado, algunas de ellas, como hemos leído, fomentadas desde el propio entorno de Luisito, en el sentido de que ella se había ido con otro hombre y, más aún, que la persona con la que estaba era un italiano, un personaje siniestro de la mafia, por lo que daba a entender que era mejor no rascar mucho por ahí pues podía ser peligroso.

Los hermanos mencionaban un nombre propio que no se relacionaba con ningún mafioso, era el nombre de un conocido promotor, se trataba de Joe Ruffalo, de la agencia Cavallo, Ruffalo & Fargnoli, que se vinculó a la carrera de Luis Miguel en diciembre de 1986, cuando Marcela ya estaba desaparecida, pues la última señal de vida de la que se tiene constancia es de septiembre de ese mismo año.

Mientras los hijos avanzaban en desenredar las falsas versiones que recibían de su padre sobre el paradero de su madre, en Italia se desesperaban más y más: "El peor momento fue cuando ellos llamaron a preguntar si su madre estaba aquí, nosotros les dijimos que no, que si era cierto que ellos no sabían dónde estaba su madre. Su padre les había dicho que estaba en Italia y que estaba con el hombre que andaba con ella, lo cual claro era completamente falso. Luis Miguel regresó, luego hubo otra vez que vino Alex con su amigo Alejandro Asensi, y la situación era cada vez más confusa. Mi hermano y yo misma estamos convencidos de que a mi sobrina la mataron."

Efectivamente, Adua decía la verdad, el día que Luis Miguel llamó preguntando si su madre había regresado a Massa-Carrara a ellos les embargó la más completa zozobra. Motivos había en exceso para ello: sus hijos no sabían dónde estaba; ella les había confesado tener miedo y les había contado todo, además de eso resultaba que un día apareció por allí una mujer española desconocida, toda misteriosa, preguntando por Marcela, hablando groserías de ella y haciendo gestos amenazantes llevándose la palma de la mano a la garganta diciendo que "Luisito le iba a cortar el cuello", anécdota que tanto el papá Sergio como la tía Adua y su esposo Cosimo recordaban a la perfección: "Llegaron como dos matrimonios hasta Castagnola, fueron donde Luisa, buscando a mi hermano, ella les dijo que él no estaba, que estaba trabajando fuera del pueblo, entonces fue cuando le hablaron feo de Marcela y le hicieron el gesto ese amenazante. Al día siguiente nos pusieron una cita, nosotros acudimos pero allí no se presentó nadie, y todo eso cada vez nos llenaba de mayor angustia."

Más angustia aún se generaba cada vez que Micky telefoneaba a su abuelo Sergio para preguntarle por su madre. Cuando él recordaba aquello se le aguaban los ojos. Como consecuencia de su fuerte adicción al cigarrillo, a Sergio Basteri le diagnosticaron un tumor en el pulmón en el otoño de 1988 que le mermó mucho la salud. Le extirparon un pulmón. Por fortuna la enfermedad no avanzó pero él se vio poco después tremendamente afectado y condicionado a la asistencia en un centro sanitario.

Luis Miguel acudió a verlo en cuanto le informó su tía Adua. En aquel encuentro hubo muchas preguntas sobre el paradero de su madre pero ninguna respuesta. Luis Miguel confirmó que nunca se vio con ella en Chile ni recordaba que necesitara nada para que él viajara a aquel país, lo cual revelaba que la excusa que había puesto Luisito para que viajara en agosto de 1986, como tantas otras cosas, era una mentira más. Eso los abrumaba. El cantante quiso hacerse cargo y colaborar con los gastos del tratamiento de su abuelo.

Lo más lógico es pensar que todavía en esos momentos Luis Miguel estaba convencido que encontraría a su mamá. Es más, en la primera visita del verano de 1989 a la Toscana, cuando todavía lucía el cabello largo, él hablaba con pesar y arrepentimiento, tanto él como su hermano Alex, por haber creído las mentiras del papá sobre su madre y en algunos momentos no haber sido justos con ella. Ahí encontramos un motivo más para explicarnos el uso exclusivo del apellido Basteri por parte de Alejandro, que decidió echar el apellido Gallego a la cloaca del olvido.

El dolor y el vacío que la ruptura con los Gallego provocó en el corazón de Luis Miguel, quien hizo dos visitas a Italia entre 1989 y principios de 1990, una en verano y otra en navidades, fueron muy grandes. En ambas no se cansaba de repetir, mientras compartía escenas familiares en torno a una mesa o junto a su abuelo, que esa era su única familia, que ellos eran las únicas personas que lo querían de verdad. En una de ellas aparecía en las fotografías acompañado de su inseparable "Doc" Octavio. En la última visita apareció ya con el cabello corto, lo que sería la nueva imagen desde que se publicara el primer disco en el que ya había pleno poder del tándem Hugo López—Alex Mc Cluskey. El corte del cabello guardaba un enorme simbolismo con el momento que vivía tras haber cortado todo vínculo con su padre. Su familia italiana también recordaba como él les contó el profundo dolor que arrastraba, las "cosas muy feas" que le había hecho su padre, sus problemas con el fisco y el calvario por el que estaba pasando. Adua enseguida evocaba las palabras de su sobrina: "Creerá que tiene mucho dinero pero solo tendrá un puñado de moscas, porque su padre le habrá comido hasta el cabello." ¡Cuánta razón tenía! Con gesto abatido, les confesó su esperanza de dejar todo atrás y resurgir de la mano de su nuevo representante.

Me llamó mucho la atención que en una de esas últimas visitas de Luis Miguel a Massa-Carrara, justo en el mismo verano de la explosión y la ruptura del Villa Magna, cuando proyectaba hacer otro trabajo en italiano con Toto Cutugno y se desplazó para visitar a su abuelo y su familia, él dio la explicación a los Basteri de que ella se había ido a Milán y que ellos harían un contacto para que se reportara. Adua recordaba perfectamente que Micky había dicho que entregó una carta a un amigo de la familia Gallego en Milán para que la hiciera llegar a su madre, que el tema era delicado porque ella estaba con un *boss*, palabra que repitió varias veces, en alusión a la mafia, y que en unas dos semanas tendrían noticias de ella, cosa que por supuesto nunca sucedió.

¿Aún creía Luis Miguel esa historia o quiso usar una mentira piadosa para no enfrentar otra versión de los hechos con sus familiares italianos? Me inclino a pensar lo primero. De hecho en la última visita del cantante en la Navidad 1989—1990, él se quedó muy extrañado de que la carta que había entregado en Milán no hubiera surtido efecto. "Nos preguntó si Marcela ya se había comunicado, le dijimos que no, y puso una cara de asombro que a nosotros nos heló un poco más el corazón", recordaban los Basteri. Y todavía sería peor cuando llamó al domicilio de Madrid para intentar hablar con el pequeño Sergio al número que le dio Luis Miguel: "Se ponía la mamá de Luisito y decía que no entendía y colgaba, y lo más raro es que cuando logramos que se pusiera él, preguntamos por Marcela y decía lo mismo que no entendía y colgaba el teléfono."

Lo que me quedó muy claro luego de hablar con los Basteri, fue que la versión de la fuga de Marcela con otro hombre no la acabaron de creer nunca en Castagnola, lo decían con insistencia en repetidas ocasiones. El abuelo y la tía estaban completamente seguros de que Marcela jamás se iría con un personaje siniestro y en todo caso, se hubiera ido con quien fuera y donde fuera, no hubiera estado tanto tiempo incomunicada. La conocían muy bien.

Creo que, conforme más información recababa Luis Miguel, mayor era su incapacidad de volver a Italia. Cuando yo conocí a su familia llevaba siete años sin dar señales de vida, y contrastaba el cariño que siempre les expresó con su silencio y su ausencia en los últimos días de vida de su abuelo. Tampoco apareció cuando se llevó a cabo la campaña de búsqueda de su madre en la televisión italiana, más bien, con toda seguridad, sufriría mucho al tener conocimiento de la misma. Esa actitud sorprendía, porque era cierto que Micky quería mucho a su abuelo y a sus familiares transalpinos, quería dedicarle el disco que iba a hacer con Toto Cutugno y deseaba comprarle una casa para que se mudara de la muy humilde morada en la que vivía en Castagnola que yo mismo pude ver, porque parecía casi la casa de un indigente, pero vivir allí era el deseo del abuelo, la terquedad y el orgullo del viejo Tarzán.

Tantos gestos, tanto amor y, de pronto, se lo tragó la tierra. Algo pasó para que Luis Miguel se bloqueara y se pusiera en modo silencio con los Basteri, no sin antes pedirles que dejaran de buscar a su madre, algo que la familia respetó hasta que llegó la situación límite del deterioro de la salud del abuelo y el presentimiento de que su final estaba cerca. Fue cuando, desesperadamente, pidieron la ayuda de los medios. Prueba sobrada de este silencio es el llamado de Adua Basteri a través de *El Norte* en 1996, repetido un año después, al no haber obtenido respuesta: "Si ven a Luis Miguel por favor díganle que lo estamos esperando, especialmente su abuelo, porque está muy enfermo y ya lo quiere ver. Hablé con Alejandro en febrero pasado y dijo que se iba a comunicar con nosotros, pero jamás lo volvieron a hacer. Ale me comentó que a finales del 96 vendrían todos, él, Micky y Sergio, a visitar al abuelo, pero no lo hicieron. Ni siquiera llamaron para desearle feliz Navidad, no sabemos nada de ellos, yo he intentado comunicarme a su casa en México pero no me han contestado. Quiero decirle que su abuelo no está nada bien y que desea verlo. No puede respirar, está muy mal, necesita oxígeno."

El propio Tarzán apareció en agosto del 97 confirmando el largo silencio de su nieto: "Estoy enfermo, cada vez estoy más mal, pero me he cansado de pedirle a Luis Miguel que venga a verme; todo ha sido inútil, ya no me importa decir nada. Sólo quiero decirle que tenga la fuerza y el coraje de venir a verme, no entiendo por qué adopta esa actitud. Tiene el teléfono de la casa de reposo donde estoy, el de Adua, el de mi hermano Renato y el de toda la familia aquí en Italia. Nada le cuesta hacerme una llamada; pero bueno, creo que de nada sirve que le lleves ese mensaje porque sé que no va a venir."

Alejandro fue el único que estuvo allá en 1996. Pudo comprobar que en verdad Sergio estaba muy enfermo. Por instrucciones de Luis Miguel, cambió al abuelo de lugar y lo hospitalizó en la casa de reposo de la misma ciudad donde yo lo conocí. Su nieto pagaba 2,000 dólares mensuales para que lo atendieran, y a punto estuvo de dejar de hacerlo por negarse el viejo Basteri, lleno de orgullo, a recibir esa ayuda, "le cambio todo el dinero que está pagando por mí por una simple visita, quiero ver a mis tres nietos juntos y necesito saber lo que ha pasado con mi hija Marcela; yo sé que Luis Miguel lo sabe, pero no quiere venir a decírmelo", repetía postrado en cama con su cánula de oxígeno.

Sergio Basteri falleció en junio de 1998, poco después de que publiqué *Luis mi rey*, a los 74 años, de hecho cubrí esa información desplazándome a Italia para el grupo *Reforma*, que lo publicó en todas sus cabeceras en el suplemento *Gente* el 6 de septiembre de 1998. El viejo Tarzán, sumido en una terrible depresión por la no aparición de su hija, se dejó ir, no comía y, aunque lo tenía prohibido, no dejaba de fumar. Una noche se quedó dormido y ya no despertó.

Ese presentimiento de un adiós cercano provocó en marzo de 1996 la campaña mediática en Italia de la búsqueda de Marcela Basteri que dio lugar a los programas de TV de la RAI. El desaparecido abuelo de Luis Miguel me aseguraba una y otra vez que estaba convencido de que a su hija la habían matado, y con ese pensamiento y ese desasosiego se fue al otro mundo, pues de nada sirvió toda la búsqueda y el ruido que se generaron en Italia en 1996 gracias al popular programa de televisión *Chi l'ha visto?*. Aquel escándalo me sorprendió de pleno en la investigación, y es precisamente a raíz de la cobertura que hizo para el grupo *Reforma*, desde su puesto de trabajo en *El Norte* de Monterrey, que contacté y conocí a mi colega Juan Manuel Navarro, coautor de mi libro anterior sobre los últimos días de Juan Gabriel, *Adiós eterno*, y colaborador especial del presente.

El caso Marcela, que arrancó en la Toscana, se internacionalizó. Tuve la ocasión de conocer y hablar con el periodista local Massimo Braglia, reportero del periódico *Il Tirreno*, que puso mucho interés y ayudó a la familia en la difusión de la búsqueda, le dedicó páginas enteras en Italia a la desaparición pero tampoco consiguió una respuesta positiva: "Estamos contribuyendo para localizar a su mamá, ella es italiana y por consiguiente le interesa a todos los medios de aquí", me decía en 1996.

Algunas versiones surgidas a raíz de la búsqueda apuntaban a que la mamá de Luis Miguel había enloquecido y se encontraba en un hospital psiquiátrico que unos ubicaban en Suiza, Austria o Italia. Otra, que también insinuaba problemas mentales, la situaba en una casa en las Islas Canarias, en España. En este sentido, recuerdo una entrañable comida en

Miami en el mes de abril de 2010 con mi colega Juan García, por entonces director de la edición de *TVyNotas* en Estados Unidos, quien aseguraba que tenían la gran exclusiva de la mamá de Luis Miguel, localizada en aquellas islas, y que no tardaría en darse a conocer. De la manera más cordial y simpática que se me ocurrió, le dije al bueno de Juan que sentía mucho estropear su entusiasmo periodístico, pero según la información que a mí me constaba, su exclusiva no se produciría. Es más, le dije en la despedida, en plan cordial por supuesto, que si aparecía la mamá de Luis Miguel, ya fuera en su revista o en cualquier otro medio, yo le devolvía la invitación de la comida y podía elegir el restaurante que deseara. Era la mejor manera que se me ocurrió de ratificarle algo sobre un asunto tan delicado, tal como le dije durante todo el encuentro. Le aseguré que, según mi información, no iba a ver en su revista a la mamá de Luis Miguel, como de hecho así fue, en su lugar vi a una mujer, supuesto familiar argentino, que dijo haberla visto en 2008 en Madrid y haber recibido una carta suya en la que, sin ser experto en grafología, pude ver una firma que no era la de Marcela, quien desde luego no apareció. Mi información entonces, y aún ahora, es que jamás volverá a aparecer.

Se preguntarán, ¿qué pasó realmente con Marcela Basteri? ¿Por qué Luis Miguel se bloqueó de la noche a la mañana y dejó de comunicarse con la que él mismo consideraba su "verdadera familia" al punto de no atender siquiera el entierro de su abuelo Sergio? Desde el máximo rigor y absoluto respeto, la información a la que yo tuve acceso durante mi trabajo de campo para la elaboración de *Luis mi rey* me asustó, y sin entrar en algunos detalles desmesurados por la delicadeza del asunto y porque no hay pruebas que sustenten los hechos, me aseguraba que Marcela murió en 1986 de causas no naturales. El paso del tiempo y la ausencia de noticias de su paradero por desgracia van corroborando esa información.

Personalmente creo que Luis Miguel lo sabe, aunque nunca se lo pude preguntar directamente, y eso desde luego explicaría muchas cosas sobre su comportamiento en determinadas situaciones y con determinadas personas. Hubo una investigación en la que participó Interpol sobre su paradero y hay un informe al que él tuvo acceso. La propia Adua Basteri me puso sobre esa pista al decirme que una vez los habían visitado dos personas que se hicieron pasar por agentes del FBI para investigar el caso, ella misma tenía sus datos: "Nos estuvieron preguntando cómo había desaparecido Marcela, pero sus preguntas no tenían sentido." Cosimo, esposo de Adua, que fue carabinero, les pidió que se identificaran y no pudieron hacerlo. Confesaron que habían sido agentes del FBI pero trabajaban por su cuenta. Sin duda formaban parte de la investigación que encargó el propio cantante.

Las declaraciones de Sergio y Adua Basteri siempre apuntaron a la misma teoría de mi información, pero sus denuncias eran con base en indicios, sin prueba alguna de que su hija o sobrina, según el caso, perdiera la vida por haber sido "amassata" (asesinada), que era la palabra que Sergio repetía entre lágrimas postrado en la cama donde dependía de la respiración asistida de su máquina de oxígeno. Yo no encontraba otra salida que consolarlo diciendo que tal vez no estuviera muerta, pues jamás apareció un cadáver, pero estaba claro que mis palabras no consolaban a nadie, me bastaba con mirar a los ojos del viejo Tarzán para comprobarlo y para aguar también los míos.

La vida de Luis Miguel quedó marcada por la desaparición de su mamá, una profunda herida de cuya cicatriz sólo él puede hablar. Es una herida inmensa, un vacío enorme y un dolor intenso e inconsolable luego de agotar todas las pesquisas sobre el paradero de Marcela Basteri con un final que no ha sido revelado más allá de lo que acaban de leer, pero que corrió como la pólvora por las personas más queridas de su entorno. Jamás hubo caso porque jamás apareció, ni viva ni muerta. Jamás habrá caso porque Luis Miguel no quiso ni querrá enfrentar un escándalo de semejantes proporciones, que de ningún modo le permitirá cumplir el anhelo de abrazar a su madre.

28

Volverás cuando amanezca

El periodista hace la pregunta:

—Escribiéndole algo a Santa, o llamémosle como sea, deseándole algo para Navidad, ¿qué le pedirías si fuera ese día ahorita?

El cantante responde rápido, tajante y contundente:

—Volver a ver a mi madre.

En 1982, Micky le puso voz a la gran canción de amor que su padre le dedicó a su madre y que inspiró uno de los capítulos de *Luis mi rey* donde se narraba el flechazo de ambos en 1968: "Marcela, tú alumbraste mi sol." Cuando la cantó, ella alumbraba el Sol, su hijo, junto a sus otros hijos, y esa luz sigue muy profunda arraigada en su corazón:

Nada en este mundo
Vale nada si no estás
Marcela.

Todo me parece
Más bonito junto a ti
Marcela.

Tus palabras son
Caricias a mi corazón
Marcela.

Mi nublado cielo
Lo alumbraste con tu sol
Marcela.

Tú me has enseñado
La verdad de nuestro amor
Marcela.

Rosas yo quisiera regalarte
Pero a lo mejor
Toman envidia de tu piel.

Cantaré tu nombre siempre así
Marcela
Hice esta canción de amor por ti
Marcela
Te adoraré por siempre
nunca te dejaré.

Es imposible no estremecerse pensando en lo que la pluma de Luisito escribía en 1968 y lo que sucedió en 1986. ¡Qué curioso! Tan solo invirtiendo el orden de los dos últimos números, del 68 al 86, invertimos también la luz que se vuelve oscuridad, 18 años transcurridos para que aquel amor declarado acabara en un silencioso final. Hay silencios que duelen más que cualquier estruendo.

Pero si hay una canción en la que los sentimientos de tristeza y dolor del cantante se expresan con gran pasión, dejando en el aire un canto de esperanza, esta es "Yo sé que volverás". El cantante la incluyó en su álbum *Segundo Romance* en 1994, fechas que coinciden en el tiempo con la investigación privada que hizo del asunto. La revista *Eres* publicó algo que encaja perfectamente con esta información. Según palabras que atribuían al propio Luis Miguel, él narraba por qué dedicaba esta letra a su madre y por eso ponía tanto sentimiento en la interpretación, al punto que se le dificultaba por sentir un nudo en la garganta: "Es algo que no he dicho, esta sería la primera vez. Esa es la única canción que se la dedico a mi madre. Mi madre fue una mujer que cumplió muy bien siempre con su papel, fue una mujer sumamente dedicada a la cual yo le tengo un gran respeto y un gran cariño, ¿qué te puedo yo decir?, es un tema muy especial para mí, al oír esta canción, automáticamente pensé en ella, la canción es: 'Yo sé que volverás'. Es una de las que más trabajo me cuesta cantar en vivo, porque no puedo evitar que me llegue."

Aquí se manifiesta su sentida interpretación de la hermosa melodía de Armando Manzanero adaptando el poema de Luis Pérez Sabido.

Yo sé que volverás
cuando amanezca,
aún cuando los demás
ya se hayan ido,

la cita no ha cambiado
aunque parezca
que todo ha naufragado
en el olvido.

Yo sé que volverás
muy vigilante,
aquí te esperaré
lo he prometido,

la espera sería inútil
y asfixiante
si no supiera
cuanto me has querido.

Esa esperanzada certeza del amor de un hijo hacia su madre se resume a la perfección en tres palabras: "Volverás cuando amanezca", fue de hecho en el titular original que pensé para este libro enfocado en el epicentro de la historia que marcó la vida del protagonista y en homenaje a la memoria de una buena mujer. Estas tres palabras son la clave de la esencia de Luis Miguel, cercano al medio siglo de existencia. Su vida se convirtió en una espera, en un anhelo constante de abrazar de nuevo a su madre.

Habrá de esperar al amanecer de la luz eterna, del fulgor de la otra dimensión en la que presuntamente debe descansar un alma que nació pura y buena, que mezcló en esta vida terrenal pocas alegrías y muchos sufrimientos; el alma de una niña tierna, de una adolescente muy linda que sólo quería ser costurera, pero que en la elección de su destino rasgó las costuras de su bondad bajo el yugo de su pareja.

En el momento de su desaparición, Marcela tenía 39 años, hubiera cumplido 40 en diciembre, pero su desgaste físico era enorme, con un deterioro que se había acentuado paradójicamente de manera proporcional al éxito de su hijo y las mayores ganancias que manejaba Luisito. El estrés junto a los Gallego pasaron una alta factura en aquella mujer que desde muy niña había destacado por ser muy hermosa. Cuando conocí a

Rosa Barbarito en Cádiz, pude darme una idea de lo que había pasado con Marcela. La compañera de Mario Gallego, como ya señalé, muy linda en su juventud, como su hija Lorena, presentaba síntomas de envejecimiento prematuro típicos de las personas a las que su estilo de vida o la dura lucha del día a día castigan en su apariencia.

Arrastrada por la inercia de los acontecimientos y postrada en la soledad y el sufrimiento, Marcela abusó del alcohol y el tabaco, tenía tendencia a perder peso y adquirir un aspecto raquítico, pero estaba claro que en cuanto fuera capaz de librarse de todo aquello volvería a florecer. Una mujer de 40 años es una mujer muy bella, en la plenitud de la madurez, y el poco tiempo que convivió con su familia en Massa-Carrara bastó para darse cuenta de que podía volver a lucir radiante y brillar como el sol, como el astro rey del sobrenombre con el que conocían a su hijo en México y toda América Latina.

Esta leyenda de El Sol está dedicada en cierto modo a ella y a todas las madres del mundo que, además de ser madres, admiran al primogénito de Marcela cuando canta con sentimiento: "Yo sé que volverás cuando amanezca." El mundo entero, los millones de fans del cantante le deben un sentido y profundo homenaje a la figura de Marcela Basteri, por el sacrificio que fue su vida entera, porque le dio la vida, porque sin su valentía nunca hubiera salido de su zona de confort en Buenos Aires rechazando a quien le garantizaba la estabilidad de una familia normal argentina de clase media; porque sin su abnegado carácter nunca habría hecho oídos sordos y obedecido sumisa los deseos de quien decía amarla en sus canciones pero acabó vejándola; porque sin su espíritu de sacrificio no habría vagado por medio mundo; porque no habría ido a Puerto Rico, porque no habría nacido Micky, porque no estaríamos casi acabando este libro con estas letras…

29

La cima: de Sinatra a la estrella

El final del siglo XX fue muy prometedor para Luis Miguel, cuya carrera parecía no tener techo. Se cometieron errores, éstos provocaron cambios en su personal, de Mc Cluskey, que tomó luego a Cristian Castro, se pasó a Abaroa, y de ahí a Asensi, que permanecería más de una década a su lado y tomaría después a David Bisbal, pero también hubo algunos aciertos en ese tramo final de los 90 que hicieron crecer la leyenda del que algunos bautizaron como el Sinatra mexicano.

Precisamente el mito Sinatra se iba a cruzar en su carrera dando lugar a uno de los momentos más satisfactorios e importantes de esos años 90. Su intervención en el gran evento de los 80 años de Frank Sinatra era no sólo su consolidación como astro latino, sino un claro guiño para que diera el paso hacia el famoso *crossover* en busca del público estadounidense de habla inglesa, algo que se había especulado y en lo que Quincy Jones podría tener una intervención determinante, cosa que desafortunadamente nunca se produjo por culpa del propio Luis Miguel, terco e inflexible cada vez que se le proponía, aduciendo que él quería era triunfar cantando en español.

Aquel día Luis Miguel llegó al *backstage* en compañía de Mauricio Abaroa, quien en ese momento era su manager, justo en la época anterior a que su amigo Alejandro Asensi tomara las riendas de su carrera, quien lo hizo precisamente a raíz de una indisposición por enfermedad de Mauricio, pero que ya no soltó el puesto hasta el escándalo de 2008. En el auditorio estaba también el compositor Juan Carlos Calderón con Cristina Abaroa, hermana de Mauricio y también productora, quien trabajó muchos años con Calderón. Pero una de las personas claves para llegar a ese momento fue la publicista y manager Marianne Sauvage, quien logró los trámites para que Luis Miguel tuviera el privilegio de cantar esa noche para Frank Sinatra y estuvo también detrás de otro momento significativo e importante como fue la estrella en el Paseo de la Fama de Hollywood. La amistad de Marianne con el compositor cántabro Juan Carlos Calderón fue el nexo común que acabó con el Sol en los duetos de "La Voz", ella quería apoyarlo, así fue como se le ocurrió, creyó que apoyando a Luismi apoyaba al tiempo a su gran amigo.

Marianne Sauvage era por ese entonces publicista de George Schlatter, quien con su compañía George Schlatter Productions fue el encargado de organizar el evento de Sinatra. Él producía muchos programas de TV en Estados Unidos. Schalatter tiene 15 nominaciones al Emmy, con producciones, entre otras, como Muhammad Ali's 50 Birthday Celebration; Sammy Davis Jr. 60 Anniversary Celebration; Frank, Liza, and Sammy: The Ultimate Event; Las Vegas: An All—Star 75 Anniversary; The Shirley MacLaine Special: Where Do We Go from Here?; John Denver and Friend o Cher. Marianne estuvo a su lado en calidad de publicista por 17 años mientras se convertía en manager de artistas como la actriz Kate del Castillo.

Ella recuerda perfectamente cómo se produjo todo ese trámite: "Un día estaba trabajando con George en el especial para la TV de los

80 años de Frank Sinatra y en el pizarrón que había en la sala de juntas teníamos a todos los artistas con los que Sinatra había hecho duetos. De los latinos estaban Gloria Estefan, Jon Secada y Luis Miguel. En un principio se estaba proponiendo a Gloria o Jon, pero yo insistí en que fuera Luis Miguel, porque él tenía a los fans de los mexicanos que viven en California. Para que George se convenciera de que Luis Miguel era el indicado de los latinos, lo llevé a ver un concierto en el anfiteatro Gibson de los estudios Universal. Se quedó impresionado con su talento y viendo cómo las fans ovacionaban y gritaban. Fue el momento en que se convenció de que Luis Miguel debía estar en el evento de Sinatra, donde cantó el tema "Come fly with me". George envió a Mexico a grabar el *behind the scenes* donde Luis Miguel cantaba el dueto bajo la producción del afamado productor Phil Ramone, quien ha trabajado, entre otros, con Madonna, Elton John, Pavarotti, Rod Stewart, etcétera. Recuerdo que antes de salir a cantar, Luis Miguel estaba muy nervioso, por lo que gente de su equipo me pidió que le fuera a comprar una botella de whisky para que se calmara, yo la encargué a alguien de seguridad quien la consiguió y se la hice llegar a su equipo, tuve que hacerlo con cuidado porque había mucha prensa latina por las inmediaciones y no queríamos que se dieran cuenta. Me acuerdo que en el parking del Shrine Auditorium estaban estacionados todos los campers y trailers donde estaban los camerinos de los artistas. El camper de Luis Miguel estaba por donde estaba el de Bruce Springsteen y el de Tony Benett. Después de su actuación estuvo ahí muy platicador con la prensa y dio una conferencia. Al final Frank Sinatra se tomó una foto con todos los invitados y se la pasaron muy bien." Efectivamente, Luis Miguel estuvo muy amable con la prensa, contrario a lo que solía hacer. "Estoy muy orgulloso de estar esta noche acompañándolo. Yo aprendí el idioma inglés oyendo sus canciones", le dijo a los periodistas.

El 21 de noviembre de 1995 Juan Manuel Navarro publicaba desde Los Ángeles una nota titulada "¡Qué cumpleaños, Frank!", en la que recogía y destacaba entre otras cosas la intervención del astro mexicano:

> Frank Sinatra festejó el domingo su cumpleaños número 80 al lado de un gran número de celebridades, entre ellos Bruce Springsteen, Arnold Schwarzenegger, Ray Charles, Bob Dylan, Bono, Gregory Peck, Tom Selleck, Tony Benett y Luis Miguel. El cantante mexicano, vistiendo smoking negro, le cantó a Sinatra el tema "Come and fly with me", acompañado por un video del festejado. Este tema lo interpretó con el artista norteamericano en su más reciente elepé de duetos.

"Todo el mundo que estaba en el auditorio se quedó fascinado con la actuación del mexicano. Los que ya lo conocían se quedaron más que contentos con él y los que todavía no sabían quién era, preguntaban que de dónde había salido una persona con gran talento", dijo Marianne Sauvage aquel día en unas declaraciones incluidas en la nota de Navarro, quien también añadió que el cantante Tony Bennett felicitó personalmente a Luis Miguel por su actuación: "Atrás del escenario lo abrazó y le dijo que lo felicitaba porque tenía una estupenda voz."

Después del éxito de este evento, Marianne tuvo otra brillante idea que acabaría convirtiéndose en uno de los momentos más simbólicos del momento estelar que vivía el intérprete de "Te desean". Ella misma lo rememoraba en una plática reciente con Juan Manuel: "Luego del éxito del especial, un día iba yo caminando por el Paseo de la Fama y se me ocurrió que era necesario que Luis Miguel tuviera una estrella allí. Ahí mismo me comuniqué con su manager de ese entonces, Mauricio Abaroa, y se lo propuse. Obviamente a él le encantó la idea, pero le pedí que me diera una carta firmada donde Luis Miguel se comprometiera a presentarse ese día, era una exigencia lógica, no podemos imaginarnos organizar el día de su estrella y que no acudiera. Cumplió ese requisito para que se la otorgaran y así fue. Llené la solicitud y después nos dieron la noticia de que se la habían aprobado. Fue una gran alegría para todos, tanto él como su gente se pusieron muy contentos." La estrella se la dieron en septiembre de 1996.

Marianne tendría otra recordada intervención, la de sugerir otra vez a George Schlatter de que invitara a Luis Miguel y a Salma Hayek para acudir juntos al evento *Carousel of Hope Ball* en octubre de 1996 que se efectúo en el Hotel Beverly Hilton. Salma en ese momento ya era famosa en Hollywood por sus películas *Desperado*, que estelarizó con Antonio Banderas, y por *From Dusk Til Dawn* en donde actúo con George Clooney y Quentin Tarantino. "Recuerdo que como toda publicista yo me adelanté con los reporteros para anunciar que iba a desfilar en la alfombra con Salma el cantante Luis Miguel y que para que él se sintiera cómodo y volteara a verlos le gritaran ¡*Micky, Micky!*"

Eran sin duda muy buenos tiempos que difícilmente hacían presagiar lo que sucedería 20 años después. Salvando las distancias, y entendiendo la comparación en su justa medida, a Luis Miguel le sucedió algo parecido a lo que impidió triunfar a su difunto padre, y es que su personalidad se impuso a su talento impidiéndole llegar más arriba de lo que había logrado. Él se ha defendido siempre diciendo que no quiere renunciar a su estilo ni a su idioma, pero más allá de eso, los conflictos internos motivados por los traumas que lo marcaron como ser humano a raíz de la ruptura de su familia acabaron pasando una factura mucho mayor de la que nadie podía imaginar el día que sonriente y vestido de blanco posaba con su recién develada estrella de Hollywood.

30

El Sol contra el ocaso

El hermetismo al que la vida lo orilló hizo muy complicado entrevistar a Luis Miguel. Puede que esta inaccesibilidad fuera buena también para el negocio, como decía Hugo López. Ha sido muy complicado abordar los temas más profundos que lo marcaron como ser humano. Las pocas veces que alguien intentó cuestionarle por el paradero de su mamá comprobó la reacción de bloqueo absoluto. Así lo confirmaría cualquiera de los privilegiados informadores que fueron invitados por el cantante en 1995 a Montecarlo, con los que compartió cerca de dos horas de distendida tertulia en un ambiente relajado en el que no faltó el buen champán francés. Todo iba muy bien, algunos mostraban su asombro ante la brillantez del verdadero Luis Miguel, otros comentaban que de su padre al menos había heredado un temperamento fuerte cuando tocaba, pero todo cambió en un momento. Le preguntaron por su madre y, sin más, se levantó y se fue de la sala.

Muy pocas veces ha enfrentado el tema delante de una cámara: "Es una de las cosas que más me duelen. Es algo que en su momento podré superar. Una madre es una madre y para todos aquellos que no contamos con su presencia y su cariño todavía le damos muchísimo más valor", dijo al programa *Aquí y ahora* de Univisión en 2008, visiblemente incómodo ante la pregunta de la entrevistadora, a la que reconoció el altísimo impuesto que ha pagado en la vida por consolidar su carrera, admitiendo que fue un viaje de no retorno, como el despegar de un jet, una vez acelerado es imposible la reversa.

A mediados de 1993 hubo una interesante entrevista que rescaté de la hemeroteca, en *Tele Clic,* en Argentina, país en el que siempre se mostró más dispuesto a abrir su corazón frente a los micrófonos. "Sólo me falta encontrar a mi madre (…). Mi padre era una persona que manejaba las cosas a su manera (…). Una vez tuve problemas en México con Hacienda por mis impuestos, cosa que no sabía porque ni siquiera manejaba mi dinero. En fin, distintos problemas que fueron apareciendo por su mismo descuido con todo. Mi padre nunca fue una persona de formalizar las cosas en papeles. Me agradaría conocer a alguna persona que contestara todas mis preguntas. ¿Traumas? Claro, llevo un gran peso encima respecto a eso. Y lo admito porque es de hombres admitir. Si vivo esa tristeza es porque a lo largo de mi vida me han ido ocurriendo situaciones con mi familia nada satisfactorias, pero me he tenido que ir acomodando a ellas. Ahora entiendo que no se puede tener todo en la vida. En varias ocasiones tuve la oportunidad de abandonar mi carrera, o por lo menos no dedicarle tanto tiempo, pero ya no pude echarme atrás, sobre todo después de lo que me ha pasado. Tengo que seguir con mi creencia de conseguir lo que deseo como cantante y como artista. Mi padre empezó a separarse de mi madre cuando trabajaba conmigo. Esto, a su vez, provocaba un reflejo con la cuestión del dinero, cosa que ellos no estaban acostumbrados a manejar. Fue un impacto para mí y eso contribuyó a los desórdenes familiares. Afortunadamente el éxito nunca me abandonó. Esto no significa que todo el tiempo haya estado bien, pero casi siempre me ha acompañado en los momentos de tristeza y alegría (…). Ahora disfruto estar solo, me gusta la soledad. En realidad no soy muy sociable (…). A raíz de mi personalidad no solamente tengo problemas con la prensa, sino con todo el mundo. Así soy yo."

Más explícito no se puede ser. En junio de 1996 dijo algo parecido: "He tenido que luchar solo para formarme la personalidad que tengo. No es fácil. Tuve que afrontar muchos problemas familiares siendo casi un niño. Ello me ayudó a madurar prematuramente y a tomarme las cosas muy en serio." También reconoció que en su vida había entre otras cosas mucha "nostalgia, dramatismo, soledad y sueños frustrados".

Esto se refleja también en una entrevista con Mariana Montini de la revista argentina *Gente*: "La muerte de mi padre me ayudó a vivir la vida día a día. Esa ha sido una de las lecciones que él me ha dejado. Nadie tiene suficiente vida como para repartirla, cuando te tiene que llegar la última hora te llega y no hay timbre de alerta como para que te prepares. Hoy estoy arrepentido de haber estado tan alejado de mi padre, y ya es tarde. Yo lo quise mucho, más de lo que yo mismo creía. Cuando por momentos te crees que lo tienes todo, te das cuenta de que te falta algo. Porque el dinero y la fama me dan igual, no sé ni lo que gano. De vez en cuando me dicen hay tanto, y yo digo, ¡pues qué bien!"

Sus periodos depresivos, la lucha de El Sol contra su propio ocaso, son una constante en su vida. Refugiarse en fármacos es un recurso que su propio cuerpo no ha podido disimular a pesar de llevar el asunto en la discreción más absoluta. Quizá hay quien vea esto como un escándalo, sin reparar en lo que existe detrás de un ser humano de carne y hueso, vulnerable como cualquier otro a los avatares de la vida, que lucha por buscar motivaciones para seguir y una privacidad que se le niega.

A veces estos episodios críticos han generado una repercusión pública impresionante ante la falta de información y las numerosas especulaciones que rápidamente corren como la pólvora. También en este caso puede que fuera bueno para el negocio, no faltaba quien decía que los rumores de sus falsas muertes o sus problemas de salud aparecían en vísperas de lanzar nuevos discos. Tal vez para el negocio sea bueno, pero para la salud y el aspecto de Luis Miguel es un grave y muy serio problema.

En el año 2000 estuvo hospitalizado en el Cedars—Sinai Medical Center de Los Ángeles, según le contó a Navarro una persona cercana a él en aquellos momentos, por una infección en el estómago y los riñones, que en principio los antibióticos no podían controlar: "No podía tomar alcohol, estuvo hospitalizado como 10 días. Su hija Michelle Salas fue a verlo y otra persona que lo visitó fue Daisy Fuentes. Los medios dieron a conocer la noticia de que se estaba muriendo, cosa que no era cierta, lo que sí estaba era irreconocible, con barba y con pijama."

Una de las mayores crisis de ese tipo que se recuerdan, al margen de la última de 2016, sacudió como si de un sismo se tratara a toda su fanaticada y a los medios, que reportaron que debió ser internado en un hospital de Los Ángeles a mediados de 2010, hecho que confirmaron personajes como el compositor español Juan Carlos Calderón. A raíz de aquello, pudimos ver en televisión, después de muchos años en la sombra manejando un bajo perfil, a su tío Pepe, que a cambio de unos euros le contó al programa *Donde estás corazón* de Antena 3 los presuntos problemas de su sobrino con el alcohol y la cocaína. Aseguró en aquella intervención que había hablado con él, cosa que yo personalmente no me creo y, por lo que vi, alguno de los colaboradores del programa tampoco. Es más, después de decir que habló con él, minutos más tarde, en la misma entrevista, acorralado por las preguntas, se desdijo y aseguró que conversó con uno de sus *road managers*. Gallego en estado puro.

Pepe declaró que a través de un contacto suyo en la Embajada de México en España le habían confirmado que el cantante había estado en coma, hecho que nadie pudo confirmar: "Estuvo varias veces en coma, además entra y sale de rehabilitación porque es adicto a las drogas y al alcohol", soltó. Acto seguido habló del cantante y la cocaína: "Luis Miguel desde muy niño, desde que tenía 11 años, su padre le daba una droga, para que pudiera cantar en un sitio y cantar en el otro. Se la administraba casi a diario. También veía cómo sus padres consumían droga, el niño no era ciego. Desde entonces tiene una adicción y ha ingresado por un problema con las drogas y el alcohol."

La periodista María Patiño, probablemente sabedora del perfil del personaje, le apretó mucho en la entrevista dudando de todo lo que estaba afirmando y llegándole a cuestionar sobre las fuentes que él tenía para asegurar que su sobrino estaba ingresado por un problema de adicción. Pepe entonces ya no citó a la embajada, dijo: "Me han llamado amigos que yo tengo en México." No faltó la pincelada del sentido del humor que tanto le caracterizó y que era parte del repertorio de las artes locuaces del mayor del clan: cuando le pidieron que especificara la droga a la que se estaba refiriendo, contestó diciendo que era "Coca Cola con apellidos".

Su cuerpo se ha resentido por toda esta lucha contra el ocaso, ganando peso y volumen, en un deterioro que afectó a su rostro, por momentos visiblemente hinchando. El deterioro del aspecto físico lo encerraba cada día más en la cueva de su hermetismo, quedando expuesto y vulnerable al terrible veredicto que hoy en día representan las redes sociales, por las que circularon algunas imágenes suyas muy negativas. El problema añadido para recibir ayuda es que no confía en muchas personas, por no decir en casi nadie: "Me gusta mucho la soledad, yo disfruto mucho la soledad, me ayuda mucho a concentrarme y a reflexionar con mucha más tranquilidad", confesó delante de una cámara. Una de sus canciones del álbum *Amarte es un placer* contiene frases que podrían formar parte de su propio himno: "No me puedo fiar, el miedo me ha hecho frío, compréndeme, si ya ni en mí confío, mi soledad, tal vez la adulación, me han roto el corazón, siento hastío, no me fío." Dicho sea de paso, nótese aquí su pronunciación de las palabras "adulación" y "corazón", todo un guiño a sus orígenes ibéricos.

No cabe duda que una de las más agudas y prolongadas depresiones fue la que padeció en estos últimos años, donde se convirtió en un generador constante de noticias negativas, abandono de shows, abandono de sus obligaciones con la disquera, abandono de su público con siete largos años sin una sola novedad y abandono de sí mismo, en una actitud de "valemadrismo", permítaseme el neologismo, acorralado por las demandas, las finanzas y la justicia de California, que a punto estuvo de detenerlo y meterlo preso en abril de 2017, una información que manejó en exclusiva Juan Manuel Navarro justo en la época en que trabajábamos en calidad de asesores con el equipo de escritores de la serie sobre su vida en México.

A esta última mala racha no le ayudó mucho la afección *tinnitus* en uno de sus oídos, por la que se temió incluso que no pudiera volver a cantar, cosa que afortunadamente no sucedió, tal como demuestra la salida al mercado de *La fiesta del mariachi* y el anuncio de sus nuevas presentaciones. El *tinnitus*, también llamado acúfeno, consiste en la percepción de ruidos en la cabeza, aunque los doctores consultados aseguran que no hay una causa psiquiátrica detrás de esto. El ruido se puede oír en cualquier parte de la cabeza, en uno o en los dos oídos. Luis Miguel según pudimos saber lo sufre sólo en uno. No hay cura científicamente probada, impide descansar adecuadamente y puede enloquecerte si no aprendes a manejarlo.

Su futuro era muy preocupante y su decadencia era vox populi en América Latina y en España. Encontré una nota en *Libertad Digital* que simboliza perfectamente la coyuntura. Está fechada en enero de 2017 y firmada por el veterano periodista y locutor español Manuel Román, paisano mío por más señas y autor de varios libros relacionados con la música. Una nota muy dura pero por desgracia nada ajena a la realidad. Con el título de "Luis Miguel, arruinado entre demandas y deudas", el periodista hablaba de un "ocaso" que temía "podía ser definitivo", citando a dos prestigiosos medios mexicanos que confirmaban que esa era la crisis más aguda de su vida. Román decía:

> Sus más cercanos lo encuentran deprimido, sin querer recibir a sus amigos, sin atender razones ni consejos, sumido en una situación sin salida que él resuelve con base en alcohol y cocaína. Las drogas lo están matando lentamente, al tiempo que su reputación artística pierde enteros a velocidades supersónicas. Porque en el mundo del espectáculo cuando un artista no cumple con sus contratos, se comporta en el escenario de manera al menos rara por no recurrir a razones más contundentes ligadas a las sustancias que consume, los empresarios lógicamente se cubren en defensa de sus intereses. Y así, después de las espantadas que Luis Miguel dio en el pasado año, de su vergonzosa actuación en el mismísimo Auditorio de México (se refería a lo sucedido en noviembre de 2015 cuando se fue luego de 15 minutos de actuación), pocos o casi nadie creen ya en él, en que vaya a regenerarse, al menos en los próximos meses. Hoy en día, con las redes sociales, con los medios que permiten casi en el acto conocer los pasos de alguien como él, es absurdo negar su penosa situación. Sabemos que en su pretensión de cantar durante veinticuatro galas en el Cosmopolitan Hotel de Las Vegas, a la empresa que lo representa en Miami, Emax Group, le han ofertado únicamente cuatro actuaciones. Y gracias… Y es que, por conflictivo, se le van cerrando muchas puertas.

Román reconocía el problema en el oído pero no creía que fuera excusa ni atenuante:

> Eso no justifica su comportamiento en escena, el olvido de las letras de sus canciones, los desvanecimientos y la cancelación de actuaciones en giras programadas donde las empresas arriesgan mucho dinero en publicidad y en las contrataciones de sus locales. Parece una actitud gratuita, irresponsable, de quien no sólo juega con su salud y con su carrera, sino que perjudica a los demás de modo flagrante.

El veredicto del periodista manchego es muy crudo y acto seguido añade algunos datos de cuando lo conoció en sus inicios:

> Estamos ante un tipo déspota, maleducado, orgulloso, colérico, y por encima de todo soberbio. Cree estar por encima de los demás. Yo lo conocí siendo adolescente cuando compareció junto a su padre, el mediocre intérprete coplero Luisito Rey, a los postres de un almuerzo en el madrileño Club Internacional de Prensa. Entonces, el jovencito era prudente, educado. A los pocos años, ya afamado en México, vino a Madrid y en un par de ocasiones me concedió sendas entrevistas en el hotel que ocupaba. No recuerdo a artistas canoros más endiosados como él, insulsos luego a la hora de hablarnos de su carrera y de su vida. Pero es que ese modo de ser y actuar lo ha desarrollado con sus fans y con sus más allegados, entre

los que recuerdo a un chico de su edad, hijo del fallecido jefe de confección del diario *Pueblo*, Pepe Asensi. Pero ni éste podía sujetarlo. Luis Miguel, divo entre los divos, ya saben fue motejado en tierras aztecas como "El Sol". Ahora eclipsado y ya con muy poca luminosidad por cuanto les he contado.

Un buen amigo apareció al final de ese largo túnel evitar el eclipse, colocarlo con su apoyo en la senda de la luz y tornar el ocaso en otro esperanzador amanecer. Este amigo no es otro que el empresario mexicano Miguel Alemán Magnani, que le ha demostrado al cantante una amistad sincera dándole una mano en uno de los peores momentos de su vida.

Palazuelos dijo en una entrevista, después de encontrárselo en Miami en 2017, precisamente estando acompañado de Miguel Alemán, que creía que tenía un encuentro espiritual consigo mismo muy importante y "trae una actitud muy buena". Eso concuerda con la mayor accesibilidad con la que se le ha visto fotografiarse con fans y tener una actitud más educada con los paparazzi a pesar del acoso al que sigue sometido. Parece una buena señal y ojalá sea el rumbo correcto para que El Sol siga amaneciendo y el ocaso no sea más que una bella postal californiana.

A Luis Miguel, con todo el respeto y la humildad necesarias para decir esto, me gustaría recomendarle públicamente, a modo de conclusión, que persevere en ese camino, si es que ya está en ello, como algunos allegados dicen o si no, que busque la senda de la espiritualidad y del perdón, perdón suyo para quienes lo hirieron y perdón solicitado a los que él lastimó; que busque ayuda si es necesario para cerrar esos círculos que lo han atenazado desde niño, que intente soltar y vivir la vida con base en valores sanos y refleje su corazón en el corazón inmaculado de Nuestro Señor

Jesucristo, aquel mismo de su ya lejana y muy austera Primera Comunión en Cádiz, aquel al que decía abrir sus brazos en la televisión de Ciudad Juárez, aquel para el que la humildad es un valor innegociable.

Tiene un talento enorme, para muchos el mayor de todos los tiempos desde el punto de vista interpretativo que haya salido de México. Está a tiempo de sanar las heridas del alma, tal vez la coyuntura de la serie sobre su vida le ayude, al poner su biografía en primer plano público. Puede ser el momento de aprovechar y hacer catarsis, de reconocer lo dura que fue la vida, de valorar el esfuerzo de superar tantos obstáculos, de humanizarse sin miedos ni quebrantos, sin pena ninguna, él al fin y al cabo de nada tuvo la culpa, como me decía Mario Gallego en el comienzo de mi investigación aquella fría noche de Cádiz después de haberme soltado si había ido a matarlo.

El dolor de extrañar a su madre y de evocar lo que sucedió es grande, pero más grande es la gloria de Dios. Lo sabe él, y lo sabemos todos aquellos que un día tuvimos que despedir a nuestras madres de este mundo, pero que las hallamos a diario en la oración y en el corazón. Ese amanecer de la luz perpetua es el que debe buscar en su propio corazón, cantar y extender sus brazos al cielo, porque es ahí donde su madre lo abrazará eternamente, lo reconfortará con indulgencia y siempre volverá en cada amanecer y en cada despertar.

Javier León Herrera (Alicante, España) es un periodista
español afincado actualmente en Colombia, con una larga
trayectoria en medios escritos, agencias, radio y televisión,
con cargos de responsabilidad. Tiene 11 libros publicados,
entre ellos: *Luis mi rey* (bestseller publicado en 1997);
El consentido de Dios (biografía autorizada de Andrés
García); *Sufre mamón: La banda sonora de nuestra juventud*
(biografía autorizada de Hombres G); *El Tigre de Dios*
(biografía del futbolista internacional colombiano Radamel
Falcao); la novela, basada en hechos reales y bestseller en
Colombia, *La bella y el narco*; y el más reciente,
Adiós eterno, en coautoría con el periodista mexicano
Juan Manuel Navarro, sobre los últimos días de Juan Gabriel;
estos tres últimos publicados también por Penguin Random
House en los sellos Grijalbo y Aguilar.

Facebook @javierleonherrera
Instragram @xavierleonherrera